Hauke Janssen
Russische Ökonomen in Deutschland (1910 – 1933)

Beiträge zur Geschichte der deutschsprachigen Ökonomie

Herausgegeben von Birger P. Priddat und Heinz Rieter

Band 20

26 Tetsushi Harada: **Adam Müllers Staats- und Wirtschaftslehre**

25 Joseph Alois Schumpeter: **Das Wesen des Geldes.** Unveröffentlichte Kapitel. Hg. v. Lapo Berti u. Marcello Messori (in Vorbereitung)

24 Lujo Brentano: **Arbeitsrecht, Sozialpolitik, Freihandel.** Hg. von Hans G. Nutzinger (in Vorbereitung)

23 Lujo Brentano: **Mein Leben im Kampf und die soziale Entwicklung Deutschlands** (1931). Hg. von Richard Bräu und Hans G. Nutzinger

22 Lujo Brentano: **Konkrete Grundbedingungen der Volkswirtschaft** (1924). Hg. von Hans G. Nutzinger

21 Heinz Rieter, Leonid D. Širokorad, Joachim Zweynert (Hg.): **Deutsche und russische Ökonomen im Dialog.** Wissenstransfer in historischer Perspektive (in Vorbereitung)

20 Hauke Janssen: **Russische Ökonomen in Deutschland (1910 – 1933)**

19 Joachim Zweynert, Daniel Riniker: **Werner Sombart in Rußland.** Ein vergessenes Kapitel seiner Lebens- und Wirkungsgeschichte

18 Carsten Pallas: **Ludwig von Mises als Pionier der modernen Geld- und Konjunkturlehre.** Eine Studie zu den monetären Grundlagen der Austrian Economics

17 Wilhelm Roscher: **Über die Spuren der historischen Lehre bei den älteren Sophisten** (1838), hg. und aus dem Lateinischen übersetzt von Leonhard Bauer, Hermann Rauchenschwandtner und Cornelius Zehetner

16 Regina Schlüter-Ahrens: **Der Volkswirt Jens Jessen.** Leben und Werk

15 Ulf Beckmann: **Von Löwe bis Leontief: Pioniere der Konjunkturforschung am Kieler Institut für Weltwirtschaft**

14 Johann Georg Schlosser: **Xenokrates oder Ueber die Abgaben** (1784). Hg. v. Rainer Klump. Mit Kommentaren von H.C. Binswanger, R. Klump und B.P. Priddat

13 Birger P. Priddat: **Produktive Kraft, sittliche Ordnung und geistige Macht.** Denkstile der deutschen Nationalökonomie im 18. und 19. Jahrhundert

12 Daniel Schütze: **Kooperation zwischen Volkswirtschaftslehre und Jurisprudenz.** Eine Analyse am Beispiel der deutschen Kartelldebatte vor 1914

11 Gustav Schmoller: **Historisch-ethische Nationalökonomie als Kulturwissenschaft.** Ausgewählte methodologische Schriften. Hg. v. Heino Heinrich Nau

10 Hauke Janssen: **Nationalökonomie und Nationalsozialismus.** Die deutsche Volkswirtschaftslehre in den dreißiger Jahren. 2. erweiterte und überarbeitete Auflage

9 Peter Kesting: **Zwischen Neoklassik und Historismus.** Das ökonomische Werk J.A. Schumpeters aus methodologischer und theoriegeschichtlicher Perspektive

8 Heino Heinrich Nau (Hg.): **Der Werturteilsstreit.** Die Äußerungen zur Werturteilsdiskussion im Ausschuß des Vereins für Sozialpolitik (1913)

7 Christos Baloglou: **Die Vertreter der mathematischen Nationalökonomie in Deutschland zwischen 1838 und 1871**

6 Jürgen Backhaus, Johannes Hanel: **Die Nachfolge.** Ein Versuch über Heinrich Herkner, den Volkswirt

5 Shigeki Tomo: **Eugen von Böhm-Bawerk.** Ein großer österreichischer Nationalökonom zwischen Theorie und Praxis

4 Gottfried Eisermann: **Max Weber und die Nationalökonomie**

3 Birger P. Priddat (Hg.): **Wert, Meinung, Bedeutung.** Die unbekannte Tradition subjektiver Wertlehre in der deutschen Ökonomie vor Menger

2 Birger P. Priddat: **Die andere Ökonomie.** Eine neue Einschätzung von Gustav Schmollers Versuch einer „ethisch-historischen" Nationalökonomie im 19. Jh.

1 Birger P. Priddat: **Zufall, Schicksal, Irrtum.** Über Unsicherheit und Risiko in der deutschen ökonomischen Theorie vom 18. bis ins frühe 20. Jahrhundert

Hauke Janssen

Russische Ökonomen in Deutschland (1910 – 1933)

Metropolis Verlag

Marburg 2004

Bibliografische Information Der Deutschen Bibliothek

Die Deutsche Bibliothek verzeichnet diese Publikation in der Deutschen Nationalbibliografie; detaillierte bibliografische Daten sind im Internet über <http://dnb.ddb.de> abrufbar.

Metropolis-Verlag für Ökonomie, Gesellschaft und Politik GmbH
Bahnhofstr. 16a, D-35037 Marburg
http://www.metropolis-verlag.de
Copyright: Metropolis-Verlag, Marburg 2004
Alle Rechte vorbehalten
Druck: Rosch Buch, Scheßlitz

ISBN 3-89518-467-5

„Beiträge zur
Geschichte der deutschsprachigen Ökonomie"

Editorisches Vorwort

Die deutschsprachige Wirtschaftswissenschaft kann auf eine lange und ehrwürdige Tradition zurückblicken. Daß diese weitgehend in Vergessenheit geraten ist oder gar verdrängt wird, hat unter anderem sowohl mit den ideologischen Verstrickungen des Faches in der Zeit des Nationalsozialismus als auch mit der weltweiten Dominanz anglo-amerikanischer Denkschulen nach 1945 zu tun. Aus dieser Sicht zählt die ältere deutsche Nationalökonomie eher zu den heterodoxen Strömungen, die nicht selten für überholt, unbedeutend oder kurios gehalten werden. Solche Eindrücke, die oftmals auf Unkenntnis beruhen, will diese seit 1993 bestehende Buchreihe durch einschlägige Monographien und Sammelwerke korrigieren. Dabei werden vor allem zwei Ziele verfolgt:

– Zum einen soll die wechselvolle „Geschichte der deutschsprachigen Ökonomie" Stück um Stück rekonstruiert werden, so daß ein Gesamtbild entsteht, das Vergleiche mit wissenschaftlichen Entwicklungen in anderen Ländern erlaubt und somit eine genauere Einordnung der deutschen Tradition in die Wissenschaftsgeschichte ermöglicht.

– Zum anderen soll gezeigt werden, inwiefern sich (auch) in der älteren deutschen Wirtschaftswissenschaft Fragestellungen und Antworten finden, die gegenwärtig wiederkehren, etwa in der neueren Institutionenökonomik sowie in modernen evolutions- und systemtheoretischen Ansätzen.

Die Buchreihe wird herausgegeben von Prof. Dr. Birger P. Priddat, Stiftungslehrstuhl für Volkswirtschaft und Philosophie, Wirtschaftswissenschaftliche Fakultät der Universität Witten-Herdecke und Head of the Department of Public Management and Governance an der neugegründeten Zeppelin-University in Friedrichshafen auf dem Lehrstuhl für Politische Ökonomie, und von Prof. Dr. Heinz Rieter, Institut für Wirtschaftssysteme, Wirtschafts- und Theoriegeschichte, Universität Hamburg.

Geleitwort

Nach der in dieser Buchreihe als Band 19 veröffentlichten Studie von Joachim Zweynert und Daniel Riniker über *Werner Sombart in Rußland* erscheint mit Dr. Hauke Janssens Abhandlung eine Arbeit, die ebenfalls im Rahmen eines vom Institut für Wirtschaftssysteme, Wirtschafts- und Theoriegeschichte der Universität Hamburg verantworteten Forschungsprojekts entstanden ist, das die deutsch-russischen Beziehungen auf dem Gebiet der Wirtschaftswissenschaft im 19. und 20. Jahrhundert zum Gegenstand hat. Als dritten und letzten Teil werde ich gemeinsam mit Prof. Dr. Leonid Dmitrievič Širokorad (Universität St. Petersburg) und Dr. Joachim Zweynert (Hamburgisches Welt-Wirtschafts-Archiv) Anfang des kommenden Jahres einen Band mit dem Titel *Deutsche und russische Ökonomen im Dialog – Wissenstransfer in historischer Perspektive* herausgeben. Er versammelt eigens dafür verfaßte Aufsätze russischer, japanischer, deutscher und englischer Autoren über die Bedeutung einzelner Gelehrter (Heinrich von Storch, Ivan Babst und Wilhelm Roscher, Michail Tugan-Baranovskij, Dmitrij Mendeleev, Iosif Kulišer, Max Weber) für den Gedankenaustausch zwischen Ost und West sowie über den wechselseitigen Einfluß wirtschaftswissenschaftlicher ‚Schulen'.

Das gesamte Forschungsprojekt wurde vom Beauftragten der Bundesregierung für Kultur und Medien im Zuge seines Förderprogramms zur Erforschung deutscher Kultur und Geschichte im östlichen Europa finanziell unterstützt und damit erst ermöglicht, wofür alle Beteiligten außerordentlich dankbar sind.

Hauke Janssen untersucht in dieser Monographie erstmals systematisch den Einfluß russischer Ökonomen auf den wirtschaftswissenschaftlichen Diskurs in Deutschland im frühen 20. Jahrhundert. Er dokumentiert ihre Beiträge in deutschsprachigen Fachzeitschriften und würdigt deren wissenschaftliche Bedeutung. Für diese Aufgabe war er bestens gerüstet: Als Autor eines grundlegenden Werkes über *Nationalökonomie und Nationalsozialismus*, dessen 2. Auflage 2000 erschienen ist (Band 10 dieser Buchreihe), gehört Janssen zu den besten Kennern der deutschen Volkswirtschaftslehre in der ersten Hälfte des letzten Jahrhunderts.

Im Unterschied zu den beiden anderen Projektbänden (Nr. 19 und Nr. 21 dieser Reihe) sind hier die russischen Eigennamen bewußt nicht einheitlich transkribiert worden. Bei den Namen jener russischen Autoren, deren deutschsprachige Beiträge erfaßt und behandelt werden, wurde die damals jeweils gewählte Schreibweise beibehalten. Alle sonstigen russischen Wörter – einschließlich der Namen derjenigen Russen, die nicht als Verfasser von deutschsprachigen Publikationen in Erscheinung getreten sind – werden hier nach der Duden-Transkription wiedergegeben. Sie ist zwar weniger präzise als der in den beiden anderen Bänden verwendete ISO-Standard, kommt aber der zeitgenössischen Schreibweise viel näher oder stimmt teilweise sogar mit ihr überein, zum Beispiel:

kyrillisch	*zeitgenössisch*	*Duden*	*ISO*
Кондратьев	Kondratieff	Kondratjew	Kondrat'ev
Ширкович	Schirkowitsch	Schirkowitsch	Širkovič
Чаянов	Tschayanoff	Tschajanow	Čajanov

Im Interesse einer möglichst einheitlichen Schreibweise wurde die Duden-Transkription jedoch in einer Hinsicht modifiziert: Viele russische Nachnamen und einige russische Vornamen enden auf „ий", was sowohl nach der Duden- als auch nach der ISO-Transkription mit „ij" wiedergegeben wird, im ersten Drittel des 20. Jahrhunderts aber zumeist in „y" transliteriert wurde. Wir haben uns deshalb – wie etwa bei Tugan-Baranowsky – durchgehend dafür entschieden.

Hamburg, im September 2004   Heinz Rieter

Vorwort

Diese Studie verdankt ihre Entstehung einer Verkettung von Zufällen. Während der Arbeit an meinem Buch über die deutsche Volkswirtschaftslehre in den zwanziger und dreißiger Jahren des vorigen Jahrhunderts war mir die große Anzahl russischer Beiträge in den deutschen wirtschaftswissenschaftlichen Zeitschriften aufgefallen. Darüber sprach ich bei Gelegenheit mit Professor Heinz Rieter (Universität Hamburg), bei dem Joachim Zweynert gerade seine später preisgekrönte Dissertation zur Geschichte des russischen ökonomischen Denkens im 19. Jahrhundert schrieb. Wir brachten das Phänomen damit in Verbindung, daß Deutschland in den ersten Jahrzehnten des 20. Jahrhunderts noch einer der bedeutendsten ‚Marktplätze' für skandinavische und osteuropäische Ökonomen auf der Suche nach internationalem Publikum war, eine Funktion, die es spätestens nach dem Zweiten Weltkrieg an die USA verloren hat.

Meine leichtfertig dahingeworfenen Bemerkungen über die russischen Beiträge in Deutschland sollten mich dann viel Zeit und Mühen in den Jahren 2002 bis 2004 kosten. Mittlerweile hatten Professor Rieter und Dr. Zweynert zusammen mit Professor Leonid Širokorad (St. Petersburg) ein Forschungsprojekt über *Deutsche und russische Ökonomen im Dialog* aufgelegt und befanden sich auf der Jagd nach Beiträgen. Da sich bei dem von mir aufgebrachten Thema ein Wissenstransfer von Ost nach West – also entgegen der als vorherrschend angenommenen Windrichtung – andeutete und zudem viele in der Sowjetunion einst verfemte und bis heute in Rußland weitgehend vergessene Ökonomen darin eine Rolle spielten, baten sie mich, einen kleinen Aufsatz über die russischen Beiträge in den deutschen wirtschaftswissenschaftlichen Fachzeitschriften beizusteuern. Da ich außerhalb der Universität beruflich engagiert bin, zögerte ich zunächst aus Zeitgründen, gab schließlich aber nach. Handelte es sich doch zweifellos auch um den Versuch einer ‚Seelenrettung' – konnte doch Professor Rieter nicht akzeptieren, daß eines seiner ‚Schäfchen' womöglich der Wissenschaft auf ewig verloren gehen sollte!

Erste Nachforschungen ergaben dann, daß ich das Phänomen nicht übertrieben, sondern rein quantitativ sogar stark unterschätzt hatte. Als dann mein

Manuskript an Umfang wuchs und wuchs, verleiteten mich die Herausgeber, anstelle eines kleinen Beitrages für den geplanten Sammelband eine Monographie abzuliefern: Es wäre doch schade zu kürzen.

Die Untersuchung und Auswertung der russischen Beiträge in den großen deutschen wirtschaftswissenschaftlichen Fachzeitschriften jener Zeit bildet den Kern meiner Arbeit. Ihre Autoren sind im angehängten biobibliographischen Verzeichnis aufgeführt. Texte russischer Autoren aus anderen Publikationen und Monographien wurden hinzugezogen, gingen aber nicht in die quantitative und qualitative Auswertung im engeren Sinne ein. Biographische Angaben zu diesen Autoren finden sich an den entsprechenden Textstellen in den Fußnoten.

Ich danke Professor Rieter und Dr. Zweynert für viele Hinweise und die Durchsicht des Manuskripts – ohne die Unterstützung durch den Lehrstuhl wäre diese Arbeit nicht möglich gewesen. Weiterhin danke ich Professor Širokorad für das anregende Gespräch anläßlich seines Besuchs in Hamburg im Jahr 2003, Professor Christian Scheer (Universität Hamburg) und Professor Harald Hagemann (Universität Hohenheim) für ihre Hilfe bei vielen biographischen Recherchen, Professor Gert Preiser (Universität Heidelberg) für wertvolle Hinweise und dafür, daß er mir erlaubte, aus einem Brief aus dem Nachlaß seines Vaters Erich Preiser zu zitieren, Professor Günther Schmitt (Universität Göttingen) für sein Manuskript über Tschajanow und die russische Agrarökonomie sowie Arno Schwenzler von der Verwaltungs- und Wirtschaftsakademie in Bochum, der mir die autobiographischen Aufzeichnungen Peter-Heinz Seraphims zur Verfügung gestellt hat.

Für Auskünfte zu einzelnen Personen danke ich Professor Edmund Leites (City University New York) und Dr. Leonid Leites, Bernhard Klein (Leiter Wirtschaftsarchiv und Information, Institut für Weltwirtschaft an der Universität Kiel), Privatdozentin Dr. Elisabeth Kraus (Universitäts-Archiv München) und Dr. Michael Wischnath (Universitätsarchiv Tübingen). Besonderer Dank gebührt meiner Frau Ortrud Schwirz für die Durchsicht des Manuskripts sowie den beiden Rußland-Experten der SPIEGEL-Dokumentation, Cordelia Freiwald und Dr. Eckart Teichert, für ihre vielfältige Unterstützung.

Hamburg, im Juli 2004   Hauke Janssen

Inhalt

1 Einführung 13

2 Grenzgänger 21
2.1 Deutsche in Rußland 21
2.2 Russen in Deutschland 27

3 Die Beiträge russischer Autoren in deutschen wirtschaftswissenschaftlichen Zeitschriften der Weimarer Zeit 45
3.1 Auswertung nach Autoren, Herkunft und Publikationsort 46
3.2 Auswertung nach Zeitabschnitten und Themen 51
   3.2.1 Vorspiel: Zwischen 1910 und 1919 51
   3.2.2 Die Weimarer Zeit und die sowjetische Wirtschaftspolitik 57
      3.2.2.1 Das Experiment des Bolschewismus 68
      3.2.2.2 Wirtschaftsrechnung und Sozialismus 77
      3.2.2.3 Agrarevolution und Agrarökonomik 88
   3.2.3 Die Weimarer Zeit und die russische Wirtschaftstheorie 102
      3.2.3.1 Dogmengeschichte und Methodenfragen 107
      3.2.3.2 Verteilungstheorie 114
      3.2.3.3 Wertlehre 121
      3.2.3.4 Konjunktur-, Geld- und Kredittheorie 124

4 Fazit 151

ANHANG

1 Abkürzungen und Erläuterungen 157

2 Biobibliographischer Anhang: Russische Autoren und ihre
  Beiträge in deutschen wirtschaftswissenschaftlichen
  Zeitschriften von 1910 bis 1933 159

3 Literatur 187

4. Personenregister 219

KAPITEL 1
Einführung

In der deutschsprachigen Fachliteratur wird die Geschichte der Beziehungen zwischen der deutschen und der russischen Wirtschafts- und Gesellschaftslehre seit Peter dem Großen (1672-1725) häufig als ein mehr oder weniger einseitiger Prozeß des Wissenstransfers von West nach Ost beschrieben: Rußland habe auf dem Felde der Ökonomie von Deutschland gelernt, ohne seinerseits in größerem Maße auf die Entwicklung hierzulande befruchtend einzuwirken, heißt es. Selbst die spezifisch russischen Strömungen – wie die ‚Slawophilen', die ‚Volkstümler' (russisch: *narodniki* von *narod = Volk*) oder die *Bolschewiki* – erscheinen als bloße ‚Gegenbewegungen', als „Reaktionen" auf drohende geistige Überfremdung.[1] Und als der deutsche Nationalökonom Wilhelm Roscher (1817-1894) das Wort von der deutsch-russischen Schule prägte, war das alles andere als eine wertfreie Begriffsbildung, sondern er glaubte, erläutern zu müssen, daß der Slawe an sich geistig unfruchtbar und Rußland daher zur Entwicklung einer Wirtschaftslehre auf die

---

[1] Vgl. etwa Paul Honigsheim, „Russische Gesellschafts-, Staats- und Wirtschaftsauffassungen", in: *HdSW* 9 (1959), S. 66-75. Immer wieder wird auf die impulsgebenden westlichen Quellen dieser angeblich genuin russischen Denkschulen hingewiesen: etwa Hegel und Schelling, den Historismus, den Frühsozialismus und nicht zuletzt natürlich den Marxismus. Nach der weit übertriebenen Ansicht des russo-amerikanischen Ökonomen Jack F. Normano (= I.I. Levin) haben in der russischen Geistes- und Kulturgeschichte speziell deutsche Einflüsse eine derart dominante Rolle gespielt, daß die Oktoberrevolution vornehmlich als eine "reaction against and prevention of continued German hegemony in Russian economic life and thought" verstanden werden müsse. Jack F. Normano, *The Spirit of Russian Economics*, New York 1945, S. 120. Dagegen glaubten manche Russen nicht, daß sie allzu viel vom Westen lernen könnten oder sollten. Rußland hatte ihrer Meinung nach die Mission, einen eigenen Weg in die Zukunft fzu inden, und das auch zum Heil des Westens: „Die Deutschen sind Idioten, Stümper, Grobiane, das bestätigt einem jeder russische Berliner." Ihr Wortschatz sei ärmlich, ihre Küche ungenießbar, ihre Häuser seien graue Mietskasernen und Zarskoe Selo sei viel schöner als Potsdam, ironisierte Lew Lunz 1923 diese Haltung. Lew Lunz, „Reise auf mein Krankenbett" (1923), in: *Russen in Berlin. Literatur Malerei Theater Film 1918-1933*, hg. von Fritz Mierau, Leipzig 1987, S. 154-174, hier S. 157.

geistigen Impulse aus Deutschland angewiesen sei. „Wie die slawische Völkerfamilie überhaupt an geistiger Initiative der germanischen nachsteht", schrieb Roscher, „so hat sie bisher immer zu ihrer eigenen vollen Entwicklung einer anregenden und nährenden Zufuhr geistiger Kräfte aus der Germanenwelt bedurft."[2] Wenn er auch der These von der deutsch-russischen Historischen Schule kritisch gegenüberstand,[3] legte der baltendeutsche Rußlandspezialist Hans-Jürgen Seraphim gut 50 Jahre später nach: Die westliche Wissenschaft, derer Rußland aus verschiedenen Gründen so sehr bedürfe, sei „ausschließlich über Deutschland nach Rußland" eingedrungen: „Deutsche waren die Lehrer an den Universitäten, selbst Schüler wurden aus Mangel an russischen aus Deutschland herangezogen."[4]

Tatsächlich ist auch zu Beginn des 21. Jahrhunderts in Deutschland die Geschichte des russischen Wirtschaftsdenkens und sein Einfluß auf Deutschland – bis auf ein paar Namen wie Tugan-Baranowsky, Kondratieff, Slutsky oder Leontief – weitgehend unbekannt. „Rußland ist kein weißer, wohl aber ein hellgrauer Fleck auf der Weltkarte der ökonomischen Dogmenge-

---

[2] Wilhelm Roscher, *Geschichte der National-Oekonomik in Deutschland* (1874), hier Nachdruck München 1924, S. 790f. Neben den damals üblichen Ressentiments und patriotischen Gefühlen haben wohl vor allem wissenschaftspolitische Gründe Roscher bewogen, die Existenz einer deutsch-russischen Schule zu behaupten. Roscher zählte zu den Begründern der Historischen Schule, einer erklärtermaßen *deutschen* Schule der Nationalökonomie, deren Fruchtbarkeit und Wirkungskreis es zu behaupten und auszuweiten galt. Und also war Roschers ‚deutsch-russische Erfindung' natürlich eine Dependance seiner Historischen Schule.

[3] Vgl. Hans-Jürgen Seraphim, „Die deutsch-russische Schule. Eine kritische Studie", in: *JbNuSt* 122 (1924), S. 319-333. In der neueren dogmengeschichtlichen Literatur hält Jürgen Backhaus an der Existenz einer deutsch-russischen Schule fest, und Vincent Barnett versteht das Werk Tugan-Baranowskys im Kontext einer russischen historischen Schule. Vgl. Jürgen G. Backhaus, „Die west-östliche Migration deutscher Ökonomen: Ein neu zu schreibendes Kapitel in der Geschichte der Wirtschaftswissenschaft", in: *Studien zur Entwicklung der ökonomischen Theorie XII: Osteuropäische Dogmengeschichte* (= *SchrdVfS* 115), hg. von Heinz Rieter, Berlin 1992, S. 9-32; Vincent Barnett, "Tugan-Baranovsky, the Methodology of Political Economy, and the 'Russian Historical School'", in: *HoPE* 36 (2004), S. 79-101.

[4] Hans-Jürgen Seraphim, *Neuere russische Wert- und Kapitalzinstheorien*, Berlin-Leipzig 1925, S. 12f. Dabei spielten die Baltendeutschen eine besondere Rolle. Mit diesen habe Rußland „ein geistiges Kapital gewonnen, dessen hohe Zinsen dem Gemeinwesen überreichlich zugute gekommen sind". Er zitiert hier den Deutsch-Russen Alexander Brückner, *Die Europäisierung Rußlands*, Gotha 1888. Allgemein abwertend zu den russischen Leistungen auf dem Gebiete der Nationalökonomie auch Honigsheim (1959), S. 67.

schichte", heißt es in einer sehr guten, jüngst erschienenen Geschichte des ökonomischen Denkens in Rußland im 19. Jahrhundert.[5] So sind auch die intensiven Beziehungen zwischen deutschen und russischen Wirtschaftslehren und das fein gesponnene Netz persönlicher Kontakte zwischen deutschen und russischen Ökonomen zu Anfang des 20. Jahrhunderts bisher nur unzureichend untersucht worden.[6]

Das Forschungsdefizit ist um so schmerzlicher, wenn man bedenkt, welche Bedeutung das russische Denken in Deutschland zu Anfang des 20. Jahrhunderts hatte, vor allem als im Zuge der großen Emigrationswelle nach der Oktoberrevolution 1917 Deutschland vorübergehend „einer der wichtigsten Ankerplätze der russischen Diaspora" geworden war.[7] Insofern besteht ein zweiseitiges Interesse an der Wiederentdeckung russischen ökonomischen Denkens zu dieser Zeit. Aus russischer Sicht hat seit der Perestroika mit „elementarer Wucht" eine „Wiederaneignung der Emigration" eingesetzt. Das betrifft sowohl die Klassiker der russischen Moderne im Exil, wie die Menschewisten und andere unorthodoxe Marxisten, als auch die Faschisten und Monarchisten und nicht zuletzt die Verfasser „aberwitzigste(r) Verschwörungs- und Verratsliteratur". Denn, so stellt der Osteuropa-Historiker Karl Schlögel fest: Emigration ist in Rußland heute nicht bloß Geschichte, sondern Gegenwart. „Mehr als 20 Millionen Russen finden sich nach der Selbstauflösung der UdSSR ,jenseits der Grenzen'; ein neuer *Brain-Drain* hat eingesetzt."[8] Hinter der Untersuchung der russischen Emigration in Deutschland und ihres Einflusses auf Wissenschaft und Kultur steckt aber auch ein vitales Erkenntnisinteresse in ‚eigener Sache'. Die russische Flüchtlingsgemeinschaft in Deutschland machte 1922/23 bis zu 700.000 Menschen aus, zeitweilig wurden in Berlin mehr russische Bücher herausgegeben als in der Sowjetunion selbst. Man wird die deutsche Geschichte dieser Zeit, so führt Karl Schlögel vielleicht etwas zugespitzt aus, „schwerlich schreiben

---

[5] Joachim Zweynert, *Eine Geschichte des ökonomischen Denkens in Rußland 1805 – 1905*, Marburg 2002, S. 17.

[6] Das gilt auch für die *Studien zur Entwicklung der ökonomischen Theorie XII: Osteuropäische Dogmengeschichte* (1992). Der zeitliche Fokus der meisten Beiträge liegt im 19. Jahrhundert.

[7] *Russische Emigration in Deutschland 1918-1941. Leben im europäischen Bürgerkrieg*, hg. von Karl Schlögel, Berlin 1995, Vorwort, S. 9; Hans von Rimscha, *Rußland jenseits der Grenzen 1921-1926. Ein Beitrag zur russischen Nachkriegsgeschichte*, Jena 1927.

[8] Karl Schlögel, „Russische Emigration in Deutschland 1918-1941. Fragen und Thesen", in: *Russische Emigration in Deutschland 1918-1941* (1995), S. 11-16, hier S. 12.

können ohne das russische Element auf deutschem Boden und zwar in seiner doppelten Gestalt – der Emigration und Sowjet-Rußlands." Weimar-Deutschland und das Sowjetrußland der NEP[9] gehörten der gleichen „Zeitheimat" an. Darauf beruhe der intensive Kontakt auf allen Ebenen von Wirtschaft, Politik und Kultur. Weimar hatte nicht nur seinen amerikanischen Traum, sondern sein Rußland-Erlebnis, „das Faszinosum und Schreckbild in einem war".[10]

Während auf vielen Gebieten die wissenschaftliche Aufarbeitung der russischen Emigration nach Deutschland bald nach dem Zusammenbruch der UdSSR eingesetzt hat,[11] stellt dieses auf dem Gebiet der Volkswirtschaftslehre – abgesehen von einigen verdienstvollen Einzelstudien[12] – nach wie vor Neuland dar. Meine Untersuchung über die deutsch-russischen Begegnungen auf dem Gebiete der Wirtschaftswissenschaften vor allem der Weimarer Zeit soll helfen, die Natur dieser reichen Beziehungen aufzuhellen, und soll Hinweise geben, auf welchen Feldern weitere Untersuchungen ansetzen könnten. Nach einem kurzen Abriß der Vorgeschichte und Dynamik dieser Beziehungen ist erst einmal eine systematische Bestandsaufnahme vonnöten. Dazu dient vornehmlich eine inhaltliche und quantitative Analyse der russischen Beiträge in den deutschen wirtschaftswissenschaftlichen Zeitschriften zwischen 1910 und 1933. Rezensionen und Monographien werden unterstützend herangezogen. Die Frage lautet: Wer hat was, wann und worüber veröffentlicht? Wie waren Aufnahme und Wirkung? Welche Fachgebiete, Themen

---

[9] -Abkürzung für *Nowaja Ekonomitscheskaja Politika* (= Neue Ökonomische Politik, deutsch auch NÖP). Im März 1921 von Lenin eingeführtes Wirtschaftsprogramm, das die Politik des Kriegskommunismus ablöste. Die NEP ließ u.a. freien Binnenhandel und privates Kleinunternehmertum wieder zu und gewährte Konzessionen an Ausländer zur Gründung industrieller Unternehmungen. Stalin setzte 1928 der NEP ein Ende. Vgl. Manfred Hildermeier, *Geschichte der Sowjetunion 1917-1991. Entstehung und Niedergang des ersten sozialistischen Staates*, München 1998, S. 157-363.

[10] *Russische Emigration in Deutschland 1918-1941* (1995), S. 13 und S. 14.

[11] Vgl. dazu insbesondere die Ergebnisse der internationalen Tagung zum Thema *Russische Emigration in Deutschland 1918-1941* im Juni 1994. Neben dem bereits zitierten gleichnamigen, von Karl Schlögel 1995 herausgegebenen Band erschienen: *Der Große Exodus. Russische Emigration und ihre Zentren 1917-1941*, hg. von Karl Schlögel, München 1994; *Chronik russischen Lebens in Deutschland 1918-1941*, hg. von Karl Schlögel, Katharina Kucher, Bernhard Suchy und Gregor Thun, Berlin 1999. Zuvor besonders empfehlenswert: Mierau (Hg.), *Russen in Berlin* (1987).

[12] Vgl. etwa Frank Bourgholtzer, "Aleksandr Chayanov and Russian Berlin", in: *The Journal of Peasant Studies* 26 (1999), S. 13-165; Eberhard Schulze (Hg.): *Alexander Wasiljewitsch Tschajanow – die Tragödie eines großen Nationalökonomen*, Kiel 2001.

und Schulen dominierten, und welches Gewicht hatten die russischen Publikationen im Zeitablauf. Um ein den Leser sicher überraschendes Ergebnis vorwegzunehmen: Es gab im Untersuchungszeitraum eine sehr große Zahl an Veröffentlichungen russischer Autoren in Deutschland – weit mehr als von britischen, französischen oder amerikanischen Autoren, teilweise mehr als von diesen zusammen. Der größere Teil dieser Beiträge stammt dabei aus der Feder russischer Emigranten, denen in dieser Studie schon deshalb ein besonderes Gewicht zukommt, und zurückgekehrter Balten- und Rußland-Deutscher. Schlögels These, daß die Weimarer Kultur ohne den russischen Beitrag nicht richtig verstanden werden kann, findet auf dem Gebiete der Volkswirtschaftslehre ihre eindrucksvolle Bestätigung.

Bei den zu untersuchenden Publikationen russischer Autoren handelt es sich keineswegs um einen dünnen Aufguß westlicher Gedanken – im Gegenteil. Manche Beiträge, etwa auf den Gebieten der Konjunkturtheorie oder der Agrarökonomie, waren Pionierarbeiten, lösten nicht nur hierzulande rege Debatten aus und sind im nachhinein sogar weltberühmt geworden.[13] Ein Blick in die Autorenliste russischer Aufsätze in den deutschen wirtschaftswissenschaftlichen Zeitschriften zeigt sowohl die heute als ‚moderne Klassiker' der russischen Nationalökonomie geltenden Michail Tugan-Baranowsky, Peter Struve, Nikolaj D. Kondratieff, Eugen Slutsky und Alexander W. Tschajanow sowie viele ihrer Weggefährten und Schüler als auch zahlreiche jüngere russische Emigranten, die in ihrem Exil in Deutschland oder später in Frankreich, den USA oder anderswo Karriere machen sollten: etwa den späteren Nobelpreisträger Wassily Leontief, die nach ihrer Emigration in die USA weltweit bekannt gewordenen Jakob Marschak und Alexander Gerschenkron sowie Eugen Altschul, Oskar Anderson, Alexander Bilimovič, Mentor Bouniatian und Wladimir Woytinsky, einen der „Keynesianer vor Keynes" in Deutschland,[14] oder die Agrarökonomen Naum Jasny und Boris Brutzkus.

---

[13] Vor allem: Nikolaj D. Kondratieff, „Die langen Wellen der Konjunktur", in: *ASS* 56 (1926), S. 573-609. Das (längere) russische Original erschien 1925 in: *Woprosy Konjunktury*. Der deutsche Emigrant Wolfgang Stolper übertrug Auszüge aus der deutschen Übersetzung für das anglo-amerikanische Publikum (1935 in *RESta* 18, S. 105-115).

[14] Vgl. George Garvy, "Keynes and the Economic Activities of Pre-Hitler Germany", in: *JPE* 83 (1975), S. 391-405; deutsch: „Keynesianer vor Keynes", in: *Der Keynesianismus II. Die beschäftigungspolitische Situation vor Keynes in Deutschland. Dokumente und Kommentare*, hg. von G. Bombach et al., Berlin-Heidelberg-New York, 1976, S. 21-34.

Die Beiträge der russischen Ökonomen trafen auf eine deutsche Nationalökonomie in der Krise. Das war sicher eine wichtige theoriegeschichtliche Bedingung ihrer großen Wirksamkeit. Nachdem die Historische Schule mit dem Tode Gustav von Schmollers 1917 ihren Zenit überschritten hatte, befand sich die deutsche Nationalökonomie in einer Umbruchsituation. Junge, an den jüngsten Entwicklungen in Cambridge, Lausanne und Wien geschulte Theoretiker schickten sich an, die Altvorderen und Erben Schmollers aus ihren angestammten Plätzen zu verdrängen, die diese aber noch nicht aufzugeben bereit waren. „Dem Betrachter bot sich so das Bild einer tiefgreifenden Krise der deutschen Nationalökonomie, weil sich keine der beiden Strömungen endgültig als die allein vorherrschende durchzusetzen vermochte."[15] In dieser weitgehend offenen Lage konnten Außenseiter, wie die oben genannten Russen, äußerst anregend auf die sich entwickelnde, moderne deutsche Wirtschaftslehre einwirken, wie sie es in Zeiten der ‚Normalwissenschaft' vielleicht nicht vermocht hätten. Damals entstand – ausgehend von den Zentren in Berlin, Kiel, Frankfurt, Freiburg, Heidelberg und natürlich auch Wien – eine neue Wirtschaftslehre in Deutschland, die modelltheoretisch arbeiten, auch mathematisch formulieren konnte und nach einer statistisch-empirischen Fundierung oder zumindest nach aktuellem Gehalt suchte, wie es nachgerade in den ‚statistical laboratories' der großen Institute zur Wirtschafts- und Konjunkturforschung, die in dieser Zeit entstanden, zum Prestige-Symbol der neuen, institutionalisierten und verwissenschaftlichten Ökonomie wurde.[16]

Es bleibt offen, was der russische Einfluß in Deutschland noch hätte bewirken können, wenn die meisten der genannten Ökonomen nicht nach 1933 das Land wiederum hätten verlassen müssen, so wie viele ihrer deutschen Kollegen, mit denen sie teilweise sehr eng zusammengearbeitet hatten.[17] Deutschland war spätestens 1933 für die russischen, vor allem die russisch-

---

[15] Hauke Janssen, *Nationalökonomie und Nationalsozialismus. Die deutsche Volkswirtschaftslehre in den dreißiger Jahren*, 2. Auflage, Marburg 2000, S. 18.
[16] Vgl. dazu Oskar Morgenstern, „Aufgaben und Grenzen der Institute für Konjunkturforschung", in: *Beiträge zur Wirtschaftstheorie*, hg. von Karl Diehl. Zweiter Teil: *Konjunkturforschung und Konjunkturtheorie* (= SchrdVfS 173 II), München-Leipzig 1928, S. 337-353, sowie Janssen (2000), S. 339-349.
[17] Vgl. dazu wie auch zu vielen deutsch-russischen Biographien: *Biographisches Handbuch der deutschsprachigen wirtschaftswissenschaftlichen Emigration nach 1933*, hg. von Harald Hagemann und Claus-Dieter Krohn unter Mitarbeit von Hans Ulrich Eßlinger, 2 Bände, München 1999.

jüdischen Emigranten zu einem gefährlichen Aufenthaltsort geworden, und ihre Lage spitzte sich nochmals zu, als Deutschland 1939 einen Pakt mit der Sowjetunion schloß und als Hitler 1941 die Sowjetunion angriff. Nach dem Zweiten Weltkrieg verhinderte dann der ideologische Gegensatz zwischen Ost und West lange eine vorgabenfreie Forschung. So konnte es in Deutschland „keine bleibende Spur, schon gar keine Integration des russischen Elements" geben.[18] Sie gilt es neu zu entdecken.

---

[18] *Russische Emigration in Deutschland 1918-1941* (1995), S. 13.

KAPITEL 2
Grenzgänger

2.1 Deutsche in Rußland

Der geistige Hegemonialanspruch Westeuropas, insbesondere auch Deutschlands[1] über Rußland, hat bekannte geschichtliche Wurzeln. Seit Peter dem Großen gab es in Rußland immer wieder – wenn auch stets umstrittene – Versuche, den im Lande beklagten allgemeinen Rückstand durch eine stärkere Westorientierung in Kultur und Wissenschaft wie in Industrie und Technik aufzuholen. Vor dem Regierungsantritt Peters war Rußland, so meinte schon Voltaire, „in Europa kaum bekannt", und es herrschte dort offenbar die nackte Barbarei: „Die Russen waren unzivilisierter als die Mexikaner, da Cortez sie entdeckte. Geborene Sklaven von nicht minder barbarischen Herren, lebten sie in Unwissenheit dahin."[2]

---

[1] Einen markanten Ausdruck findet diese deutsch-nationale Sicht Rußlands in der Rigaer Gelehrten-Familie Seraphim. Vgl. Ernst Seraphim *Russische Porträts. Die Zarenmonarchie bis zum Zusammenbruch 1917*, 2 Bände, Leipzig-Zürich-Wien 1943. Auch sein Sohn, der ehemalige Greifswalder VWL-Professor Peter-Heinz Seraphim, der Bruder von Hans-Jürgen Seraphim, beschreibt, wie seit dem 18. Jahrhundert viele Deutsche und Balten in den russischen Hof- und Staatsdienst getreten und dort schließlich höchste Ämter bekleidet hätten, etwa als Minister, Staatssekretäre, leitende Verwaltungsbeamte oder im diplomatischen Dienst. Auch unter den Militärs spielten sie eine erhebliche Rolle. „Zuverlässigkeit, Disziplin und Ausdauer hob sie nicht selten von ihren russischen Kameraden ab." Leider, so schränkt Seraphim ein, hätte ein Teil der Deutschstämmigen in der zweiten Generation „seine nationale Bindung gelöst. Manche traten auch zur russisch-orthodoxen Kirche über und ‚verrußten', wie das bei uns genannt wurde". Peter-Heinz Seraphim, *Glieder einer Kette. Erinnerungen an Peter-Heinz Seraphim*. Unveröffentlichtes Typoskript, o.O., datiert: Weihnachten 1980, S. 72f.
[2] François-Marie Voltaire, *Geschichte Karl XII*. Mit einem Nachwort von Carl J. Burckhardt. Frankfurt a.M. 1978 (franz. Original 1731), S. 19. Ähnlich urteilte Oncken: „Die moderne Geschichte Rußlands beginnt mit PETER DEM GROSSEN (regierte 1689-1725). Er hatte es sich zur Aufgabe gesetzt, aus seinem Reiche einen europäischen Staat zu machen." August Oncken, *Geschichte der Nationalökonomie; Erster Teil: Die Zeit vor Adam Smith*. Dritte, unveränderte Auflage, Leipzig 1922 (1. Auflage 1902), S. 244.

Dann kam es unter dem ‚aufgeklärten' Zaren Alexander I., Regent von 1801 bis 1825, zu einer Reihe von Universitätsgründungen (Dorpat, Wilna, Kasan, Charkow, St. Petersburg) und einer tiefgreifenden Bildungsreform. Ende der 1820er Jahre gingen, durch staatliche Bildungsprogramme gefördert, viele russische Gelehrte zu Studienzwecken ins Ausland, woraus sich auch in der Ökonomie in den 1840ern eine hervorragende einheimische Gelehrtengeneration rekrutierte.[3]

Von solchen ‚Entwicklungsprogrammen' profitierten auch deutsche Universitäten und Gelehrte in großem Maße: vor allem die Universitäten in Göttingen mit Georg Sartorius (1765-1828) und dem Staatsrechtler August Ludwig Schlözer (1735-1809),[4] in Heidelberg mit Karl Heinrich Rau (1792-1870), dem in Rußland offenbar beliebtesten deutschen Ökonomen seiner Zeit,[5] in Leipzig mit Roscher und Georg Friedrich Knapp (1842-1926),[6] und in Berlin mit den Häuptern des deutschen Kathedersozialismus Gustav Schmoller (1838-1917) und Adolph Wagner (1835-1917). Außerdem gab es eine deutschsprachige Universität im russischen Reich, und zwar in Dorpat,

---

[3] Vgl. Wladimir Gelesnoff, „Rußland", in: *Die Wirtschaftstheorie der Gegenwart*, hg. von Hans Mayer/Frank A. Fetter/Richard Reisch. Erster Band: *Gesamtbild der Forschung in den einzelnen Ländern*, Wien 1917, S. 151-181, hier S. 153f.; Zweynert (2002), S. 142f.; außerdem: Heinz Mohrmann, *Russisch-deutsche Begegnungen in der Wirtschaftswissenschaft (1750-1825)*, Berlin-Ost 1959.

[4] In diesem Zusammenhang bedeutsame Göttinger Lehrer waren der Statistiker Gottfried Achenwall (1719-1772), der Ökonom Sartorius, der ältere Schlözer und Roscher, der dort von 1843 bis 1848 lehrte. Prominenter russischer Ökonomie-Student in Göttingen war Nikolaj I. Turgenew (1789-1871). Zu Göttingen vgl. auch (mit Vorsicht) M. Wischnitzer, *Die Universität Göttingen und die Entwicklung der liberalen Ideen in Rußland im ersten Viertel des 19. Jahrhunderts*, Berlin 1907.

[5] Nach einer Untersuchung des russischen Ministeriums für Volksaufklärung war Anfang der 1830er Jahre Raus *Lehrbuch der politischen Oekonomie*, 3 Bde., Heidelberg 1826-1832, das Textbuch, nach dem an russischen Hochschulen am häufigsten Politische Ökonomie unterrichtet wurde, noch vor den Werken von Storch und Say. Der dritte Band des Rau-Lehrbuchs (*Grundsätze der Finanzwissenschaft*) erschien 1867/68 in russischer Übersetzung. Vgl. dazu Zweynert (2002), S. 152f. Als Person machte Rau auf die Russen allerdings wenig Eindruck. Er galt als „langweilig". Vgl. *Stimmen aus Heidelberg* (= Russica Palatina. Skripten der russischen Abteilung des Instituts für Übersetzen und Dolmetschen der Universität Heidelberg, Nr. 19), hg. von Willy Birkenmaier, Heidelberg 1991. S. 7f. und S. 49.

[6] Zu den Leipziger Studenten zählten Tschuproff sen., Janchul und Siber, drei der wichtigsten russischen Ökonomen in den 1870er und 1880er Jahren. Vgl. Zweynert (2002), S. 258. Bei Knapp promovierte später auch der jüngere Tschuproff. Vgl. O. Anderson, „Ladislaus v. Bortkiewicz", in: *ZfN* 3 (1932), S. 242-250.

heute Tartu (Estland). Hier haben u.a. der jüngere Schlözer, Wilhelm Lexis, Wilhelm Stieda, Karl Bücher, Heinrich Dietzel und besonders wirkungsvoll Adolph Wagner gewirkt.[7] Von den in der vorliegenden Arbeit untersuchten russischen Autoren lehrte neben dem schon erwähnten Balten Stieda noch Gustav v. Stryk in Dorpat und Aghte, Ballod, Tatarin-Tarnheyden, Tobien und viele andere hatten dort studiert.[8]

Auch wenn die russische Wirtschafts- und Gesellschaftslehre Ende des 18. und im 19. Jahrhundert zunächst stärker von Adam Smith und seinen Nachfahren in England und Frankreich geprägt wurde, ohne – wie es in deutschen Darstellungen heißt – daß es den Russen gelang, „wesentlich neue Argumente zu denen der so genannten klassischen Nationalökonomie hinzuzufügen",[9] blieben die Deutschen nicht ohne Wirkung. Neben der Vermittlung der Smithschen Lehre überbrachten sie den Kameralismus, auch romantische Ideen – und wenn auch keine Historische Schule – so doch „sozusagen eine historische Sauce über einem klassischen Gericht".[10] Immerhin gliedert der russische Theoriegeschichtler Wladimir W. Swjatlowsky die *Geschichte der ökonomischen Ideen in Rußland* in eine englische, eine französische und eine deutsche Phase.[11]

---

[7] Vgl. Karl Häuser, „Adolph Wagner und die Universität Dorpat", in: *Studien zur Entwicklung der ökonomischen Theorie XII: Osteuropäische Dogmengeschichte*, hg. von Heinz Rieter, Berlin 1992, S. 65-90, hier S. 73.

[8] Vgl. dazu auch die Erinnerungen P.-H. Seraphims an die Studienzeit seines Vaters Ernst: „Es waren die letzten Jahre der noch deutschen Universität Dorpat als Pappchen dort studierte, bevor sich die Russifizierung auch dieser Institution bemächtigte." Dann setzte unter dem Schlagwort „Ein Zar, ein Glaube – ein Volk" eine russisch-nationale Welle ein, die die Institutionen der deutsch-baltischen Minderheit stark bedrängte. Deutschsprachige Schulen wurden geschlossen, bzw. der Unterricht mußte nun in Russisch gehalten werden. So erging es auch der Universität in Dorpat. Aus dieser Periode am Ende des 19. Jahrhunderts erklärt sich wohl ein großer Teil des ‚Russen-Hasses' vieler Deutschbalten zu Anfang des 20. Jahrhunderts. Vgl. P.-H. Seraphim, *Erinnerungen* (1980), S. 15f.

[9] So Honigsheim(1959), S. 67; im Tenor ähnlich H.-J. Seraphim (1925); Zweynert (2002) und selbst Gelesnoff (1927).

[10] So Robert Wilbrandts bissige Kritik an Roscher von 1924. Zitiert nach Heinz Rieter, „Historische Schulen", in: *Geschichte der Nationalökonomie*, hg. von Otmar Issing, 4., überarbeitete und ergänzte Auflage, München 2002, S. 131-168, hier S. 142.

[11] Wladimir W. Swjatlowsky *Geschichte der ökonomischen Ideen in Rußland vor dem Marxismus*, Bd. 1, Petrograd 1923 (Bd. 2 ist nicht erschienen). Zweynert kommentiert: „Er legt allein dadurch (…) ein klares Bekenntnis darüber ab, wie er den Originalitätsgrad des russischen ökonomischen Denkens beurteilt." Vgl. Joachim Zweynert, „Zur

Zweites Kapitel

Ende des 18., Anfang des 19. Jahrhunderts war eine Reihe deutscher bzw. deutschstämmiger Gelehrter ins Land gekommen, die für die Ausbildung der Eliten und die Entstehung der russischen Wirtschaftswissenschaft eine große Rolle spielen sollten.[12] Wir meinen vor allem den in Riga geborenen Heinrich Storch (1766-1835), um die Jahrhundertwende Lehrer der Großfürstinnen und des Großfürsten am Petersburger Hof und „der erste russische Nationalökonom seiner Zeit".[13] Weiterhin von Bedeutung waren der Göttinger Christian v. Schlözer (1744-1831), der, 1801 aus Dorpat wegberufen, bis 1826 den ersten russischen Lehrstuhl für Politische Ökonomie in Moskau innehatte,[14] der vor Napoleon aus Halle geflüchtete Ludwig Heinrich v. Jacob (1759-1827), der in Hanau geborene, spätere langjährige russische Finanzminister Georg Graf von Kankrin (1774-1845) und schließlich der Balte Theodor von Bernhardi (1802-1887), der bei Rau in Heidelberg studiert hatte.[15] Bis auf Bernhardi und Kankrin waren sie allesamt Smithianer, wenn auch mit jeweils eigener Note, indem sie ihre Lehren an die besondere Situation Rußlands anpaßten. Das betraf insbesondere an List und die Historische Schule erinnernde Entwicklungstheorien, Lehren von den Produktivkräften und der Handelspolitik (Entwicklungszölle).

---

russischen Thünen-Rezeption", in: *Johann Heinrich von Thünen (1783-1850). Thünensches Gedankengut in Theorie und Praxis*. Beiträge zur internationalen Konferenz aus Anlaß des 150. Todestags von Johann Heinrich von Thünen (= Berichte über Landwirtschaft. Zeitschrift für Agrarpolitik und Landwirtschaft, hg. vom Bundesministerium für Verbraucherschutz, Ernährung und Landwirtschaft), Münster-Hiltrup 2002, S. 272-287, hier S. 272.

[12] Vgl. dazu auch Backhaus (1992).

[13] Harald Winkel, *Die deutsche Nationalökonomie im 19. Jahrhundert*, Darmstadt 1977, S. 13. Sein einflußreichstes Werk ist der *Cours d'économie politique*. St. Petersburg 1815 (deutsch Hamburg 1819/20, übersetzt von K.H. Rau). Friedrich List hat Storchs Bedeutung für Rußland mit der Says für Deutschland verglichen. Vgl. Friedrich List, *Das nationale System der Politischen Oekonomie* (= Neudruck nach der Ausgabe letzter Hand (1841), eingeleitet von Heinrich Waentig), 4. Auflage, Jena 1922, S. 176. List behandelt Storch in dem Abschnitt: „Die Russen"; vgl. zum Streit, ob Storch Russe oder Deutscher war, Zweynert (2002), S. 72ff. Insgesamt zu Person und Werk: Jochen Schumann, „Heinrich von Storch: Originäre nationalökonomische Beiträge eines russischen Klassikers deutscher Herkunft", in: *Osteuropäische Dogmengeschichte* (1992), S. 33-63.

[14] Vgl. Zweynert (2002), S. 58ff. Schlözer jun. galt als weniger begabt als sein berühmter Vater, der von 1761 bis 1769 in Rußland gelehrt hatte. Er sprach kaum Russisch und las zunächst auf Latein und Deutsch, was wiederum die Russen nicht verstanden.

[15] Vgl. Zweynert (2002), S. 93ff; Gelesnoff (1927), S. 157f. Bernhardi kehrte 1849 enttäuscht aus Petersburg nach Deutschland zurück.

Auch in der zweiten Hälfte des 19. Jahrhunderts hatten Russen deutscher Abstammung einen nicht geringen Anteil an der Entwicklung der russischen Wirtschaftslehre. Diesmal wurden die Wege abseits der klassischen Pfade klarer eingeschlagen. Als Begründer der russischen Historischen Schule gilt Iwan K. Babst (1824-1881), der u.a. in Berlin bei Ranke und Savigny gehört hatte.[16] Er hatte Roscher übersetzt[17] und trug von seinem Moskauer Lehrstuhl für Politische Ökonomie aus mit der Verbreitung von Roschers Ideen – wie später auch sein Schüler und Nachfolger Alexander I. Tschuproff – erheblich zur Abkehr der Moskauer akademischen Wirtschaftswissenschaft von der klassischen Lehre bei. Dabei spielten im letzten Viertel des Jahrhunderts nicht nur methodologische Bedenken gegen die rationalistische Klassik, sondern vermehrt auch das sozialpolitische Engagement – ähnlich dem der deutschen Kathedersozialisten – eine Rolle. Gustav von Schmollers Rede zur Gründung des ‚Vereins für Socialpolitik' 1872 war den russischen Ökonomen, wie Zweynert schreibt, „so aus der Seele gesprochen", daß sie in verschiedenen Lehrbüchern „gleich seitenlang zitiert wurde", etwa von Tschuproff und von Bunge.[18] Nikolaj C. Bunge (1823-1895), der familiär schwedische und deutsche Wurzeln hatte, verstand sich zunächst als ein Liberaler, war dann aber zunehmend vom Historismus und Kathedersozialismus beeinflußt.[19] Ab 1850 Professor für Politische Ökonomie in Kiew und zwischen 1881 und 1887 russischer Finanzminister, übersetzte er 1871 Adolph Wagners drei Jahre zuvor in Dorpat abgeschlossene einflußreiche Arbeit *Die russische Papierwährung* ins Russische und schlug sich im Methodenstreit zwischen Schmoller und Menger auf die Seite des Deutschen.[20]

Der von Schmoller bekundete „Hunger nach Tatsachen" hatte nun in Rußland, zumindest in Moskau und Petersburg, ähnlich wie in Deutschland, eine Abkehr von der Theorie überhaupt zur Folge, und man wandte sich lieber der statistischen Beschreibung der russischen Landwirtschaft zu. „Die

---

[16] Schon Babsts Vater hatte in Göttingen studiert. Zu Person und Werk des Sohnes vgl. Zweynert (2002), S. 179ff., sowie Michail Pokidtschenkos Beitrag über „Ivan K. Babst als Pionier der historistischen Ökonomik in Rußland" im Projektband *Deutsche und russische Ökonomen im Dialog* (2004).

[17] Gemeint sind Roschers *Grundlagen der Nationalökonomie*, die dann in zwei Bänden 1860/62 in Moskau erschienen.

[18] Vgl. Zweynert (2002), S. 259ff.

[19] Zu Person und Werk vgl. Zweynert (2002), S. 283ff.

[20] Vgl. dazu Zweynert (2002), S. 284f. u. S. 286. Bunge übersetzte 1895 dann auch Schmollers berühmte Rezension von Mengers *Untersuchungen* von 1883 ins Russische.

theoretische Ökonomie war an einem Punkte des Stillstandes angelangt", urteilte Wladimir Gelesnoff, selbst Schüler des älteren Tschuproff[21] und dem Historismus mit Sympathien begegnend, in seinem 1927 in Deutschland publizierten Abriß zum gegenwärtigen Stand der Nationalökonomie in Rußland.[22] Die Abwehrhaltung vieler vom Historismus geprägter russischer Ökonomen gegen die aufkommende Grenznutzenschule im Verein mit ihrem sozialpolitischen Engagement schuf im letzten Viertel des Jahrhunderts ein eigenartiges – wie gehört –, als unfruchtbar und lähmend beschriebenes Klima, in dem sich akademisch ein theoretischer – wenn auch nicht politischer – nationalökonomischer Marxismus[23] ausbreiten konnte, der im Verbund mit dem Historismus die Aufnahme modernen ökonomischen Gedankenguts blockierte.

Diese Lähmung durchbrachen die oft als ,legale Marxisten'[24] bezeichneten Ökonomen wie der deutschstämmige Peter Struve (1870-1944), Michail Tugan-Baranowsky (1865-1919), Sergej N. Bulgakow (1871-1944) oder auch Wladimir K. Dmitriew (1868-1913) als die international wohl profiliertesten russischen Ökonomen vor der Oktoberrevolution.[25] Sie wandten sich dann methodologisch vom Materialismus ab und dem Idealismus zu und wurden politisch zu Revisionisten.

In der Wert- und Verteilungslehre verfolgten sie etwa die Wiener Entwicklungen sehr genau und suchten eine Art Synthese zwischen Arbeitswert- und Grenznutzenlehre (Tugan-Baranowsky) oder lehnten schließlich den Wertbegriff überhaupt als „metaphysisch" ab (Struve). Beide publizierten in Deutschland und waren dort einflußreich. Wir denken an Tugan-Baranowskys Rolle bei der Entstehung der modernen Konjunkturtheorie in Deutsch-

---

[21] Alexander I. Tschuproff (1842-1908), Ökonom, Professor in Moskau, ist der Vater des Statistikers und Ökonoms Alexander A. Tschuproff (1874-1926) (siehe Biobibliographischer Anhang).

[22] Gelesnoff (1927), S. 159.

[23] Der erste russische Marx-Übersetzer war Nikolaj F. Danielson (1844-1918). Seit 1868 mit Marx und Engels korrespondierend, erschien der erste Band des *Kapitals* übersetzt 1872, der zweite und der dritte Band folgten 1885 und 1896. Vgl. Zweynert (2002), S. 339ff.

[24] Der Begriff stammt von Lenin und besagt, daß diese – anders als Lenin und Plechanow – ihre Schriften legal in der Presse unter eigenem Namen veröffentlichen konnten. Vgl. Zweynert (2002), S. 348ff.

[25] Vgl. dazu H.-J. Seraphim (1925), S. 33ff., 74ff., 139ff., 175ff.; Gelesnoff (1927), S. 165ff., Zweynert (2002), S. 348-413; Bertram Schefold (Hg.), *Ökonomische Klassik im Umbruch*, Frankfurt am Main 1986, S. 63-136.

land[26] sowie an Struves zahlreiche Aufsätze zu Problemen des Sozialismus und Marxismus im Heidelberger *ASS* in den 1890er Jahren. 1902 ließ sich Struve dann aus politischen Gründen zeitweilig in der Nähe von Stuttgart nieder, u.a. mit der Entwicklung einer Exil-Zeitschrift betraut.[27] Damit sind wir aber schon beim nächsten Aspekt.

2.2 Russen in Deutschland

Anfang der 1890er Jahre verschärften sich die innenpolitischen Spannungen in Rußland. Dann starb Alexander III., und die Thronübernahme von Nikolaj II. 1894 läutete eine weitere reaktionäre Periode in der Gesellschafts- wie in der Bildungspolitik ein. Zu dieser Zeit etablierte sich eine marxistisch geprägte sozialdemokratische Bewegung, unterstützt von der anwachsenden Industriearbeiterschaft. 1895 wurde Lenin das erste Mal verhaftet und verbannt. Auch die bürgerlich-liberalen Intellektuellen formierten sich mit der zunehmenden Repression als radikale Opposition und fanden sich vermehrt im Exil wieder. So wurde auf einem Kongreß in der Schweiz 1903 die Gründung eines Befreiungsbundes beschlossen, aus dem nach der ersten russischen Revolution 1905 die sogenannte Kadettenpartei hervorging.[28] Die wachsende Unzufriedenheit im Lande mündete nach dem verlorenen russisch-japanischen Krieg zunächst in die gescheiterte Revolution von 1905, dann gegen Ende des Ersten Weltkrieges in die große Revolution von 1917. Nach dem

---

[26] Vgl. dazu Ulf Beckmann, „Der Einfluß von Michail I. Tugan-Baranovskij auf die deutschsprachige Konjunkturforschung im ersten Drittel des 20. Jahrhunderts", in: *Deutsche und russische Ökonomen im Dialog* (2004), sowie Harald Hagemann, "The Development of Business-Cycle Theory in the German Language Area 1900-1930", in: *Storia del pensiero economico* 37 (1999), S. 87-122, besonders S. 90-97. Am folgenreichsten war der Einfluß des Russen auf Spiethoff. Nach Haberler ist der „wohlbekannte russische Autor" Tugan-Baranowsky „Spiethoffs unmittelbarer Vorläufer"; vgl. Gottfried Haberler, *Prosperität und Depression. Eine theoretische Untersuchung der Konjunkturbewegungen*, 2., erweiterte Auflage, Tübingen-Zürich 1955, S. 76; Arthur Spiethoff, „Die Krisentheorien von M. von Tugan-Baranowsky und Ludwig Pohle", in: *SJB* 27 (1903), S. 679-708.
[27] Zu Struve und seinem Werk vgl. Zweynert (2002), S. 350-356.
[28] Der merkwürdige Name leitet sich aus den Initialen der Konstitutionellen Demokraten (*Konstitutionnye Demokraty* = *Kadety*) ab. Vgl. zu den politischen Bewegungen in dieser vorrevolutionären Periode und ihrem Einfluß auf das russische ökonomische Denken Zweynert (2002), S. 330ff.

Friedensvertrag von Brest-Litowsk und den ersten chaotisch verlaufenden bolschewistischen Wirtschaftsexperimenten kam es – als im Frühjahr und Sommer 1921 zum zweiten Mal hintereinander auch noch der Regen ausblieb – im Winter 1921/22 zu einer katastrophalen Hungersnot. „Die Regierung war nicht in der Lage, ernsthafte Hilfe zu leisten; auch der von Nansen angerufene Völkerbund versagte, und die ausländischen privaten Wohltätigkeitsorganisationen konnten nicht verhindern, daß annähernd fünf Millionen Menschen verhungerten", beklagte Friedrich Pollock.[29] Für die junge bolschewistische Regierung war dies ein politisches Desaster, und sie erntete dafür die Kritik vieler russischer Agrarökonomen, wie etwa von Sergej Prokopowitsch, Boris Brutzkus, Alexander Tschajanow, Alexander Rybnikow und Nikolaj Kondratieff.[30] Das hatte Folgen: Prokopowitsch und Jekaterina Kuskowa wurden zum Tode verurteilt, später begnadigt und Anfang Juni 1922 ausgewiesen.[31] Auch Brutzkus mußte das Land zwangsweise verlassen. Kondra-

---

[29] Friedrich Pollock, *Die planwirtschaftlichen Versuche in der Sowjetunion 1917-1927*, Leipzig 1929; Neudruck Frankfurt a.M. 1971, S. 136. Vgl. dazu auch Fridtjof Nansens Rede vor dem Völkerbund in Genf: „Dreißig Millionen Menschen verhungern" (Oktober 1921), in: *Russen in Berlin* (1987), S. 188-192. Andere Quellen sprechen sogar von bis zu 35 Millionen Hungertoten, vgl. Bourgholtzer (1999), S. 18. Wir halten uns an Hildermeier (1998), S. 253f. Er spricht von „mindestens drei, vielleicht sogar über 5 Millionen" Toten.

[30] Vgl. Bourgholtzer (1999), S. 21. Auf dem Dritten All-Russischen Agrarkongreß ergriffen u.a. Tschajanow, Kondratieff und Brutzkus das Wort, wobei Brutzkus die Regierung direkt für die Katastrophe verantwortlich machte. Unter dem Druck der Umstände ließ die Sowjetregierung zu, daß sich russische, darunter auch nicht-bolschewistische Intellektuelle in einem All-Russischen Hungerkomitee organisierten, um mit im Ausland gesammelten Mitteln der notleidenden Bevölkerung zu helfen. Zu dem Komitee, das Lenin bald wieder verbot, gehörten neben dem Schriftsteller Maxim Gorki auch der Ökonom Sergej N. Prokopowitsch und dessen politisch engagierte Frau Jekaterina Kuskowa sowie weitere Ökonomen, etwa Tschajanow, Rybnikow und Kondratieff. Kondratieff plädierte 1922 gegen Formen der volkswirtschaftlichen Planung, die sich in Gegensatz zu den Gesetzen des Marktes stellte. Vgl. Harry Maier, „Nikolai D. Kondratjew: Wellen des Fortschritts", in: *Die großen Ökonomen. Leben und Werk der wirtschaftswissenschaftlichen Vordenker*, hg. von Nikolaus Piper, 2. überarbeitete Auflage, Stuttgart 1996, S. 237-243 (Erstveröffentlichung in: *DIE ZEIT* vom 19. März 1993 (= *Zeit der Ökonomen* 19), hier S. 238.

[31] Vgl. Bourgholtzer (1999), S. 19 u. 23. Die Tageszeitung *Nakanune* kündigte bereits für den 20.6.1922 Berliner Vorträge von Kuskowa und Prokopowitsch über die Lage in Rußland an. Vgl. *Die Chronik russischen Lebens in Deutschland 1918-41* (1999), S. 111.

tieff und Rybnikow waren kurzzeitig in Haft[32], und Tschajanow, der sich seit April 1922 in England und Deutschland aufhielt, faßte erst im August 1923 den Entschluß, nach Rußland zurückzukehren.[33] Das waren keine Einzelfälle. Im Herbst 1922 kam es zu einer Massenausweisung russischer Akademiker. So meldeten die Berliner Exil-Blätter *Dni, Rul* und *Nakanune* im November die Ankunft von siebzehn aus Petrograd ausgewiesenen Professoren, Schriftstellern und Ingenieuren, darunter die Ökonomen B. Brutzkus und L. Pumpiansky, sowie der letzte frei gewählte Dekan an der Petersburger Universität, der Rechtswissenschaftler A.A. Bogolepow.[34]

In der Folge der katastrophalen Nahrungsmittelknappheit gewann die russische Emigration in das nahegelegene Deutschland eine bisher nicht gesehene Dimension. Der große Exilantenstrom russischer Menschewiken, Kadetten und Zaristen floß zunächst nach Paris, Prag und in Deutschland vor allem nach Berlin. In dieser Zeit, von 1920 bis 1923, war Berlin, so heißt es, die ‚Dritte Hauptstadt' Rußlands (neben Moskau und St. Petersburg).[35] Das Rote Kreuz unterstützte 1920 etwa eine halbe Million Exil-Russen in Deutschland, die Gesamtzahl der Russen wurde auf 700.000 geschätzt, davon noch im Jahr 1923 allein 300.000 in Berlin.[36] Die ‚Russen in Berlin' betrachteten die deutsche Hauptstadt allerdings kaum als eine neue Heimat, vielmehr als eine Durchgangsstation, als vorübergehendes Exil, in der Hoffnung auf

---

[32] Vgl. Tschajanow an Kuskowa in Berlin, Brief aus dem September 1922, in: Bourgholtzer (1999), S. 66; *Chronik russischen Lebens in Deutschland* (1999), S. 125, Meldung vom 19. September 1922; Vincent Barnett: *Kondratiev and the Dynamics of Economic Development. Long Cycles and Industrial Growth in Historical Context*, London 1998, S. 62ff. Zuvor, im Februar 1922 waren annähernd 50 führende Mitglieder der Sozialrevolutionären Partei verhaftet und zwölf von ihnen im „erste(n) Schauprozeß der sowjetischen Geschichte" (Hildermeier (1998), S. 232) im Sommer 1922 zunächst zum Tode verurteilt worden. Vgl. dazu aus zeitgenössischer Sicht der Emigranten: Wladimir Woytinsky, *Kommunistische Blutjustiz. Der Moskauer Prozeß der Sozialrevolutionäre und seine Opfer*. Mit einem Vorwort von Karl Kautsky, hrsg. von der Auslands-Delegation der Sozialrevolutionären Partei Rußlands, Berlin 1922.

[33] Vgl. Bourgholtzer (1999), S. 14 und S. 45. Tschajanow blieb dann noch bis zum Oktober 1923 in Deutschland.

[34] *Chronik russischen Lebens in Deutschland* (1999), S. 137. Nach Bourgholtzer (1999), S. 23, sind "hundreds of Russia's most talented citizens" aufgrund einer Anweisung Lenins vom 19. Mai 1922 als Konterrevolutionäre zwangsausgewiesen worden.

[35] "Berlin was the 'Third Capital' of Russia". Vorrede zu Bourgholtzer (1999).

[36] Vgl. Ernst Drahn, „Russische Emigration. Eine kulturstatistische Studie", in: *ZfgSt* 89 (1930), S. 124-130, hier S. 125. Hans-Erich Volkmann, *Die russische Emigration in Deutschland (1919-1929)*, Würzburg 1966, S. 6.

Rückkehr, sobald sich die Verhältnisse zu Hause gebessert haben sollten.[37] Viele Intellektuelle, Künstler wie Wissenschaftler, schrieben zunächst weiterhin auf russisch mit Blick auf den russischen Exil- und/oder Heimatmarkt.[38] In Berlin entstanden 60 russische Verlagsbuchhandlungen, und es gab dort neben den zahlreichen Emigrantenblättern wie etwa dem bekannten Organ der Kadetten *Rul'*[39] auch russische volkswirtschaftliche Fachzeitschriften, so den *Russischen Oekonomist. Zeitschrift für Volkswirtschaft, Finanzen und Politik*.[40] Von den ca. 7.000 zwischen 1919 und 1923 im Ausland publizierten russischen Titeln erschienen etwa 90 Prozent in Berlin oder wurden dort gedruckt.[41] Auch der deutsche Großverlag Rudolf Mosse (*Berliner Tageblatt*) unterhielt in seiner Buchsparte eine eigene russische Abteilung, in der

---

[37] „Emigration ist die Entscheidung (freiwillig oder unter Druck), echten oder eingebildeten Bedingungen zu entfliehen, während Immigration den Wunsch (und die Hoffnung) beinhaltet, bessere Bedingungen anzutreffen (...). Dementsprechend enthält Immigration die Annahme, daß man sich in dem neuen Land niederlassen wird, während die Emigration eine mehr oder weniger klare Vorstellung von der Rückkehr in die Heimat konnotiert, sobald die bedrohlichen Umstände verschwunden sind." Marc Raeff, „Emigration – welche, wann, wo? Kontexte der russischen Emigration in Deutschland 1920-1941", in: *Russische Emigration in Deutschland* (1995), S. 17- 31, hier S. 17.

[38] Vgl. Wladimir Woytinsky, *Stormy Passage. A Personal History through two Russian Revolutions to Democracy and Freedom: 1905-1960*, New York 1961, S. 446: "Old acquaintances advised me to move to Germany, where I could get literary work or a teaching position in a university. A Russian publisher, Grzhebin, who settled in Berlin, offered me such work. Trained as an artist, he was a close friend of Gorky, and book publishing was his passion. His main business in Germany was printing textbooks for Russian schools, but he thought that Berlin, with freedom from censorship, was also the proper place to collect material about the Russian Revolution." Allerdings verbot die russische Regierung bald den Import solcher Bücher.

[39] Vgl. Mark R. Hatlie, „Die Zeitung als Zentrum der Emigrations-Öffentlichkeit: Das Beispiel der Zeitung Rul'", in: *Russische Emigration in Deutschland 1918-1941* (1995), S. 153-162.

[40] Vgl. Volkmann (1966), Anhang und S. 56.

[41] Vgl. Drahn (1930), S. 127 u. 129. Er zitiert A. Jaschtschenko, „Das russische Buch in Deutschland", in: *Das deutsche Buch*, August 1923, S. 48ff. Einige Jahre später hatte sich dieses Bild allerdings gewandelt. Viele russische Verleger, so auch Grzhebin, sind während der großen Inflation in Konkurs gegangen. Vgl. dazu den Abschnitt VI: „In der Gutenberg-Galaxis. Russische Verlage und Zeitungen in Berlin", in: *Russische Emigration in Deutschland 1918-1942* (1995), S. 399-467.

z.B. Wladimir Woytinsky den ersten Band seines Bestsellers *Die Welt in Zahlen* veröffentlicht hat.[42] Die guten künstlerischen und wissenschaftlichen Produktions- und Publikationsmöglichkeiten banden die intellektuelle russische Exil-Gemeinde an Berlin. Dagegen beklagte Tschajanow in England das Fehlen jeder solcher Gelegenheiten: „Russische Verleger in England – nicht vorhanden."[43] Und Berlin besaß Anfang der zwanziger Jahre gegenüber den anderen europäischen Zentren russischer Emigration einen weiteren Vorteil: Es war verhältnismäßig billig. "Life in Berlin was less expensive than in Paris, and I would have a better chance to return to scientific work", schreibt Woytinsky: "So we decided to go to Germany."[44] „Nie zuvor und nie danach", beginnt Fritz Mierau sein Buch über die *Russen in Berlin*, habe „eine Stadt außerhalb Rußlands für die russische Selbsterkenntnis eine so große Rolle gespielt wie das Berlin der zwanziger Jahre".[45] Nach dem Höhepunkt der Großen Inflation im Herbst 1923 und der anschließenden Währungsreform, die das Leben für die Russen verteuerte, änderte sich dies langsam, und viele wanderten – auch angesichts der politischen Instabilität der Weimarer Republik und des zunehmenden Antisemitismus in Deutschland – weiter nach Paris, Prag, London oder in die USA. Manche gingen auch ermutigt durch das Tauwetter der NEP zurück in die Heimat.[46] 1933 lebten nur noch rund 40.000 Russen in Deutschland.[47]

---

[42] Vgl. Woytinsky (1961), S. 451ff. *Die Welt in Zahlen* erschien in sieben Bänden zwischen 1925 und 1928, und zwar in einer russischen und in einer deutschen Edition. Die russische Ausgabe wurde allerdings nach dem ersten Band eingestellt. Als Herausgeber fungierte Ladislaus v. Bortkiewicz. Vgl. die Rezensionen von Otto Nathan, in: *WA* 25 (1927), S. 180-182; *WA* 27 (1928), S. 192*-193*; *WA* 29 (1929), S. 183*-184*; sowie von Albert Hesse, in: *SJB* 52 (1928), S. 165-67 u. *SJB* 53 (1929), S. 868.
[43] Tschajanow an Sokrat Kelpikow, Brief vom 24. Sept. 1922, zit. n. Bourgholtzer (1999), S. 67 (eigene Übersetzung aus dem Englischen).
[44] Woytinsky (1961), S. 446. Soweit die Emigranten über Devisen verfügten, erwies sich die Inflation für sie als ökonomisch vorteilhaft.
[45] Mierau, *Russen in Berlin,* hier zitiert aus dem Vorwort, S. VIII, der erweiterten Lizenzausgabe Weinheim und Berlin 1988.
[46] Vgl. Volkmann (1966), S. 2ff. und S. 88ff.; Raeff (1995), S. 25; Bourgholtzer (1999), S. 40. Schon nach dem Vertrag von Rapallo vom 16. April 1922 gingen viele russische Emigranten aus Enttäuschung über die freundliche Politik gegenüber Sowjetrußland nach Paris oder Prag.
[47] Raeff (1995), S. 25.

Akademische Gravitationspunkte für die russischen Wirtschafts- und Sozialwissenschaftler in Berlin waren neben der Universität das *Institut für Konjunkturforschung (IfK)*, die *Deutsche Gesellschaft zum Studium Osteuropas (DGSO)* sowie das auf Initiative der *DGSO* Anfang 1923 gegründete *Russisch-Wissenschaftliche Institut (RWI)*. Wir wollen das etwas genauer beschreiben.

Im letzten Viertel des 19. Jahrhunderts bis zum Ende des Ersten Weltkrieges hatten die Kathedersozialisten Gustav von Schmoller und Adolph Wagner das wirtschaftswissenschaftliche Geschehen nicht nur in Berlin, sondern, man kann sagen, im Deutschen Reich ziemlich beherrscht, und sie beeinflussten – wie oben gehört – auch die Entwicklung der russischen Ökonomie. Nach dem Ersten Weltkrieg zogen unter den professionellen Nationalökonomen vor allem Werner Sombart (1863-1941), der aus St. Petersburg stammende Ladislaus von Bortkiewicz (1886-1931) und Ernst Wagemann (1884-1956), seit 1923 Präsident des Statistischen Reichsamtes und Gründer sowie Leiter des Berliner Instituts für Konjunkturforschung, die russische Aufmerksamkeit auf sich. Ab 1931 kam aus Heidelberg Emil Lederer (1882-1939) hinzu, nachdem er Sombarts Berliner Lehrstuhl übernommen hatte.

Sombart war zu seiner Zeit „einer der meistgelesenen ausländischen Gelehrten in Rußland", und viele seiner Werke waren ins Russische übersetzt worden.[48] Galt er doch in seinen frühen Jahren als Marxist – bzw. zumindest als derjenige, der „Marx in die deutsche Wissenschaft eingeführt und Marxens Lehre dem deutschen Denken vertraut gemacht" hat.[49] Engels hatte ihn

---

[48] Zweynert/Riniker, *Werner Sombart in Rußland* (2004), S. 19f. Sombarts *Sozialismus und soziale Bewegung im 19. Jahrhundert*, Jena 1896, lag bereits zur Jahrhundertwende in russischer Sprache vor, und noch Mitte der zwanziger Jahre übertrug W.W. Leontief sen. *Die Ordnung des Wirtschaftslebens*, Berlin 1925, ins Russische. Eine Aufstellung der russischen Sombart-Übersetzungen findet sich bei Zweynert/Riniker (2004), S. 134-139. Zur Person und Wirkungsgeschichte vgl. Friedrich Lenger, *Werner Sombart 1863-1941. Eine Biographie*, 2. Auflage, München 1995 (1. Auflage 1994); sowie aus marxistischer Sicht: Werner Krause, *Sombarts Weg vom Kathedersozialismus zum Faschismus*, Berlin (Ost) 1962.
[49] Ludwig Mises, „Antimarxismus", in: *WA* 21 (1925), S. 284. Schmoller bezeichnete Sombart noch 1915, anläßlich seiner Rezension von *Händler und Helden*, als Marxisten (vgl. *SJB* 39, S. 2010; Mises kurioserweise noch 1925. Von Sombarts Biographen glauben weder Krause (1962), S. 13ff. noch Lenger (1995), S. 84, daß Sombart jemals ein Marxist gewesen sei.

dafür an prominenter Stelle gelobt[50] und für befähigt gehalten, Karl Marx' *Kapital* fortzusetzen und zu vollenden.[51] Sombart beteiligte sich Ende des 19., Anfang des 20. Jahrhunderts, wie etwa auch sein russischer Kollege Peter Struve, mit dem er zu dieser Zeit in engem Kontakt stand,[52] engagiert an der revisionistischen Debatte um Sozialismus und Marxismus, und noch 1927 – politisch bereits in großer Distanz zum Marxismus stehend – bekräftigte er anläßlich der zweiten Auflage seines Hauptwerkes *Der moderne Kapitalismus* Engels' Erwartung: „Dieses Werk will nichts anderes als eine Fortsetzung und in einem gewissen Sinne die Vollendung des Marxschen Werkes sein."[53] Auch wegen seines Rufes, Marxist (gewesen) zu sein, blieb Sombart lange ein Außenseiter unter Deutschlands Professoren. Das änderte sich in den Weimarer Jahren. Nun wurde er „der Herr Geheimrat", der Erbe Schmollers. Studenten aus aller Welt kamen mit Empfehlungsschreiben zu ihm, darunter mancher Russe, wie etwa der Genossenschaftsexperte Vahan Totomianz, den er an die Berliner Handelshochschule vermittelte,[54] der exzentrische Tatarenprinz Boris Ischboldin-al Bakri,[55] der

---

[50] Engels hatte zu Sombarts „Zur Kritik des ökonomischen Systems von Karl Marx" (*ASS* 7), bemerkt: „Es ist das erstemal, daß ein deutscher Universitätsprofessor es fertig bringt, im ganzen und großen in Marx' Schriften das zu sehen, was Marx wirklich gesagt hat, daß er erklärt, die Kritik des Marx'schen Systems könne nicht in einer Widerlegung bestehen (...) sondern nur in einer Weiterentwicklung." Vgl. Friedrich Engels, „Ergänzung und Nachtrag zum III. Buche des ‚Kapital'", in: Karl Marx, *Das Kapital. Kritik der politischen Ökonomie*, Dritter Band, nach der ersten von Friedrich Engels herausgegebenen Auflage, Hamburg 1894 (= MEW 25), Berlin 1973, S. 895-919, hier S. 903.
[51] Vgl. Rieter, „Historische Schulen" (2002), S. 157.
[52] Sombart hatte um 1900 beim Fürsten Hatzfeld zugunsten des in Rußland inhaftierten, damals als Marxist geltenden Peter Struve interveniert. Struve wiederum hat Sombarts *Sozialismus und Soziale Bewegung* begeistert im *Vorwärts* (vom 20. Dez. 1896) besprochen. Vgl. Lenger (1995), S. 54, 90, 144 und 513ff. Zur „Nähe zwischen dem jungen Werner Sombart und den russischen ‚legalen Marxisten'" vgl. auch Zweynert/Riniker (2004), S. 29ff.
[53] Er fährt fort: „So schroff ich die Weltanschauung jenes Menschen ablehne und damit alles, was man jetzt zusammenfassend und wertbetonend als ‚Marxismus' bezeichnet, so rückhaltlos bewundere ich ihn als Theoretiker und Historiker des Kapitalismus. (...) Und alles, was etwa Gutes in meinem Werk ist, verdankt es dem Geiste *Marx'*." Werner Sombart, *Der Moderne Kapitalismus. Das Wirtschaftsleben im Zeitalter des Hochkapitalismus*, Band III, 1. Hb., 2. Auflage, München 1987, Nachdruck der 1. Auflage, München-Leipzig 1927, S. XIX.
[54] Vgl. Reinhold Henzler, „In Memoriam Vahan Totomianz (1874-1963)", in: *ZfgG* (1965), S. 30-31; Zweynert/Riniker (2004), S. 32. Totomianz hatte Sombarts berühmten

Wirtschaftshistoriker Josef Kulischer[56] oder der junge Wassily W. Leontief.[57] Allerdings hatte Sombart dem theoretisch versierten Leontief kaum etwas zu bieten. So verwies er seinen zeitweiligen Seminarassistenten mit dessen Dissertation *Die Wirtschaft als Kreislauf*[58] an Bortkiewicz, da Sombart die stark mathematisch ausgerichtete Arbeit nicht zu betreuen vermochte.[59] Als dann Leontief 1928 seine Arbeit bei Sombart einreichte, rügte dessen Gutachten die „mathematische Zeichensprache" des Russen als „ungewöhnlich" und „teilweise unzweckmäßig".[60] Der damals 23jährige russische Emigrant und spätere Nobelpreisträger war in der Handhabung des modernen volkswirtschaftlichen Instrumentenkastens dem Berliner Doyen der deutschen Volkswirtschaftslehre haushoch überlegen.[61]

Fachlich mehr Verständnis, wenn auch nicht uneingeschränkte Zustimmung, fand Leontief bei seinem Landsmann, dem Statistiker und Ökonomen Ladislaus v. Bortkiewicz, einem Schüler von Wilhelm Lexis.[62] Bortkiewicz

Sozialismus-Vortrag in Zürich gehört und dann ab 1896 in Berlin u.a. bei Schmoller und Wagner studiert, bevor er 1899 nach St. Petersburg zurückkehrte.

[55] Ischboldin hatte in den zwanziger Jahren bei Sombart an der Handelshochschule gehört und berief sich noch in den siebziger Jahren mit seiner "School of Economic Synthesis" auf die geschichtlichen Theorieansätze Sombarts, Spiethoffs und Max Webers. Vgl. Boris Ischboldin, *History of the Russian Non-Marxian Social-Economic Thought*, New Delhi 1971, S. 305.

[56] Vgl. zu Person und Werk: Sergej M. Vinogradov, „Iosip M. Kulišer und die deutschen Historischen Schulen", in: *Deutsche und russische Ökonomen im Dialog* (2004).

[57] Vgl. Lenger (1995), S. 255ff. und S. 307; Zweynert/Riniker (2004), S. 92, berichten daß der junge Leontief mit einem Empfehlungsschreiben Kulischers zu Sombart kam.

[58] Wassily Leontief, „Die Wirtschaft als Kreislauf", in: *ASS* 60 (1928), S. 577ff.

[59] Lenger (1995), S. 480. Lenger verweist auf James N. Marshall, "Wassily W. Leontief", in: Bernard S. Katz (Hg.), *Nobel Laureates in Economic Sciences. A Biographical Dictionary*, New York 1989, S. 160-173, hier S. 163f.; außerdem: Giorgio Gilibert: "Leontief, Wassily", in: *The Elgar Companion to Classical Economics L-Z*, ed. by Heinz D. Kurz/Neri Salvadori, Cheltenham-Northhampton 1998, S. 40-45, hier S. 42.

[60] „Wassily Leontief", in: *FAZ* vom 9. Februar 1999.

[61] Immerhin – und da mag man einen Bezug zu Sombarts Methodologie erkennen – kritisierte Leontief zeitlebens die reine Theorie, insofern sie lediglich auf mathematischen Modellen, aber nicht auf Fakten beruht und/oder keine Relevanz für die reale Welt besitzt. Vgl. dazu: Sajal Lahiri, "Professor Wassily W. Leontief, 1905-1999", in: *EJ* 110 (2000), S. 695-707, hier S. 697.

[62] Gilibert (1998), S. 42, zitiert folgende Passage aus dem insgesamt wohlwollenden Gutachten von Bortkiewicz: "In developing his – in my opinion very doubtful – theoretical constructs the candidate received no guidance whatsoever from his academic teachers. He arrived at his present position quite independently, one might say despite

blieb, obwohl schon seit 1901 Professor in Berlin, dort zeitlebens ein „Fremdkörper", der „sich in den Betrieb und die Traditionen einer deutschen nationalökonomischen Fakultät nicht recht einzuordnen vermochte".[63] Er liebte lange, vertrackte, statistisch-mathematische Räsonnements, denen viele seiner Kollegen nicht folgen mochten und konnten, war unerbittlich und gefürchtet im Urteil, reagierte dabei selber aber oft dünnhäutig auf Kritik.[64] In Deutschland brachte man ihm zwar „kühle Hochachtung" entgegen, „lehnte ihn aber innerlich ab".[65] Im Ausland und unter den russischen Emigranten war die Aufnahme Bortkiewiczs jedoch eine andere. Mit Alexander Tschuproff jun. war er viele Jahre befreundet,[66] Kondratrieff besuchte ihn während seiner West-Reise 1924/25,[67] und auch die Jüngeren, namentlich Altschul,[68] Anderson, Leontief, Marschak[69] und Woytinsky hatten ein gutes Verhältnis zu ihm.[70] Insgesamt gesehen, ist der Einfluß Bortkiewiczs auf die nationalökonomische Weiterentwicklung der jungen Russen in Deutschland im Sinne der modernen Theorie weitaus höher einzuschätzen als der Sombarts. Er lieferte viele Beiträge zur ökonomischen Theorie in Deutschland, als diese an fast allen Lehrstühlen im Lande arg vernachlässigt wurde. Er gab

---

them. It is very likely that he will maintain this scientific point of view also in the future."

[63] Anderson (1932), S. 246; zu Bortkiewicz vgl. auch: Michael C. Howard/John E. King, "Bortkiewicz, Ladislaus von", in: *The Elgar Companion to Classical Economics*, Vol. 1: A-K, ed. by Heinz D. Kurz/Neri Salvadori, Cheltenham-Northhampton 1998, S. 46-50.

[64] Bezeichnend ist folgende Anekdote: Als Bortkiewicz Woytinskys Buch-Projekt *Welt in Zahlen* zwar kritisch, aber am Ende doch positiv begutachtet hatte, munterte der Mosse-Verlagsdirektor den etwas enttäuschten Woytinsky mit folgenden Worten auf: "Your project has passed the most difficult test. Do you know, that the publishers have stopped asking Bortkiewicz to review their books. All his comments have been murderous!" Vgl. Woytinsky (1961), S. 452.

[65] Anderson (1932), S. 246.

[66] Beide kannten sich aus ihrer gemeinsamen Zeit in Straßburg, wo sich Bortkiewicz habilitiert hatte und Tschuproff jun. von Knapp promoviert worden war. Vgl. Anderson (1932), S. 242. Anderson wiederum war Schüler Tschuproffs.

[67] Vgl. Barnett (1998), S. 88f.

[68] Vgl. Eugen Altschul, „Ladislaus v. Bortkiewicz", in: *MdW* 7, Nr. 30, vom 24. 7. 1931.

[69] Marschak hatte im Frühjahr 1919 sein wirtschaftswissenschaftliches Studium in Berlin begonnen, wo er bei Bortkiewicz gehört hatte. Vgl. Hagemann, „Jakob Marschak", in: *Biographisches Handbuch der deutschsprachigen wirtschaftswissenschaftlichen Emigration nach 1933* (1999), Bd. 1, S. 418-424.

[70] Woytinsky (1961), S. 453. Woytinsky nannte ihn den wahrscheinlich besten Statistiker Europas und darüber hinaus einen Freund.

insbesondere der Wert-, Geld- und Konjunktur-, aber auch der marxistischen Kreislauftheorie Impulse – Gebiete, für die sich die Emigranten wie auch die aufstrebenden Theoretiker in Deutschland besonders interessierten.[71]

Das *Institut für Konjunkturforschung* (*IfK*), heute *Deutsches Institut für Wirtschaftsforschung* (*DIW*), war 1925 vom damaligen Chef des Statistischen Reichsamtes Ernst Wagemann in Berlin gegründet worden, also fünf Jahre später als das Russische Institut in Moskau durch Kondratieff. Auch die erste publizierte, offizielle Schätzung des deutschen Sozialprodukts durch das Statistische Reichsamt im Jahre 1929 erfolgte erst vier Jahre nach der Pionier-Arbeit in Sowjetrußland.[72] Wagemann registrierte aufmerksam die Fortschritte sowohl der volkswirtschaftlichen Gesamtrechnung in Rußland als auch die der russischen Konjunkturtheorie und sah während der Periode der NEP durchaus Parallelen zwischen den Arbeiten in beiden Ländern.[73] 1929 gab Wagemann in diesem Zusammenhang ein Sonderheft der *Vierteljahreshefte zur Konjunkturforschung* (*VzK*) mit dem Titel *Russische Arbeiten zur Wirtschaftsforschung* heraus,[74] und mit Rolf Wagenführ hatte sich einer der späteren (ab 1928) Abteilungsleiter des *IfK* in Moskau vor Ort umgetan und

---

[71] So provozierte Bortkiewicz den ersten konjunkturtheoretischen Aufsatz Walter Euckens. Vgl. Bortkiewicz, „Die Ursachen einer potenzierten Wirkung des vermehrten Geldumlaufs auf das Preisniveau", in: *SchrdVfS* 170, München u. Leipzig 1925, S. 256-274, und Walter Eucken zum gleichen Thema, in: *JbNuSt* 125 (1926), S. 289-309. Außerdem regte er Löwes Assistenten Fritz Burchardt zu einer Auseinandersetzung mit Marx an. Vgl. Burchardt, „Die Schemata des stationären Kreislaufs bei Böhm-Bawerk und Marx", in: *WA* 34/35 (1931/32).

[72] Vgl. J. Adam Tooze, *Statistics and the German State, 1900-1945. The Making of Modern Economic Knowledge*, Cambridge 2001, S. 8f. Entsprechende offizielle Schätzungen aus den USA und England gab es erst 1934 bzw. 1941.

[73] Vgl. Wagemann (1928), S. 8f. und S. 69f. Tooze (2001), S. 131, schreibt: "In the era of NEP Wagemann and his Institute saw direct parallels between the efforts of Soviet economists to create a coherent framework for national economic planning and their own projects in Germany." Tooze (S. 200f.) sieht auch Verbindungen zwischen Wagemann und Leontief in Fragen der später sogenannten Input-Output-Analyse. Dabei schreibt Tooze dem jungen Leontief fälschlich eine Arbeit seines gleichnamigen Vaters zu, der damals auch in Berlin lebte und lehrte. Vgl. W. Leontief (sen.), „Vom Staatsbudget zum einheitlichen Finanzplan. Sowjetrussische Finanzprobleme", in: *WA* 33 (1931), S. 231-260.

[74] *Russische Arbeiten zur Wirtschaftsforschung* (= *VzK*, hg. vom Institut für Konjunkturforschung, Sonderheft 12), Berlin 1929. Wagemann empfahl seinen Lesern darüber hinaus die Werke von Bobroff, Jastremsky, Kondratieff, Oparin, Romanowsky, Slutsky, Tschetwerikoff sowie A. Tschuproff jun. Vgl. Ernst Wagemann, *Einführung in die Konjunkturlehre*, Leipzig 1929, S. 154.

über *Die Konjunkturtheorie in Rußland* promoviert.[75] Bald arbeiteten dann auch einige russische Emigranten im Berliner Institut: etwa der 1929 vom Hamburger *Wirtschaftsdienst* gekommene, später berühmt gewordene Agrarökonom Naum Jasny[76] und dessen Assistent George Garvy, der nach seiner Flucht vor den Nazis einen wesentlichen Beitrag zur Rezeption Kondratieffs in den USA lieferte,[77] sowie der Lederer-Schüler Nathan Leites.

Der Berliner Historiker Otto Hoetzsch (1876-1946) – ein Jahr vor Beginn des Ersten Weltkrieges Mitbegründer der *DGSO* – hatte sich intensiv mit der Gegenwart Sowjetrußlands beschäftigt und galt „in dieser Hinsicht als bestinformierte Persönlichkeit" Deutschlands.[78] In der Folge des von Hoetzsch sehr begrüßten Vertrags von Rapallo sollte der kulturelle und wissenschaftliche Austausch zwischen Deutschland und Sowjetrußland gefördert werden. Hoetzsch sah darin ein wichtiges Element seiner Arbeit. Als nun – wie oben berichtet – im Herbst 1922 eine große Zahl ehemaliger russischer Hochschullehrer in Berlin eintraf, nahm Hoetzsch für die *DGSO* noch im November Kontakt zu der exilierten russischen Professorenschaft auf. Schnell ergab sich das gemeinsame Ziel, ein „russisches Institut seitens der aus Rußland

---

[75] Rolf Wagenführ, *Die Konjunkturtheorie in Rußland*, Jena 1929. Im Vorwort dankt er seinem Lehrer Wilhelm Röpke sowie Perwuschin, Wainstein, Oparin und Sokoloff.

[76] Jasny mißfiel allerdings der autoritäre Führungsstil im Institut, und er wechselte zum 1. Januar 1931 in das *Institut für landwirtschaftliche Marktforschung* in Berlin. Vgl. Claus-Dieter Krohn, „Jasny, Naum", in: *Biographisches Handbuch der deutschsprachigen wirtschaftswissenschaftlichen Emigration nach 1933* (1999), Bd. 1, S. 288-290, und Schmitt (2002), S. 2.

[77] Vgl. George Garvy, "Kondratieff's Theory of Long Cycles", in: *RESta* 25 (1943), S. 203-220. Garvy (1913-1987; eigentlich Bronstein), geboren in Riga, war 1923 aus Rußland nach Deutschland gekommen und hatte Anfang der dreißiger Jahre bei Lederer und Wagemann in Berlin studiert. Dort knüpfte er auch Kontakte zu Woytinsky, mit dem ihn dann eine lang anhaltende Bekanntschaft verband. Nach 1933 emigrierte er über Frankreich in die USA. Dort war er von 1941 bis 1943 für das *NBER* und von 1943-1980 für die *Fed* in New York, zuletzt als Vizepräsident, tätig. Zur Person vgl. Harald Hagemann, „Garvy, George", in: *Biographisches Handbuch der deutschsprachigen wirtschaftswissenschaftlichen Emigration nach 1933* (1999), Bd. 1, S. 179-184.

[78] Gerd Voigt, „Otto Hoetzsch, Karl Stählin und die Gründung des Russischen Wissenschaftlichen Instituts", in: *Russische Emigration in Deutschland 1918-1941* (1995), S. 267-278, hier S. 268. Hoetzsch hatte Rußland schon vor dem Kriege besucht, und er unternahm zwischen 1923 und 1934 viele weitere Reisen. Ab 1925 gab er die Zeitschrift *Osteuropa* heraus. In den Institutionen und Organen des Sowjetstaates war Hoetzsch ein willkommener Gast, da sich der DNVP-Politiker aktiv für gute Beziehungen zwischen den beiden Ländern einsetzte. Zur *DGSO* gehörten aus dem Kreis der Wirtschaftswissenschaftler u.a. O. Auhagen, M. Sering und E.G. Jenny.

ausgewiesenen Professoren" zu gründen.[79] Damals gab es etwa 500 russische Studenten an Berliner Hochschulen und etwa 1.500 weitere Personen, die ihre Ausbildung in Rußland hatten abbrechen müssen und seitdem nach einer Möglichkeit suchten, diese fortzusetzen.[80]

Das *Russisch-Wissenschaftliche Institut* (*RWI*) in Berlin wurde dann am 17. Februar 1923 mit einem feierlichen Akt eröffnet,[81] die ersten Vorlesungen fanden am 26. Februar statt.[82] Die Blütezeit des *RWI* fiel in das Jahr der Eröffnung, als fast 600 Studenten immatrikuliert waren.[83] Die Lehrtätigkeit erfolgte im wesentlichen in drei Abteilungen, der für geistige Kultur unter N.A. Berdjajew,[84] die das größte Interesse unter den Studenten hervorrief, der juristischen unter dem ehemaligen Moskauer Professor Iwan Iljin[85] und der Abteilung für Volkswirtschaft unter S.N. Prokopowitsch. Zu den dauerhaft tätigen Professoren und Dozenten des *RWI* zählten u.a. der renommierte Professor für Agrarwissenschaften Boris Brutzkus, ehemals St. Petersburg,[86] der

---

[79] Aktennotiz vom 21.11.1922, hier zitiert nach Voigt (1995), S. 272. Hoetzsch eruierte die Haltung zu dem geplanten Institut bei den amtlichen deutschen und sowjetischen Stellen, nachdem erstere zugestimmt hatten, zeigten sich letztere ebenfalls einverstanden, sofern bei den geplanten Kursen politische Themen völlig ausgeklammert würden (S. 273). Hier war der Konflikt vorprogrammiert.

[80] Voigt (1995), S. 274.

[81] Die von der Exil-Presse beachtete Gründung erfolgte schon im Dezember 1922. Daran beteiligt waren unter anderem Berdjajew, Brutzkus, Prokopowitsch, Frank sowie Tschuproff jun. Vgl. *Chronik russischen Lebens in Deutschland 1918-1941* (1999), S. 140. Außerdem: Volkmann (1966), S. 130ff.; Voigt (1995), S. 274. Im leitenden Gremium, dem Senat, hatte auch Hoetzsch als Vorsitzender der *DGSO* einen Sitz.

[82] *Chronik russischen Lebens in Deutschland 1918-1941* (1999), S. 163.

[83] Voigt (1995), S. 276.

[84] Berdjajew, der wie Struve, Bulgakow und Frank zu den legalen Marxisten gerechnet wurde (Zweynert (2002), S. 349), wechselte noch in Rußland – ähnlich wie Bulgakow und sein späterer *RWI*-Kollege Frank – zur Theologie. In Berlin hatte er eine religiös-philosophische Akademie gegründet, die im Verdacht anti-sowjetischer Umtriebe stand. Vgl. Voigt (1995), S. 273.

[85] Iljin war am *RWI* für Rechtsphilosophie zuständig. Er gehörte neben Brutzkus zu den Lehrkräften, die heftig gegen das bolschewistische Rußland polemisierten. Vgl. *Welt vor dem Abgrund. Politik, Wirtschaft und Kultur im russischen Staate*. Nach authentischen Quellen. Ein Sammelwerk, bearb. und hrsg. von Univ.-Prof. Dr. Iwan Iljin, früher Moskau, Berlin 1931.

[86] Neben den im Anhang aufgeführten Beiträgen vgl. auch Brutzkus, *Agrarentwicklung und Agrarrevolution in Rußland*. Mit einem Vorwort von Max Sering, Berlin 1925; ders., *Economic Planning in Soviet Russia*. Mit einem Vorwort von F.A. Hayek, London 1935.

Rechtswissenschaftler, Historiker und Philosoph A.A. Bogolepow[87], ebenfalls ehemals Professor in St. Petersburg, als Dozent für Verwaltungsrecht, Professor Semjon Frank, einstmals Weggefährte Struves, nun Professor für Philosophie am *RWI*, und nicht zuletzt der international anerkannte Vahan Totomianz als Dozent für Genossenschaftswesen, zuvor Professor in Moskau und Kiew.[88]

In der volkswirtschaftlichen Abteilung waren im ersten Sommersemester 205 Hörer registriert, und ihr renommierter Lehrkörper bot 1923 ein weit gefächertes Programm an, das manch russischer Universität zur Ehre gereicht hätte. So las bei Eröffnung A.P. Markow über die *Finanzen Rußlands*, Brutzkus über *Landwirtschaft* sowie über *Agrarpolitik in Rußland*, Pumpiansky über *Die Lage der Arbeiter in Rußland*, und Prokopowitsch sprach über den *Haushalt in Sowjetrußland*, und zugleich bot er ein *Seminar zur Politischen Ökonomie* an. Des weiteren findet sich im Lehrverzeichnis der Name Struves, der auch dem Wissenschaftsrat angehörte.[89]

Das *RWI* erhielt allerdings nicht den erhofften Status einer Universität und florierte nicht wirklich, zumal die Abschlüsse keine staatliche Anerkennung fanden. Außerdem nahmen die Unterstützungszahlungen seitens der Reichsregierung im Laufe der Jahre stark ab, bis sie 1931 ganz eingestellt wurden. Schon mit dem Weggang von Prokopowitsch und weiterer Ökonomen nach Prag reduzierte sich der Lehrkörper, und auch die Zahl der Studenten verringerte sich merklich. Das *RWI* verkam ab 1926 zu einer Art Volkshochschule, in der lediglich öffentliche Vorträge gehalten wurden. 1933 fand die freie Lehrtätigkeit dann ein Ende, und das *RWI* wurde Goebbels' Ministerium für Volksaufklärung und Propaganda unterstellt.[90]

Neben Berlin hatten sich Frankfurt, Göttingen, Heidelberg, Leipzig und München als Zentren der russischen Emigration etabliert. Dabei spielt Heidelberg für die vorliegende Untersuchung eine herausragende Rolle, so daß

---

[87] Vgl. A.A. Bogolepow, „Die Konzessionen in Sowjetrußland", in: *ZfgSt* 91 (1931), S. 86ff.

[88] Vgl. Henzler (1965). Totomianz hatte zugleich Lehraufträge an der Handelshochschule Berlin und in Prag, wohin er dann 1930 mangels Aussichten auf eine feste Anstellung in Berlin ganz wechselte. Vgl. u.a. Totomianz: „Genossenschaftswesen in Sowjetrußland", in: *ASS* 56 (1926); „Die Stellungnahme der Arbeiter gegenüber der Gewinnbeteiligung und des Co-Partnership-Systems", in: *SJB* 51 (1927).

[89] *Chronik russischen Lebens in Deutschland 1918- 1941* (1999), S. 161 u. 163; Voigt (1995), S. 275 u. S. 276.

[90] Voigt (1995), S. 277f..

wir uns den dort damals herrschenden Verhältnissen ausführlicher widmen müssen.

Um die Jahrhundertwende zog der Kreis um Max Weber (1864-1920) russische Oppositionelle nach Heidelberg.[91] Weber hatte „starkes Interesse an den Russen".[92] Das hatte am Neckar spätestens seit den Tagen K.H. Raus Tradition. Die russische Lesehalle dort, 1862 eingerichtet, spiegelte in ihrem Bestand von Anfang an eine sozialistische Ausrichtung und „die regierungsfeindliche Einstellung der Bibliotheksbenützer wieder". So kam es bereits 1866 zu einem Vorstoß des russischen Justizministeriums, niemand mehr auf Regierungskosten nach Heidelberg zum Studium zu schicken. Auch Anfang des 20. Jahrhunderts blieb die Lesehalle ein Treffpunkt „jüdisch-revolutionärer Elemente", die, wie Fedor Stepun notierte, dort ihre „Bakuninschen Beile" schliffen.[93]

Max Weber hatte ein Faible für unorthodoxe, gegen die Autorität rebellierende Menschen. In seinem Kreis reüssierte, wer „jüdisch, russisch und sozialistisch" war.[94] Erwähnenswert ist auch, daß den Russen in Heidelberg die Immatrikulation, Promotion und Habilitation erleichtert wurde.[95] Das sei

---

[91] Vgl. Willy Birkenmaier, *Das russische Heidelberg*, Heidelberg 1995; Paul Honigsheim, „Der Max-Weber-Kreis in Heidelberg", in: *Kölner Vierteljahreshefte für Soziologie* V (1925/6), S. 270-287. Max Weber las seit 1897 Nationalökonomie in Heidelberg und wurde 1903 aus gesundheitlichen Gründen von der Lehrtätigkeit befreit. 1918 ging er nach Wien, dann nach München. Der erwähnte Kreis bestand bis 1917 und wurde dann ab 1924 von Marianne Weber als ‚akademische Geselligkeit' fortgeführt.

[92] Marianne Weber: *Max Weber. Ein Lebensbild*, München 1989, S. 474; Sadamu Kojima, "Reception of Max Weber's works in the early 20th century Russia – In relation to the 'Max Weber-Renaissance in Russia' at the close of the 20th century", in: *Deutsche und russische Ökonomen im Dialog* (2004). Aus den vielen Schriften Max Webers über Rußland und/oder den Sozialismus seien hier beispielhaft genannt: „Zur Lage der bürgerlichen Demokratie in Rußland", in: *ASS* 22 (1906), S. 234-353; sowie der Wiener Vortrag vom 13. Juni 1918: *Der Sozialismus* (neu hrsg. und mit einer Einführung von Herfried Münkler, Weinheim 1995).

[93] Vgl. Willy Birkenmaier, „Max Webers Rede zum Jubiläum der russischen Lesehalle" (1912), in: *Mandel'stam und sein Heidelberger Umfeld* (= Russica Palatina 21), Heidelberg 1992, S. 70-78, hier S. 70f.; sowie die Schilderung Fedor Stepuns im gleichen Heft (S. 79-83). Stepun (1884-1965) studierte von 1903 bis 1908 in Heidelberg.

[94] Vgl. Reinhard Blomert, *Intellektuelle im Aufbruch. Karl Mannheim, Alfred Weber, Norbert Elias und die Heidelberger Sozialwissenschaften der Zwischenkriegszeit*, München-Wien 1999, S. 245 und S. 437.

[95] Vgl. dazu auch Brian Poole, „Nicolai von Bubnoff. Sein kulturphilosophischer Blick auf die russische Emigration", in: *Russische Emigration in Deutschland 1918-1941*

„Irredentisten aller Art zugute" gekommen, schrieb Honigsheim Mitte der zwanziger Jahre, so daß „die Neckaruniversität seit langem nicht nur die Stadt fröhlicher Gesellen, sondern – was noch etwas wichtiger ist – eine Zentrale russischer Verschwörung war".[96] So kamen nach der fehlgeschlagenen Revolution von 1905, wie Karl Jaspers notiert, „Russen in großer Zahl": „Die Bewunderung für diese außerordentlich intelligenten, ständig diskutierenden, leidenschaftlich bewegten Männer war groß. Etwas ganz Ungewohntes und auf neue Weise Befreiendes strömte durch sie nach Heidelberg."[97]

Auch nach dem Tod von Max Weber blieb Heidelberg ein ‚russisches Zentrum'. Diese Tatsache kann man an den Autoren- und Mitarbeiterlisten des in Heidelberg redigierten und herausgegebenen *Archivs für Sozialwissenschaften und Sozialpolitik* (*ASS*) ablesen, einer der wichtigsten deutschen wirtschafts- und sozialwissenschaftlichen Zeitschriften jener Zeit.[98] Gegründet 1888 von Heinrich Braun, wurde es ab 1904 von Edgar Jaffé, Max Weber und Werner Sombart herausgegeben. In den zwanziger Jahren – bis zur Einstellung 1933 – leitete es der jüdische Sozialist und exzellente Ökonom Emil Lederer[99] unter Mithilfe von Joseph A. Schumpeter und Alfred Weber.[100]

(1995), S. 279-294, hier S. 282: Die Erleichterungen galten insbesondere für russische Juden, die wegen der für sie im Zarenreich herrschenden Quotenregelung trotz genügender Vorbildung keinen Abschluß hatten erwerben dürfen, und für Studenten, die „infolge der ‚Unruhen' an den Universitäten 1899-1902 zwangsexmatrikuliert wurden". Der hohe Anteil jüdisch-russischer Studenten führte dann zu Anfang des 20. Jahrhunderts zu Spannungen und antisemitischen Ausfällen gegen die angebliche „Überflutung" der deutschen Universitäten durch „asiatische Elemente". (*Heidelberger Tageblatt*, August 1912, zitiert nach Poole (1995), S. 282)

[96] Honigsheim (1925/26), S. 272. Er fährt fort: Der Weber-Kreis sei zwar nicht „durch eine revolutionäre Gesinnung spezifisch politischer Natur zusammengehalten worden", aber es wäre natürlich auch kein Zufall, „daß so manche Revolutionäre und Bolschewisten Deutschlands und insbesondere mehrere nachmalige Räterepublikaner von München und Budapest früher so oft in der Ziegelhäuser Landstraße Tee getrunken hatten". Er meint damit u.a. Edgar Jaffé (1866-1921), 1918/19 kurz Finanzminister in München; Professor Arthur Salz, dem die venia legendi zeitweise entzogen war, weil er Leviné versteckt hatte; Eugene Leviné (1883-1919), Student in Heidelberg, 1919 als Mitglied der Münchener Räte-Republik erschossen. Mit den „Ungarn" meinte er u.a. Georg v. Lukács und Karl Mannheim. Vgl. Blomert (1999), S. 28ff.

[97] Karl Jaspers, „Heidelberger Erinnerungen", in: Heidelberger Jahrbücher (1961), hier zitiert nach Poole (1995), S. 281.

[98] Das Archiv erschien allerdings bei J.C.B. Mohr (Paul Siebeck) in Tübingen.

[99] Lederer lehrte bis 1931 in Heidelberg und wechselte dann nach Berlin, von wo aus er das *ASS* weiterleitete. Er lieferte selbst einige Rußland-Beiträge, z.B. „Das Problem der russischen Wirtschafts- u. Sozialverfassung", in: *ASS* 68 (1933), S. 257-285.

Alle drei waren an Fragen des Sozialismus an und den russischen Entwicklungen hochinteressiert. In der Weimarer Zeit bis zur Einstellung des Archivs 1933 arbeiteten und schrieben auffallend viele Exilrussen für das *ASS*. Über 40 Prozent aller Publikationen russischer Autoren in den deutschen wirtschaftswissenschaftlichen Fachzeitschriften zwischen 1910 und 1933, so ergab unsere Zählung, erschienen im *ASS*.

Die Liste der russischen Autoren im *ASS* ergibt einen respektablen Reigen quer durch die moderne russische Nationalökonomie: Bortkiewicz, Bouniatian, Brutzkus, Bulgakow, Finn-Enotajewsky, Frank, Gelesnoff, Kondratieff, Oganowsky, Prokopowitsch, Studensky, Totomianz, Tschajanow, Tugan-Baranowsky – dazu die jungen, aufstrebenden Emigranten Altschul, Gerschenkron (als Übersetzer), Leontief, Marschak, v. Schelting und Woytinsky. Neben den Beiträgen zur Volkswirtschaftslehre findet sich im ASS auch eine rege und aufgeschlossene Berichterstattung über die politischen, sozialen und sozialphilosophischen Entwicklungen im neuen Rußland. Von den Heidelberger Professoren taten sich hier besonders die im Russischen Reich geborenen Hans v. Eckardt sowie der „Mittler zwischen Ost und West" Nikolai v. Bubnoff[101] hervor, die eine große Anzahl ‚russischer' Beiträge im *ASS* publizierten. Außerdem zählten neben Marschak der noch 1933 habilitierte Soziologe und Nationalökonom Alexander v. Schelting, der Ökonom und Publizist Alexander Schiffrin, Nathan Leites und Mark Mitnitzky zu den Heidelberger Russen mit entsprechenden Veröffentlichungen im *ASS*.

Gut aufgenommen empfand sich auch der russische Agrarökonom Alexander Tschajanow, der von März bis September 1923 als Emigrant in Heidel-

---

[100] Alfred Webers Standorttheorie fand auch in Rußland Aufnahme und wurde auf Drängen Eugen Vargas 1926 ins Russische übersetzt. Vgl. dazu Richard Bräu, *Zum Erscheinen und zur Rezeption von Alfred Webers Werk „Über den Standort der Industrien" (1909) 1926 in der Sowjetunion – eine wissenschaftshistorische Recherche*. Rev. Fassung, Januar 1998. Vortrag, gehalten am Alfred-Weber-Institut für Sozial- und Staatswissenschaften am 19. Januar 1995, in Heidelberg.

[101] Vgl. Poole, „Bubnoff" (1995), S. 279. Der Philosoph und Slawist Bubnoff kam 1903 als Student nach Deutschland, habilitierte sich 1911 in Heidelberg, bekam 1924 eine Professur und blieb dort den Rest seines Lebens ansässig. 1921 nahm er die deutsche Staatsbürgerschaft an. Der Zeitungswissenschaftler v. Eckardt war von der Moskauer Universität wegen „politischer Umtriebe" (Poole (1995), S. 288) relegiert worden, promovierte schließlich 1919 in Heidelberg, ging danach als Osteuropa-Referent an das *HWWA* in Hamburg und bekam 1927 eine Professur in Heidelberg. Ähnlich wie Bortkiewicz würden wir Bubnoff als Immigranten, nicht als Emigranten klassifizieren; so auch Poole (1995), S. 280.

berg war.[102] Er schätzte die Universität, zu deren Ressourcen er Zugang hatte, und er suchte das Gespräch mit den dortigen Professoren, etwa mit Alfred Weber über dessen Standorttheorie. Tschajanow hatte sich, ausgehend von Thünen, seit längerem mit diesem Thema beschäftigt.[103] Ein weiterer Vorzug Heidelbergs war für ihn der gute Kontakt zur Redaktion des *ASS*, wie er seinem Freund Prokopowitsch nicht ohne Stolz berichtete. So konnte Tschajanow während seines gerademal halben Heidelberger Jahres dort gleich zwei Aufsätze unterbringen, darunter seine *Theorie der nichtkapitalistischen Wirtschaftssysteme*, deren Manuskript er in Heidelberg abgeschlossen hatte.[104]

---

[102] "Our emigrant life", schreibt Tschajanow (Heidelberg) an Kuskowa (Berlin), Brief vom Juli/August 1923, abgedruckt in Bourgholtzer (1999), S. 111.

[103] Vgl. Bourgholtzer (1999), S. 39.

[104] Tschajanow (Heidelberg) an Prokopowitsch (Berlin), Brief vom 18. April 1923, abgedruckt in: Bourgholtzer (1999), S. 95. Tschayanoff, „Zur Frage einer Theorie der nichtkapitalistischen Wirtschaftssysteme" (übersetzt von A. v. Schelting), in: *ASS* 51 (1924), S. 577-613; „Die neueste Entwicklung der Agrarökonomik in Rußland", in: *ASS* 50 (1923), S. 238-245. In *ASS* 58 (1927) erschien zudem ein Aufsatz des Tschajanow-Assistenten G.A. Studensky. Auch Prokopowitsch hatte, und zwar schon 1910, im *ASS* veröffentlicht.

KAPITEL 3
Die Beiträge russischer Autoren in deutschen wirtschaftswissenschaftlichen Zeitschriften der Weimarer Zeit

Wir haben für die nachfolgende Untersuchung die großen themenübergreifenden Vierteljahresschriften ausgewertet, also das *Archiv für Sozialwissenschaften und Sozialpolitik* (*ASS*), das *Finanzarchiv* (*FA*), die *Jahrbücher für Nationalökonomie und Statistik* (*JbNuSt*), *Schmollers Jahrbuch* (*SJB*), das *Weltwirtschaftliche Archiv* (*WA*), die *Zeitschrift für die gesamte Staatswissenschaft* (*ZfgSt*) und die *Zeitschrift für Nationalökonomie* (*ZfN*)[1], nicht aber die Wochenschriften wie etwa die *Soziale Praxis*, Gustav Stolpers *Deutschen Volkswirt* oder den *Wirtschaftsdienst* aus Hamburg, auch nicht die Spezialschriften wie die *Vierteljahreshefte zur Konjunkturforschung* oder betriebswirtschaftliche und agrarökonomische Fachpublikationen.

Bei der inhaltlichen Auswertung ist jeder Beitrag nur jeweils einem Themenbereich zugeordnet worden. Das dabei unvermeidliche Maß an Willkür verringert sich nicht durch Doppel- oder Dreifachauszeichnungen, im Gegenteil, jede prozentuale Auswertung wird dadurch bis zur Unkenntlichkeit verzerrt. Veröffentlichte die Fachzeitschrift einen, meist längeren Beitrag in mehreren Teilen, wurde er entsprechend mehrfach gezählt.

Schwierig ist die Frage danach, wer eigentlich russischer Autor ist und wer nicht. Wir haben uns für folgende ‚großrussische' Lösung entschieden: Alle auf dem Gebiet des Russischen Reiches Geborenen sind in unserem Sinne Russen, unabhängig von ihrer (gefühlten) ethnischen oder nationalen Identität[2] oder späterem Wechsel der Staatsbürgerschaft. Das hat gewichtige Kon-

---

[1] Wegen ihrer Bedeutung haben wir uns entschlossen, auch die seit 1930 erscheinende Wiener *Zeitschrift für Nationalökonomie*, deren Schriftleitung sich Oskar Morgenstern und der in Krakau geborene Paul Rosenstein-Rodan teilten, einzubeziehen. Die darin enthaltenen 14 ‚russischen' Beiträge aus den Jahren von 1930 bis 1933 verzerren allerdings etwas die Auswertung im Zeitbezug.

[2] In welche statistische und politische Nöte eine Untersuchung geraten kann, die die gefühlte nationale und/oder ethnische Zugehörigkeit der Emigranten nach dem Zerfall des

sequenzen: Die Rußland-Deutschen sowie die Deutsch-Balten Seraphim, Stackelberg und Stieda sind danach Russen![3] Deshalb schicken wir eine Auswertung voran, die eine deutsche Herkunft und die Emigration der hier untersuchten Autoren in Betracht zieht.

3.1 Auswertung nach Autoren, Herkunft und Publikationsort

In den Jahren von 1910 bis 1933 haben insgesamt 76 im obigen Sinne russische Autoren in den genannten deutschen Periodika 187 Beiträge veröffentlicht (siehe *Tabelle 1, S. 48*).[4] Das ist absolut wie vergleichsweise eine sehr große Zahl, wird doch der deutschen Nationalökonomie jener Zeit nachgesagt, sie sei auf sich selbst fixiert und international isoliert gewesen. In bezug auf Rußland galt das offensichtlich nicht. Russen publizierten in Deutschlands wirtschaftswissenschaftlichen Fachzeitschriften weit mehr als englische, amerikanische oder französische Autoren und teilweise mehr als diese zusammen. Im Heidelberger *Archiv für Sozialwissenschaften und Sozialpolitik* zählten wir 71 russische gegen nur 22 Artikel aus England, Frankreich und den USA zusammen; in den *Jahrbüchern für Nationalökonomie und Statistik* steht es pari, und in der *Zeitschrift für die gesamte Staatswissenschaft* überwiegen wiederum knapp die russischen Beiträge. Die Erklärung dieses zunächst verblüffenden Phänomens ist schnell bei der Hand. Die Franzosen, aber vor allem Engländer und Amerikaner, hatten ihre eigenen renommierten – auch in Deutschland vielbeachteten – Publikationsorgane. Sie brauchten die deutschen Zeitschriften nicht, um international Aufmerksamkeit zu erregen. Da erging es den Russen anders, ähnlich den Südost-Euro-

---

Russischen Reiches einbeziehen will, zeigt uns Frank Golczewski, „Die ukrainische und die russische Emigration in Deutschland", in: *Russische Emigration in Deutschland 1918-1941* (1995), S. 77-84.

[3] Auch Mark Blaug/Paul Sturges (Eds), *Who's who in Economics*, Brighton 1983, S. 433ff., ordnen die Ökonomen nach ihrem Geburtsort den jeweiligen Ländern zu, so findet sich Stackelberg unter ‚Rußland'.

[4] Gemeint sind Artikel und Miszellen sowie als Artikel aufgeführte, längere Literatur(sammel)besprechungen. Darüber hinaus haben wir rund 300 Rezensionen von insgesamt 58 russischen Rezensenten untersucht, darunter nur elf, die nicht auch als Autoren von Beiträgen verzeichnet sind, nämlich: Paul Haensel (Genzel), Elias Hurwicz, Aaron Jugow, Leonid Jurowsky, Stanislaw Ko(h)n, W. Nowogilow, S.A. Perwuschin, Roman Streltzow, Leon Trotzky, M.N. Sobolew und Leo Zaitzeff.

päern oder den Skandinaviern. Für sie spielte Deutschland zumindest bis in die zwanziger Jahre eine dominierende Rolle als Publikationsort.[5]

Die extrem hohe Zahl russischer Autoren relativiert sich allerdings, wenn wir sie nach ihrer ethnischen Herkunft und/oder dem damaligen ständigen Wohnort unterscheiden. Denn knapp zwei Drittel von ihnen waren entweder deutschstämmig, Exilanten oder beides. Nicht wenige von ihnen, wie z.B. Hans-Jürgen Seraphim, Nicolai von Bubnoff oder Jakob Marschak, haben dann in den zwanziger Jahren die deutsche Staatsbürgerschaft angenommen. Dieses Phänomen der intellektuellen Ausblutung, das Rußland in den ersten zwei Dekaden des 20. Jahrhunderts erlebte, galt für Ökonomen anderer Nationen so nicht. Wer suchte schon nach 1918 – außer den Russen – Zuflucht in Deutschland?

Unter den Deutschstämmigen überwogen dabei die Balten (vgl. *Tabelle 1, S. 48*). Man vergleiche dazu die Biographien im *Anhang*. Die damals prominentesten deutschstämmigen russischen Autoren bzw. Balten waren Altschul, Ballod, Brückner, v. Bubnoff, v. Eckardt, Haensel, Luther, Nötzel, v. Schelting, die Seraphims, Sodoffsky, Stackelberg, Stieda und Tatarin-Tarnheyden. Zu den Russen, die viel in Deutschland publizierten und, wissenschaftlich gesehen, relativ schnell Fuß faßten, gehörten neben dem Immigranten Bortkiewicz[6] auch Bilimovič, Bouniatian, Brutzkus, die Leontiefs, Marschak, Prokopowitsch, Struve, Totomianz, Tschuproff jun. und Woytinsky.

Die Bedeutung der Deutschstämmigen und der Emigranten innerhalb der untersuchten russischen Beiträge in den deutschen Fachzeitschriften zeigt sich noch deutlicher, wenn wir die Menge ihrer Publikationen betrachten. Von ihnen stammen 142 der 187 Artikel, also gut drei Viertel. Die meisten Beiträge lieferte Jakob Marschak (12) vor Bortkiewicz (11), v. Eckardt (9), Bilimovič (8), H.-J. Seraphim (8), Leontief jun. und Woytinsky mit je 6. Von den in der Sowjetunion verbliebenen russischen Autoren veröffentlichte die meisten A.W. Tschajanow (5), mit jeweils vier Artikeln folgten Josef Kulischer und der Tschajanow-Schüler Gennady Studensky.

---

[5] Vgl. dazu: Bo Sandelin, "The De-Germanization of Swedish Economics", in: *HoPE* 33 (2001), S. 517-539.

[6] Bortkiewicz, der in Straßburg und Göttingen bei deutschen Lehrern, nämlich Lexis und Knapp, einen Gutteil seiner Ausbildung erhalten hatte, wechselte unseres Wissens 1901 freiwillig und ohne Druck oder existenzielle Not nach Deutschland. Im Sinne der Definition von Marc Raeff (1995), S. 17, der wir uns oben angeschlossen haben, ist er daher ein Immigrant oder ein Auswanderer, jedenfalls kein Emigrant.

Drittes Kapitel

Tabelle 1: Auswertung nach Autoren und Herlunft

	Name	Emigrant bzw. Immigrant	Sowjetbürger	Zahl der Beiträge	Zahl der Beiträge v. Emigranten bzw. Immigranten
1	J. Marschak	1		12	12
2	L. v. Bortkiewicz	1		11	11
3	H. v. Eckardt*	1		9	9
4	A. Bilimovič	1		8	8
5	H.-J. Seraphim*	1		7	7
6	W. Leontief	1		6	6
7	W. Woytinsky	1		6	6
8	A. Tschajanow		1	5	
9	B. Brutzkus	1		4	4
10	N. v. Bubnoff**	1		4	4
11	V. Gitermann		1	4	
12	J. Kulischer		1	4	
13	G. Studensky		1	4	
14	W. Stieda*	1		4	4
15	E. Altschul*	1		3	3
16	M. Bouniatian	1		3	3
17	L. Pumpiansky	1		3	3
18	A. v. Schelting**	1		3	3
19	A. Sokoloff		1	3	
20	H. v. Stackelberg*	1		3	3
21	V. Totomianz	1		3	3
22	W. Twerdochleboff	1		3	3
23	A. Brückner**	1		3	3
24	E. Tatarin-Tarnheyden*	1		3	3
25	O. Anderson*	1		2	2
26	o.V.		1	2	
27	W. Gelesnoff		1	2	
28	B. Ischboldin	1		2	2
29	N. Kondratieff		1	2	
30	K. Leites	1		2	2
31	A. Luther**	1		2	2
32	M. Mitnitzky	1		2	2
33	P. Olberg*	1		2	2
34	D. Petruschewsky		1	2	
35	G. Sodoffsky*	1		2	2
36	E. Tarle		1	2	
37	Generalvertretung d. UdSSR		1	2	

Die russischen Beiträge

38 A. Sack*	1		2	2
39 A. v. Tobien*	1		2	2
40 A. Aghte*	1		1	1
41 K. Ballod*	1		1	1
42 A. Bogdanow		1	1	
43 A. Bogolepow	1		1	1
44 S.N. Bulgakow	1		1	1
45 A. Finn-Enotajewsky		1	1	
46 S. Frank	1		1	1
47 J.P. Ghertschuk		1	1	
48 J. Goldstein		1	1	
49 A. Gurwitsch*	1		1	1
50 N. Jasny	1		1	1
51 S. Kliwansky		1	1	
52 N. Krawtschenko		1	1	
53 W. Lando		1	1	
54 N. Leites	1		1	1
55 W. Leontief sen.	1		1	1
56 P. Miljukoff	1		1	1
57 K. Nötzel**	1		1	1
58 N. Oganowsky		1	1	
59 D. Oparin		1	2	
60 P. Petroff		1	1	
61 S. Prokopowitsch	1		1	1
62 M. Raich	1		1	1
63 N. Robinson*	1		1	1
64 M. Rostovtzeff	1		1	1
65 K. Rubinstein		1	1	
66 A. Schiffrin	1		1	1
67 I. Schirkowitsch		1	1	
68 P.-H. Seraphim*	1		1	1
69 E. Slutsky		1	1	
70 G. v. Stryk*	1		1	1
71 P. Struve**	1		1	1
72 L. Thal		1	1	
73 N. Timaschew	1		1	1
74 A. Tschuproff	1		1	1
75 M. Tugan-Baranowsky		1	1	
76 A.L. Wainstein		1	1	
Summe	**50**	**26**	**187**	**142**

Balten: 17 Rußland-deutsche: 6 Russen: 52

* Balten; ** Rußlanddeutsche

Ein weiteres Ergebnis unserer Auswertung ist, daß die einzelnen Fachzeitschriften in ganz unterschiedlichem Maße von russischen Autoren frequentiert waren: 71 Artikel, also knapp 40 Prozent aller russischen Beiträge, finden sich im Heidelberger *ASS*, relativ viele, nämlich 14 Beiträge in nur vier Jahren, erschienen in der weltoffenen, vor allem an der Entwicklung der volkswirtschaftlichen Theorie interessierten Wiener *ZfN* (siehe *Tabelle 2)*. Es folgt das für deutsche Verhältnisse sehr international ausgerichtete Kieler *WA* mit 41 Beiträgen, also gut 20 Prozent. Der Rest der russischen Beiträge verteilt sich auf *JbNuSt* und *ZfgSt*, nur sehr wenige Beiträge, nämlich ganze vier, erschienen im *FA*. Alle Periodika hatten ihre Rußlandspezialisten, die regelmäßig russische Fachliteratur oder Beiträge über Rußland rezensierten. Im *ASS* waren es gleich mehrere, darunter der Sozialist Roman Streltzow, v. Bubnoff, der in der Schweiz lebende russische Historiker Valentin Gitermann und v. Eckardt; im *WA* wiederum Eckardt (bis 1926) sowie Walter Hahn; in den *JbNuSt* Karl Elster, der Ende der zwanziger Jahre sogar in die Sowjetunion übersiedelte; im *FA* und in der *ZfgSt* waren es der deutschstämmige Moskauer Professor für Finanzwissenschaft Paul Haensel, der baltische Finanzwissenschaftler Gustav Sodoffsky sowie der Kiewer Rechtsprofessor Leo Zaitzeff.

Tabelle 2: Auswertung nach dem Publikationsort*

Fachzeitschrift	Zahl der ‚russischen' Artikel
ASS	71
WA	41
SJB	23
JbNuSt	18
ZfgSt	16
ZfN	14
FA	4
Summe	187

3.2 Auswertung nach Zeitabschnitten und Themen

Wir teilen den Untersuchungszeitraum, beginnend im Jahre 1910, in vier Fünfjahresabschnitte und einen Vierjahresabschnitt ein und ordnen die Beiträge entsprechend zeitlich und thematisch zu (siehe *Tabelle 3, S. 52*). Insgesamt befassen sich rund 40 Prozent der hier gezählten russischen Publikationen mit Problemen der theoretischen Nationalökonomie,[7] ohne einige zweifellos theoretische Arbeiten aus dem Bereich der Agrarökonomie mitgerechnet zu haben.[8] Die Anzahl der Beiträge aus den Bereichen (Wirtschafts-)Geschichte und Sozialpolitik sowie zu anderen dem Historismus nahestehenden Themen fallen mit 45 Artikeln deutlich geringer aus. Bis zum Ende des Ersten Weltkrieges sah das Verhältnis noch anders aus, aber in der Weimarer Zeit dominierten unter den russischen Arbeiten eindeutig Probleme der modernen theoretischen Nationalökonomie, insbesondere der Geld-, Konjunktur-, Wert- und Verteilungstheorie. Der Niedergang der deutschen Historischen Schule spiegelt sich also auch in der Themenwahl russischer Autoren in den deutschen Fachzeitschriften wider.[9]

3.2.1 Vorspiel: Zwischen 1910 und 1919

Zwischen 1910 und 1919 erschienen lediglich 34 russische Beiträge, also nur gut ein Drittel des Volumens aus den zwanziger Jahren. ‚Schuld' an der vergleichsweise niedrigen Zahl waren die Kriegs- und Revolutionsjahre 1915 bis 1919. In dieser Zeit erschienen nur neun Beiträge, das ist die mit Abstand niedrigste Zahl in allen untersuchten Fünfjahresabschnitten. Die eskalierenden politischen Ereignisse schlugen auf das Gebiet der Wissenschaft durch. Kollegen-Kontakte kühlten sich ab, fertige Aufsätze wurden nicht gedruckt oder aber erst einmal liegen gelassen.[10] In Heidelberg wurde mit Kriegsbe-

---

[7] Gemeint sind die 76 Beiträge zu den Themen: Allgemeine Theorie, Geld, Konjunktur, Wert und Verteilung sowie Mathematik und Statistik (siehe *Tabelle 3*).
[8] So etwa die Beiträge Tschajanows.
[9] Zur Bedeutung des Fachs Sozialpolitik für die Historische Schule und die deutsche Nationalökonomie zwischen 1871 und 1939 vgl. Janssen (2000), S. 225-289.
[10] So erschien L. Pumpianskys Beitrag „Die Genossenschaftsbewegung in Rußland", der schon vor Kriegsausbruch abgeschlossen war, erst in *ASS* 42 (1916/17), siehe die Anmerkung der Herausgeber auf S. 169. Auch Eugen Altschuls Übersetzung der *Grundzüge der Volkswirtschaftslehre* von W. Gelesnoff lag bereits 1914 „im Drucke völlig abgeschlossen" vor, wie es im Vorwort heißt, kam aber erst 1918 bei Teubner in Leipzig

52   Drittes Kapitel

ginn ironischerweise die – seitens der russischen Regierung als Nest der oppositionellen Bewegung stets ungeliebte russische Lesehalle – nun von den deutschen Behörden geschlossen,[11] der Privatdozent Nikolaj v. Bubnoff, dessen Vater einst Leibarzt des Zaren war, wurde 1914/15 vorübergehend sogar

Tabelle 3: Auswertung nach Zeit und Themen

Themen	1910-14	1915-19	1920-24	1925-29	1930-33	Total
Konjunktur, Wachstum, Kreislauf	0	0	0	7	9	16
Allgemeine und sonstige Theorie, Theoriegeschichte	2	1	2	5	5	15
Geld, Währung und Kredit	0	1	8	4	6	19
Wert-, Preis-, Lohn- und Kostentheorie, Verteilung	0	0	1	4	9	14
Agrarökonomie, Agrargeschichte	5	0	4	8	6	23
Volkswirtschaftliche Gesamtrechnung, Statistik, Mathematik	4	0	1	4	3	12
Wirtschaftspolitik (Bolschewismus, Sozialpolitik, Genossenschaften, Wirtschaftssysteme etc.)	8	3	9	11	2	33
Außenhandel	2	0	1	1	3	7
(Wirtschafts-)Geschichte	1	1	2	4	4	12
Haushalt und öffentliche Finanzen	1	0	0	3	2	6
Sonstiges (Judaica, Recht, Soziologie, Literaturübersichten etc.)	2	3	6	10	9	30
Summen	**25**	**9**	**34**	**61**	**58**	**187**

heraus. Karl Nötzels Übersetzung von Paul Miljukoffs *Otscherki po istorii russkoj kultury* [Studien zur Geschichte der russischen Kultur] – Nötzel hatte daraus die „Grundlagen der russischen Kultur" gemacht – wurde 1917 aus „in der Zeitlage begründeten Umständen nicht herausgegeben." Vgl. Nötzel, *Die Grundlagen des geistigen Rußlands* (1923), S. VIII. Miljukoff verfolgte als russischer Außenminister der Februarrevolution eine gegenüber Deutschland annektionistische Politik.
[11] Vgl. Birkenmaier (1992), S. 71.

interniert.[12] Dennoch druckte das Heidelberger *ASS* rund die Hälfte der zwischen 1914 und 1919 erschienenen russischen Beiträge – *FA*, *JbNuSt* und *ZfgSt* dagegen keine.

Die Mehrzahl der zwischen 1910 und 1919 veröffentlichten russischen Beiträge kam in der Regel von deutschstämmigen bzw. seit langem in Deutschland ansässigen, ausgesprochen deutschfreundlichen Autoren. Wir denken an Ladislaus v. Bortkiewicz, den Slawisten Alexander Brückner, der seit 1902 in Berlin lehrte, sowie an den Moskauer Lehrer und Dozent Arthur Luther, der während einer Reise in Deutschland vom Kriegsausbruch überrascht wurde, und an den seit 1910 in Pasing bei München lebenden Dostojewsky- und Tolstoi-Übersetzer Karl Nötzel. Sie kehrten übrigens alle nicht mehr nach Rußland zurück. In diese Reihe gehört auch der Balte Hans von Eckardt, der 1915 als Kriegsfreiwilliger auf deutscher Seite kämpfte.[13] Knapp zwei Drittel der Beiträge in den Jahren 1910 bis 1919 stammen im weiteren Sinn noch aus dem Repertoire des Historismus und des Kathedersozialismus, vor allem aus den Themenbereichen Bolschewismus, Arbeiterfrage und Sozialpolitik, Statistik, Wirtschaftsgeschichte und Agrarökonomie.

Typisch für die Beiträge aus dieser Zeit waren Arthur Luthers Untersuchungen über die *Frühzeit des Bolschewismus*.[14] Solche Beiträge von ‚Augenzeugen', die den Bolschewismus und seine Protagonisten – wenn auch wie Luther nur vor der Revolution – vor Ort selbst erlebt hatten, wurden damals gern gelesen. Ganz im Stile des Kathedersozialismus, wenn auch teilweise mit radikaleren politischen Untertönen, lesen sich Nikolaus Krawtschenkos kleine dogmenhistorische Arbeit über J.A. Blanqui und den internationalen Arbeiterschutz sowie Studien von L. Pumpiansky, Karl Nötzel oder Maria Raich über die Genossenschaftsbewegung und die Lage der Arbeiter in Rußland oder über die damals vielbeachteten Berichte der russischen Fabrikinspektoren.[15] Aufsehenerregend war Prokopowitschs erschüt-

---

[12] Vgl. Willy Birkenmaier, *Das russische Heidelberg*, Heidelberg 1995, S. 172f.

[13] Eckardts erster Beitrag in einer der ausgewerteten Fachzeitschriften erschien allerdings erst 1921: „Der Kreislauf der Wirtschaftspolitik des russischen Kommunismus" (2 Teile), in: *WA* 17 (1921), S. 1-19 und S. 117-132.

[14] Arthur Luther, „Aus der Frühzeit des Bolschewismus", in: *SJB* 43 (1919), S. 525-544; „Der Bolschewismus als internationale Erscheinung", in: *WA* 15 (1920), S. 345-355.

[15] Vgl. Maria Raich, „Einiges über den Stand der russischen Industrie und die Lage der Fabrikarbeiterschaft", in: *ASS* 33 (1911), S. 892-901; Karl Nötzel, „Die russischen Arbeiter und die heutige Arbeiterbewegung. Eindrücke und Erfahrungen", in: *ASS* 44 (1917/18), S. 444-455; Nikolaus Krawtschenko, „J.A. Blanqui – der erste Verkünder der

ternde Untersuchung über die Lage der Arbeiter im vorrevolutionären Rußland: „Er hat keine Familie, mehr als 80% seines Verdienstes wird auf die Erhaltung seiner physischen Existenz verbraucht, er lebt in Winkelwohnungen, die ihn der Unzucht und der Trunksucht in die Arme treiben, er ernährt sich in den ‚Schindereien' von Abfällen und trägt alte, fremde Kleider."[16] Der uns heute als Agrarökonom und Freund Tschajanows bekannte Prokopowitsch, 1917 vorübergehend Minister während der Februarrevolution, hatte seine wissenschaftliche Karriere mit statistischen Untersuchungen über das Einkommen St. Petersburger Arbeiter begonnen. Erst während des Krieges wandte er sich, nun Professor in Moskau, Fragen der Landwirtschaft zu.[17]

Der Eifer, mit dem sich die russischen Sozialisten und Sozialreformer der Statistik als Hilfswissenschaft bedienten,[18] hatte im deutschen Historismus Tradition. Die Sozialpolitiker, zuletzt noch Sombart,[19] maßen der Statistik für die Lösung der sozialen Frage eine große Bedeutung bei. Mit ihr sollte die Wirklichkeitsnähe hergestellt, der Hunger nach Tatsachen gestillt werden. Tatsächlich haben die Berichte der Fabrikinspektoren eine große und erfolgreiche Rolle in der Agitation und Propaganda der internationalen Arbeiter-

---

Idee des internationalen Arbeiterschutzes", in: *JbNuSt* 95 (1910), S. 349-352; L. Pumpiansky „Das Problem der Arbeitslosigkeit in England", in: *ASS* 33 (1911), S. 126-160; „Die Mindestlohngesetzgebung im englischen Kohlenbergbau", in: *ASS* 35 (1912), S. 175-194; „Die Genossenschaftsbewegung in Rußland", in: *ASS* 42 (1917), S. 169-201.

[16] Vgl. Sergej N. Prokopowitsch, „Haushaltungs-Budgets Petersburger Arbeiter", in: *ASS* 30 (1910), S. 66-99, hier S. 93. Bald darauf erschien: Prokopowitsch, *Über die Bedingungen der industriellen Entwicklung Rußlands*, Tübingen 1913; vgl. dazu die Rezension von M.N. Sobolew, in: *WA* 3 (1914), S. 281-82.

[17] Zu Leben und Werk vgl. Bourgholtzer (1999), S. 145-149; Günther Schmitt: *Naum Jasny, Alexander Tschajanow, Sergej Prokopowitsch und andere aus der Sowjetunion emigrierte Nationalökonomen: Ein vergessenes Kapitel der Geschichte der deutschen Nationalökonomie* (unveröffentlichtes Manuskript = schriftliche Fassung eines Vortrages während der 42. Jahrestagung der Gesellschaft für Wirtschafts- und Sozialwissenschaften des Landbaues e.V. in Halle (Saale) am 1. Oktober 2002), S. 5.

[18] Vgl. in diesem Zusammenhang auch die Arbeiten des Balten Karl Ballod, hier: „Wieviel Menschen kann die Erde ernähren?", in: *SJB* 36 (1912), S. 81-102. In seinem bekanntesten Werk wollte der Sozialist Ballod statistisch beweisen, daß die objektiven Voraussetzungen für den Sozialismus in Deutschland gegeben seien. Vgl. *Der Zukunftsstaat. Produktion und Konsum im Sozialstaat*, 4. Auflage, Stuttgart 1927; dazu die Rezension von Erich Egner, in: *ZfgSt* 84 (1928), S. 433-35. Typisch für die sozialpolitische Statistik auch: A.A. Tschuproff, „Der behördlich genehmigte Abort in Leningrad", in: *JbNuSt* 123 (1925), S. 698-701.

[19] Vgl. Krause (1962), S. 19f..

bewegung gespielt, und die Enqueten des *Vereins für Socialpolitik* waren vielfach Ausgangspunkt der deutschen Sozialreform.[20] (Also ging in Deutschland bald das Spottwort um: „Ein Kathedersozialist ist einer, der Arbeiterwohnungen ausmißt und feststellt, daß sie zu klein sind.")

Im „Interessezentrum des russischen Kathedersozialismus standen stets die Belange und Nöte des russischen Dorfes", meint Alexander Schiffrin. Damit hänge es zusammen, „daß gerade diese Richtung den Grund zu der russischen Agrarökonomik gelegt hat".[21] So war die Mehrzahl der Untersuchungen zur russischen Landwirtschaft aus dieser Periode sozialpolitischer und statistischer Natur und berichtete ausführlich und detailliert über die Lage insbesondere der Kleinbauern und Landarbeiter. Lag doch die Abschaffung der Leibeigenschaft erst 50 Jahre zurück.[22] Von den in Deutschland erschienenen Publikationen ist in diesem Zusammenhang der Beitrag des russischen Agrarökonomen und sozialrevolutionären Duma-Abgeordneten Nikolaj Oganowsky hervorzuheben, einem späteren Mitarbeiter Kondratieffs bei der Aufstellung des ersten sowjetischen Fünfjahresplans in der Landwirtschaft. Oganowskys Thema waren die russischen Agrarreformen nach 1906, die sogenannten Stolypinschen Reformen.[23] Die damals vollzogene Abschaffung der traditionellen russischen Landgemeinschaft, des von den *Narodniki*[24]

---

[20] Vgl. Irmela Gorges, *Sozialforschung in Deutschland 1872-1914. Gesellschaftliche Einflüsse auf Themen- und Methodenwahl des Vereins für Socialpolitik*, 2. Auflage, Frankfurt 1986.

[21] Alexander Schiffrin, „Zur Genesis der sozialökonomischen Ideologien in der russischen Wirtschaftswissenschaft", in: *ASS* 57 (1927), S. 720-753, hier S. 727.

[22] Diese Themen werden auch in den deutschen wirtschaftshistorischen Beiträgen Josef Kulischers berührt, vgl. etwa „Die Leibeigenschaft in Rußland und die Agrarverfassung Preußens im 18. Jahrhundert", in: *JbNuSt* 137 (1932), S. 1-62; „Das Aufkommen der landwirtschaftlichen Maschinen um die Wende des 18. und in der ersten Hälfte des 19. Jahrhunderts", in: *JbNuSt* 139 (1933), S. 321-368.

[23] N.P. Oganowsky, „Die Agrarfrage in Rußland seit 1905", in: *ASS* 37 (1913), S. 701-757.

[24] Nach Honigsheim (1956), S. 70, waren folgende Überzeugungen für die *Narodniki* Ende des 19. Jahrhunderts grundlegend: „Rußland ist nicht nur durch seine Geschichte vom Westen verschieden, es muß auch eine, von der des letzteren divergierende Zukunftsentwicklung durchmachen. Die einzigartige Vergangenheit hat *Artel*, *Mir* und andere Gemeinschaftsformen hervorgebracht, die großenteils noch bestehen." Sie seien durch den eindringenden Kapitalismus bedroht. Die *Narodniki* argumentieren weiter, „daß die Übernahme des Kapitalismus nicht nur überflüssig und schädlich, sondern auch rückständig sei, sie sehen in den Gebilden des *Mir*, des *Artel* usw. eine ausreichende Basis für einen unmittelbaren Übergang zur kommenden Gesellschaftsform und für eine

verklärten *Mir*,[25] war damals und ist bis heute eine der umstrittensten Themen der russischen Landwirtschaftspolitik.

Außerdem wurden in den deutschen wirtschaftswissenschaftlichen Zeitschriften immer wieder baltische Spezialprobleme behandelt. Ein Beispiel dafür liefert der Streit zwischen Adolf Aghte und Alexander v. Tobien über „Ursprung und Lage der livländischen Landarbeiter", an dem sich an anderer Stelle auch Gustav v. Stryk beteiligt hatte.[26]

In den 1910er Jahren prägten mithin sozialpolitische Beiträge das Bild, wie sie auch für die von Historischer Schule und Kathedersozialismus beherrschte deutsche Volkswirtschaftslehre zwischen 1870 und 1919 nicht untypisch waren. Dabei war, wie Schiffrin und andere russische Autoren zu Recht bemerken, die sozialpolitische Ideologie des russischen Kathedersozialismus von dem deutschen wesentlich verschieden. Dem russischen Kathedersozialismus war jede Staatsapologetik à la Adolph Wagner ebenso fremd wie der sozialpolitische Liberalismus eines Lujo Brentano. „Auf den geschichtlichen russischen Staat hat diese Richtung keine Hoffnungen gesetzt. Ihre Vertreter, als konsequente Anhänger einer allumfassenden sozialen Gesetzgebung, kamen als Sozialpolitiker oft in unmittelbare Nähe des Sozialismus. Der russische Kathedersozialismus war libertärer und radikaler als der deutsche."[27]

Realisierung der künftigen sozialistischen Wirtschaftsweise. Dementsprechend brauche Rußland nicht durch die westlichen Stufen hindurchzugehen, deren Durchschreitung mehrere Marxisten als unvermeidbar angesehen hatten." Vgl. zu den ökonomischen Ansichten der *Narodniki* auch Zweynert (2002), S. 339ff.

[25] Der *Mir* (‚Welt', ‚Gemeinde') bezeichnet die russische bäuerliche Dorfgemeinde, die Landeigner und oft auch Umverteilungsgenossenschaft (*Obschtschina*) war, d.h., das Gemeindeland an die Familien periodisch neu verteilte. Nach der Bauernbefreiung 1861 blieb das *Mir*-System, das die Selbstverwaltung und den Gemeinsinn der Bauern entwickelt hatte, weiter bestehen. Es wurde erst durch die Reformen P.A. Stolypins und durch die Agrarrevolution 1917 schrittweise beseitigt.

[26] Vgl. Adolf Aghte, *Ursprung und Lage der Landarbeiter in Livland* (= ZfgSt, Ergänzungsheft 29), Tübingen 1909. Es handelt sich um Aghtes Dissertation. Sie erregte Aufsehen, fand einerseits Zustimmung und wurde andererseits von Tobien, Gustav v. Stryk und anderen abgelehnt. Vgl. dazu die Beiträge Aghtes und Tobiens sowie das Schlußwort von Karl Bücher, „Ein letztes Wort zur Livländischen Agrarfrage", in: *ZfgSt 66* (1910), S. 762-765, sowie die Einträge: ‚Aghte', ‚Stryk' und ‚Tobien', in: *Deutschbaltisches Biographisches Lexikon 1760-1960*, im Auftrag der Baltischen Historischen Kommission, hg. von Wilhelm Lenz, Köln-Wien 1970, S. 6, 780 und 803.

[27] Schiffrin (1927), S. 727; ähnlich Nötzel (1923), S. 278: „Der russische Staat konnte vom russischen Volk nicht als Vorbild erlebt werden, er mußte vielmehr in ihm als

3.2.2 Die Weimarer Zeit und die sowjetische Wirtschaftspolitik

Auf Revolutionswirren und Kriegskommunismus folgte ab März 1921 die kurze Blüte der NEP – auch als eine Art Tauwetterphase im politischen und wissenschaftlichen Bereich. Es war die Zeit einer vorsichtigen Liberalisierung, und einige Ökonomen kehrten gar – etwas voreilig, wie sich meist schnell zeigte – zurück, so zwei der engsten Mitarbeiter Tschajanows auf dem Gebiete der Agrarökonomie, nämlich Nikolay P. Makarow (1887-1980) und Alexander N. Tschelintzew (1874-1962), sowie der Nachfolger auf Tschuproffs sen. Moskauer Lehrstuhl und Bildungsminister in der Übergangsregierung der Februar-Revolution, Alexander A. Manuilow (1861-1929).[28] Auch bei Tschajanow reifte zu dieser Zeit der Entschluß, in sein Heimatland zurückzukehren, was er dann im Oktober 1923 auch tat, und er spekulierte auf politische Änderungen im Zuge einer zunehmenden Öffnung der Sowjetunion für westliches Kapital, eine Politik, die der damalige Außenhandelskommissar und Förderer Tschajanows, L.B. Krasin, von 1923 bis Ende 1925 betrieb.[29] Nach Lenins Tod und Stalins Machtübernahme änderte sich das politische und wirtschaftliche Klima Sowjetrußlands wiederum, merklich ab 1926.

Schließlich setzte Stalin 1928 der NEP ein Ende und provozierte persönlich Ende 1929 mit einer Rede das „ideologische Gericht" über Tschajanow

---

schwerstes Hemmnis wirken gegen das Erfassen des Staatsgedankens als solchen. Mit einem Wort: Das russische Volk kennt den Staat nicht, die russische Intelligenz lehnt ihn ab und erblickt in ihm die Wurzel aller Übel."

[28] Tschelintzew kehrte 1923 aus seinem Prager Exil nach Rußland zurück, konnte aber nach 1928 nicht mehr publizieren und wurde 1930 verhaftet. Makarow hatte sich bis 1924 in den USA und Westeuropa aufgehalten und dabei im Dezember 1922 Tschajanow in dessen Zufluchtsort in Schreiberhau (Riesengebirge) besucht (Bourgholtzer (1999), S. 74 und S. 34). Zwischen 1929 und 1957 herrschte Stille um Makarow. Makarow und Tschelintzew waren seit 1930 in Sachen ‚WBP' (siehe folgende Seite) verstärkten Repressalien ausgesetzt und wurden 1987 rehabilitiert. Manuilow emigrierte nach der Oktoberrevolution 1917, kehrte aber zurück, um mit dem Sowjetregime zusammenzuarbeiten (vgl. Schulze (2001), S. 130 und S. 144; Naum Jasny, *Soviet Economists of the Twenties. Names to be Remembered*, Cambridge/Mass. 1972, S. 197ff. und S. 203).

[29] Vgl. Bourgholtzer (1999), S. 14 und S. 45f., sowie Tschajanow an Kuskowa, Brief aus Heidelberg, Juli/August 1923, abgedruckt ebd., S. 110f.: "I will write in favour of intervention, but not military, rather economic." Auch Kondratieff unterstützte die ‚liberale' Außenwirtschaftspolitik Krasins. Krasin, geboren 1870, starb im Februar 1926 in London, vgl. Barnett (1998), S. 50f. Vgl. auch Leonid Krasin, *Die Aussichten für die russische Ausfuhr*, Berlin 1923.

und dessen Gesinnungsgenossen, d.h. gegen russische Ökonomen und Agrarwissenschaftler, die sich gegen die neue Linie wehrten.[30] Zensur und politischer Druck wurden massiv verstärkt, und 1930 begannen die ersten – von paranoiden Zügen gekennzeichneten – Verhaftungswellen, kurz darauf die ersten großen Schauprozesse gegen namhafte Ökonomen. Auf der Anklagebank saßen die angeblichen Mitglieder der „Menschewistischen konterrevolutionären Organisation" um den Statistiker und Ökonomen Wladimir G. Groman (1874-1940) aus dem Präsidium der obersten sowjetischen Planungsbehörde (*Gosplan*). Dazu gehörten der Marx- und Sombart-Übersetzer Wladimir A. Basaroff (1874-1937?) und der ehemalige Tolstoi-Zögling Nikolaj Suchanow (Gimmer) (1882-1940?). Den Menschewisten um Groman, Basaroff und Suchanow wurde das zu langsame Entwicklungstempo der Sowjetindustrie schlicht als Verrat und Sabotage angehängt.[31] Parallel lief ein Prozeß gegen die angeblichen ‚*Neo-Narodniki*'[32] der von der Geheimpolizei OGPU erfundenen[33] ‚Werktätigen-Bauernpartei' (WBP) um

---

[30] Schulze (2001), S. 27f..
[31] Vgl. zu den Menschewiki-Prozessen Jasny (1972), S. 60ff.; Liste der Urteile, S. 83, speziell zu den drei Genannten S. 89ff., S. 124ff. und S. 179ff. Weitere Angeklagte in diesem Zusammenhang waren: Dojarenko, Fortunatow, Shtern, Sokolowsky, Rubin, Lositsky, Maslow, Teitel, Tscherewanin und Valentinow, dazu Jasny (1972) S. 179ff. In Deutschland erschienen von den Genannten u.a. folgende Schriften: Groman, *Die Volkswirtschaft der UdSSR. Niedergang und Wiederaufstieg*. Zusammengestellt von Professor W. Groman, Berlin 1927; Suchanow, *Die russische Linke und der Krieg*, Jena 1917.
[32] Vgl. dazu Bourgholtzer (1999), S. 15: "For Bolshewiks, the term 'Neonarodnik' was a play on words, an extension of their historic opposition to *Narodnik*. It was first used against Chayanov, however, by one of his own colleagues, a non-Bolshewik, Lev Litoshenko, to express opposition to Chayanov's economic theories. Young Bolshewik economists, who began to call themselves Agrarian Marxists, adopted the term to brand Chayanov as an enemy of Bolshevism. By 1930, Stalin (…) had defined *Narodniks*, or *Neonarodniks*, as enemies of – 'the Narod'." In einer Studie von 1923 hatte Lew Litoshenko, der 1937 ebenfalls Stalins Terrorregime zum Opfer fiel, Tschajanows Vorliebe für die kleinbäuerlichen Betriebe mit entsprechenden Konzepten der *Narodniki* verglichen und dabei den Begriff Neo-Narodniki geprägt. Studensky kreidete ihm das als Geschmacklosigkeit an; vgl. Bourgholtzer (1999), S. 49, und Schulze (2001), S. 129, zu Litoschenko.
[33] Vgl. Schulze (2001), S. 31.

Tschajanow und Kondratieff.³⁴ Hier lautete der Vorwurf: Die WBP sei eine *Kulaken*-Partei und plane die ausländische Invasion.³⁵

Von den im Zusammenhang der vorliegenden Studie wichtigen Ökonomen sind – soweit uns bekannt ist – folgende Personen Anfang der dreißiger Jahre zu Haftstrafen verurteilt bzw. ,liquidiert' worden: Wladimir Basaroff (um 1937 hingerichtet), Alexej Dojarenko (1874-1958; 8 Jahre Haft), Alexander Groman (10 Jahre Haft), Finn-Enotajewsky (10 Jahre Haft), Leonid Jurowsky (1938 erschossen), Lew Kafengaus (1885-1945; 5 Jahre Haft) Nikolaj Kondratieff (1938 erschossen), Lew Litoschenko (1937 erschossen), Nikolaj Makarow (8 Jahre Haft), Alexander Minin (1881-1939; erschossen), Alexander Rybnikow (1877-1938; erschossen), Gennady Studensky (1898-1930; Selbstmord), Suchanow (10 Jahre Haft; um 1940 Selbstmord), Alexander Teitel (1874-1937; erschossen) Alexander Tschajanow (1937 umgebracht). Von Verhaftung, Verbannung, verstärkten Repressionen oder zeitweiligen Schreibverboten im Zusammenhang mit den genannten Prozessen waren außerdem betroffen: J.P. Ghertschuk, Nikolaj P. Oganowsky, D.I. Oparin, S.A. Perwuschin, Nikolaj N. Schaposchnikow; Iwan Schirkowitsch, Alexander Tschelintzeff und Albert Wainstein. Eine „glanzvolle Schule" wurde, klagte mutig im Jahre 1977 der damalige DDR-Ökonom Jürgen Kuczynski, „durch dogmatische Dummheit zu Anfang der dreißiger Jahre zerstört".³⁶

Doch erst im Sommer 1987, unter Michail Gorbatschow, kam es zu einer umfassenden Rehabilitation, die allerdings (noch) nicht die Menschewiki betraf: Das Oberste Gericht der UdSSR hob nur die Urteile aus dem Prozeß

---

[34] Zum Fall Kondratieff vgl. Barnett (1998), S. 189ff. Kondratieffs erzwungene Aussagen dienten in diesen Prozessen als wichtiges Belastungsmaterial. Vgl. Jasny (1972), S. 5f., 31, 57, 63, 122, 192. Mit welchen Methoden solche Geständnisse und Selbstanklagen, etwa durch Androhung sofortiger Erschießung, damals erpreßt worden waren, belegt der Fall Tschajanow. Vgl. Schulze (2001), S. 35ff., sowie die dort wiedergegebenen Protokolle vom Verhör Tschajanows (S. 46-103).

[35] Vgl. zu den Prozessen gegen die Mitglieder der sogenannten WBP Jasny (1972), S. 196ff.; Barnett (1998), S. 189ff. u. S. 200ff., sowie Schulze (2001).

[36] Jürgen Kuczynski, *Studien zu einer Geschichte der Gesellschaftswissenschaften*, Band 7: *Gesellschaftswissenschaftliche Schulen*, Berlin-Ost 1977, S. 14. Er spricht von der „Schule der mathematischen politischen Ökonomie", die „sich in engster Verbindung mit den ersten Anfängen der Planung (und der langfristigen Konjunkturbeobachtung der kapitalistischen Wirtschaft) zu entwickeln begann". Er nennt u.a. G.A. Feldmann, W.W. Leontief, M.W. Ignatieff und A.L. Wainstein – den damals immer noch verfemten Kondratieff erwähnt Kuczynski nicht.

gegen die sogenannte Werktätigen-Bauernpartei, namentlich gegen die Ökonomen Kondratieff, Tschajanow, Jurowsky, Kafengaus, Rybnikow, Litoschenko, Dojarenko und Teitel auf.[37]

Von politischer Zensur, von dem heraufziehenden stalinistischen Terror ist in der zeitgenössischen deutschen Rezeption russischer wirtschaftswissenschaftlicher Literatur allerdings kaum die Rede. So bedankte sich Rolf Wagenführ noch 1929 brav für die in Moskau erfahrene Hilfe bei der Abfassung seiner *Konjunkturtheorie in Rußland*. Da ist das Moskauer Konjunkturinstitut schon geschlossen und sein Direktor Kondratieff kurze Zeit später verhaftet und am Ende ermordet. Selbst eine positive Erwähnung des in Deutschland so hoch geachteten Tugan-Baranowsky war zu dieser Zeit in der Sowjetunion offenbar nicht mehr möglich.[38] Wagenführ unterließ jede Anspielung auf politische Implikationen und den höchst brisanten Hintergrund der von ihm geschilderten Konflikte zwischen Industrie- und Agrarpartei. Er schien die für die Beteiligten lebensgefährliche Dimension der Diskussion nicht zu ahnen, oder glaubte er, durch sein Schweigen seine Gewährsleute schützen zu können? Aber dem Konjunktur-Institut wurden schon die ausländischen Kontakte an sich vorgehalten.[39] In einem Papier für das Agrar-Institut der Kommunistischen Partei über konterrevolutionäre Sabotage in der russischen Agrarwirtschaft kommentierte Wladimir P. Miljutin (1884-1938),[40] damals Leiter der *Zentralen Statistischen Verwaltung* (*ZSU*): "The Conjuncture Institute of the Commissariat of finance is basically the mouthpeace of the

---

[37] Eine Übersetzung der Urkunde des Beschlusses Nr. 6n-0372/87 vom 16. Juli 1987 des Obersten Gerichts ist abgedruckt in: Schulze (2001), S. 172-176. Vgl. auch Walter Süß, „Gerechtigkeit in der UdSSR. Oberstes Gericht rehabilitiert Kritiker der Zwangskollektivierung auf dem Lande. Partei der Werktätigen Bauernschaft war eine Erfindung der Geheimpolizei", in: *taz* vom 29.8.1987.

[38] Vgl. Jasny (1972), S. 159.

[39] Auch die sehr guten Auslandskontakte des Agrar-Instituts unter der Leitung Tschajanows bildeten einen wichtigen Anklagepunkt bei dessen Vernehmungen. Vgl. Schulze (2001), S. 61ff.

[40] Zu Person und Werk vgl. Schulze (2001), S. 132. Miljutin war 1917 Volkskommissar für Landwirtschaft in der ersten sowjetischen Regierung, 1918 bis 1921 stellvertretender Vorsitzender des *Gosplan* und leitete von 1928 bis 1934 die *ZSU*; ab 1934 Vorsitzender des Wissenschaftsrates, dann Opfer der stalinistischen Repression. In deutscher Sprache erschien von ihm u.a.: Wladimir Miljutin, *Die Organisation der Volkswirtschaft in Sowjet-Rußland*, Berlin 1921.

Kondrat'ev gang, which is directly connected with foreign bourgois institutes to which it conveys detailed information on the situation in the USSR."[41]

Auch die Diskussion um Tschajanows *Bäuerliche Wirtschaft* noch 1928 im *Weltwirtschaftlichen Archiv* verrät nichts vom heraufziehenden Sturm, von dessen Ablösung als Leiter des Agrar-Instituts im Jahr 1928.[42] Mit der kommentarlosen Veröffentlichung der Beiträge Schirkowitschs, Studenskys und anderer[43] wurde dem deutschen Publikum russische Normalwissenschaft vorgegaukelt, wo im übertragenen Sinne bereits Krieg herrschte. Auch der Tschajanow-Rezensent Wilhelm Abel[44] verlor 1931 kein Wort über die dramatischen, politisch motivierten Umwälzungen in der russischen Agrarökonomik, die doch das Thema des von ihm rezensierten Buchs zentral betrafen. Bereits im Sommer 1928 erschien in der *Prawda* ein Artikel eines gewissen Astrow, in dem darauf hingewiesen wurde, daß „während der Leninismus unter aller Kritik gelehrt wird, ‚Shelesnow, Kondratjew und Tschajanow vom Katheder *Kulaken*ideen verkünden'".[45] Und 1929 klagte Stalin selbst in einer Rede auf der ‚Konferenz Marxistischer Agrarwissenschaft', daß „die antiwissenschaftlichen Theorien der ‚Sowjet'-Ökonomen vom Schlage eines Tschajanow in unserer Presse frei im Umlauf sein sollen, die genialen Werke von Marx-Engels-Lenin über die Theorie der Grundrente und der absoluten Grundrente aber nicht popularisiert und in den Vordergrund gerückt wer-

---

[41] Miljutin am 1. Oktober 1930, zit. nach Jasny (1972), S. 164.

[42] Vgl. dazu Schulze (2001), S. 108. 1929 wurde das Agrar-Institut zum Wissenschaftlichen Institut für große Betriebe und Agrarökonomik umorganisiert, wobei Tschajanow bis zu seiner Verhaftung 1930 Mitglied des Kollegiums blieb. Im Jahre 1930 erfolgte dann die große ‚Säuberung' des Instituts, und es wurde in *Wissenschaftliches Kolchos-Forschungsinstitut* umbenannt. Zur Geschichte des *Agrar-Instituts*, das 1919 aus dem von Tschajanow gegründeten Höheren Seminar für Agrarökonomik an der *Petrowsky-Akademie* hervorging, und der *Timirjasew-Akademie*, wie die *Petrowsky-Akademie* seit 1923 hieß, vgl. Schulze (2001), S. 106ff.

[43] Iwan N. Schirkowitsch, „Ideengeschichte der Agrarwissenschaft in Rußland", in: *WA* 27 (1928), S. 179-197; Gennady A. Studensky, „Die ökonomische Natur der bäuerlichen Wirtschaft", in: *WA* 28 (1928), S. 318-339.

[44] Wilhelm Abel: „Rezension zu: A.W. Tschajanow, Die optimalen Betriebsgrößen in der Landwirtschaft" (1930), in: *SJB* 55 (1931), S. 734-736.

[45] Verhörprotokoll Tschajanows vom 28. August 1930, zitiert nach Schulze (2001), S. 90. Tschajanow übergab nach Erscheinen des Artikels die Leitung der *Timirjasew-Akademie*, Moskau, an eine Kommission mit der Bitte, seine dortige Tätigkeit zu untersuchen.

den".[46] Ist der plötzliche und irritierende Jubelgesang des heimgekehrten Tschajanow am Ende der zwanziger Jahre auf den kollektivierten landwirtschaftlichen Großbetrieb nicht besser vor diesem politischen Hintergrund zu verstehen, nachdem er noch 1923, damals im deutschen Exil, so überschwenglich die Vorzüge des kleinbäuerlichen Familienbetriebs gepriesen hatte?[47] Die versteckte Botschaft hinter dem vordergründigen, bloßen Text zu lesen, lernten die Deutschen dann später.[48]

Ohne Hinweis auf die Umstände ihrer Entstehung sind die russischen Beiträge der Zeit nicht gerecht zu würdigen. Von Wagenführ und seinen deutschen Kollegen erfahren wir kaum etwas vom benötigten Mut zur noch so vorsichtig geäußerten Kritik, kaum von Zwang und Zensur und Nötigung, wenn nicht sogar Erpressung, die hinter manch fachlich daherkommender Erkenntnis oder Kurskorrektur steckte: „Wagenführ verschweigt, daß in Sowjetrußland keine Freiheit der wissenschaftlichen Forschung existiert"; er malt in „rosigen Farben".[49] Dieses bittere Resümee Bilimovičs kann auch für viele andere deutsche akademische Publikationen über die russische Wirtschaftstheorie der Zeit gelten.[50] Selbst der jeder Sympathien für den Bol-

---

[46] Josef Stalin, *Fragen des Leninismus* (1950), S. 342, hier zit. nach Schmitt (2002), S. 5.
[47] Vgl. dazu Schulze (2001), S. 13f. Bei Abel (1931) erfahren wir nichts von der Verhaftung Tschajanows, der Umbenennung des Instituts (,Institut für große Betriebe'), als dieser in Fragen der optimalen Betriebsgrößen 1929/30 sein ‚Damaskus' erfuhr. Im Verhörprotokoll vom 8. August 1930 verteidigte sich Tschajanow unter Bezug auf das von Abel rezensierte Buch: „Ich möchte in diesem Zusammenhang bemerken, daß in meinen ausländischen Veröffentlichungen des Jahres 1930 eindeutig mein Übergang auf die Linie der sozialistischen Landwirtschaft zum Ausdruck kommt." (zitiert nach Schulze (2001), S. 62). Unter den politischen Umständen blieb Tschajanow natürlich nicht der einzige, der Ende der zwanziger Jahre seine Meinung in dieser Frage änderte. Vgl. den Fall Pjotr Ljaschtschenko, der sich, wie Zweynert/Riniker (2004), S. 59, schreiben, als „lernfähig" erwies und, nachdem er zunächst „Marx' These von der zunehmenden Konzentration in der Landwirtschaft in Zweifel gezogen hatte, (...) um 1930 mit mehreren Artikel hervor(trat), in denen er sich energisch zugunsten der Stalinschen Kollektivierung aussprach".
[48] Zur Gleichschaltung der Wirtschaftswissenschaft in Deutschland im Dritten Reich und zur Technik der Camouflage vgl. Janssen (2000), S. 153ff. und S. 190 ff.
[49] Alexander Bilimovič, „Rolf Wagenführ: Konjunkturtheorie in Rußland", in: *ZfN* 1 (1930), S. 620-624, hier S. 623 und S. 621.
[50] Vgl. die Rezension Walter Hahns zu Wagenführs russischer Konjunkturtheorie (1929), in: *ZfgSt* 88 (1930), S. 419-421. Wiederum kein Wort darüber, daß Kondratieff als Leiter des russische Konjunkturinstituts zu dieser Zeit längst abgesetzt und das In-

schewismus unverdächtige Friedrich A. Hayek verlor in seiner ‚Wagenführ-Kritik' kein Wort über die politischen Rahmenbedingungen der Konjunkturforschung in der Sowjetunion. Er sprach aber immerhin von einer „wenig kritischen Zusammenstellung" Wagenführs und einem gewissen „Mangel an selbständigem Urteil".[51] Vergleichen wir Erich Preisers (Preiser war mit dem Übersetzer Altschul eng befreundet) ausführliche Rezension der zweiten Auflage der deutschsprachigen Ausgabe von Wladimir Gelesnoffs *Grundzügen der Volkswirtschaftslehre* mit der in den USA erschienenen Kritik durch M.M. Bober, beide aus dem Jahr 1929, bestätigt sich das Bild. Fachliches Lob und fachliche Kritik, aber kein kritisches Wort zur Situation und Rolle der zeitgenössischen Wirtschaftswissenschaft in der Sowjetunion bei Preiser, während Bober versucht, Autor und Buch auch in ihrem politisch-ideologischen Kontext verständlich zu machen.[52] Wenig zu überzeugen ver-

---

stitut geschlossen ist. Hahn zufolge ist Wagenführ dagegen ein „zuverlässiger Führer durch die russische ökonomische Buch- und Aufsatzliteratur".

[51] Vgl. Friedrich A. Hayek, „Rezension zu Wagenführ (1929)", in: *JbNuSt* 133 (1930), S. 128-129.

[52] Vgl. Erich Preiser, „Aufbau und Inhalt der ökonomischen Theorie. Bemerkungen zu dem Lehrbuch von Gelesnoff", in: *MdW* 5 (1929), S. 1922-1925, nachgedruckt in: Erich Preiser, *Wirtschaftswissenschaft im Wandel. Gesammelte Schriften zur Wirtschaftstheorie und Wirtschaftspolitik*, hg. von Gert Preiser, Hildesheim 1975, S. 3-12; M.M. Bober: "Academic Economics in Present Russia. Gelesnoff, Grundzüge", in: *QJE* 43 (1929), S. 352-363. Gert Preiser, ein Sohn Erich Preisers, machte mich darauf aufmerksam, neben der sehr engen Freundschaft der Familien Altschul und Preiser folgendes zu bedenken: Altschul „dürfte Gelesnoff persönlich und dessen Lebensumstände gut gekannt und dann – selbstverständlich (!) mit meinem Vater darüber eingehend gesprochen haben. Ich möchte vermuten, daß beiden gerade besondere Rücksichtnahme auf die Gefährdungssituation von Gelesnoff geboten schien." Brief Gert Preisers an H.J. vom 30. März 2004. So sind Anfang der 1940er Jahre die deutschen Ökonomen Walter Eucken und Günter Schmölders durch eine Rezension des von Schmölders herausgegebenen Sammelwerks *Der Wettbewerb als Mittel der volkswirtschaftlichen Leistungssteigerung und Leistungsauslese*, Berlin 1942, stark gefährdet worden. Vgl. dazu Günter Schmölders, „In memoriam Jens Jessen (1895-1944)", in: *SJB* 69, S. 3-14, hier S. 9: „Eine Besprechung, die Röpke in der ‚Neuen Züricher' (sic!) Zeitung' veröffentlichte, erklärte mit dürren Worten, daß mit dieser Schrift, bzw. dem Euckenschen Beitrag darin, das ‚Fiasko der nationalsozialistischen Wirtschaftspolitik offen angeprangert' worden sei – eine Anerkennung, die Verfasser und Herausgeber schlaflose Nächte bereitete" (vgl. dazu auch Janssen (2000), S. 215, und Detlef J. Blesgen, *Erich Preiser. Wirken und wirtschaftspolitische Wirkungen eines deutschen Nationalökonomen (1900-1967)*, Berlin et al. 2000, S. 143 und S. 350). Gefährlich, so fügen wir hinzu, war mit dem Ende der NEP für einen russischen Ökonomen allerdings bereits allein die Tatsache einer Veröffentlichung im

mag der um Verständnis heischende – quasi als Entschuldigung daherkommende – häufige Hinweis, daß es in Rußland seit jeher kein „wirklich freies Geistesleben" gab.[53]

Wirklichkeitsnäher war die Rußland-Rezeption in Deutschland, wenn es um die wirtschaftliche Lage bzw. um die bolschewistische Wirtschaftspolitik ging.[54] Doch auch hier fehlt es nicht an naiven bewundernden Bemerkungen über die Dynamik des wirtschaftlichen Aufbaus, selbst wenn – wie sich beispielsweise Ernst Wagemann kurz eingesteht – „von Freund und Feind ein propagandistischer Schleier über diese gewaltige politische und soziale Erscheinung gebreitet wird". Insgesamt drängt sich dem Chef des deutschen *Statistischen Reichsamtes* aber der Eindruck von „wunderbare(n) Leistungen" auf und daß in Rußland „eine Kraftsteigerung der Wirtschaft vor sich geht, die eine ähnliche Überraschung darstellt wie der gewaltige Wirtschaftsaufschwung der Vereinigten Staaten nach dem Krieg".[55]

Kritischer als der zeitweise mit den Nationalsozialisten sympathisierende Planwirtschaftler Wagemann ging der politisch links stehende Friedrich Pollock vom Frankfurter *Institut für Sozialforschung* mit der sowjetischen Wirtschaft ins Gericht, trotz seiner „wohlwollende(n) Einstellung zum sozialistischen Aufbau", die ihm der später kaltgestellte Wainstein attestierte.[56] Doch auch Pollock verkannte eklatant die Lage, wenn er einräumte, daß die Veröffentlichungen der *Kommunistischen Internationale* zwar häufig den „Stempel politischer Propaganda" trügen, daß demgegenüber aber „die Wirt-

---

Ausland und ausländische Kontakte an sich, besonders zu Exil-Russen – es sei denn, sie liefen über die offiziellen Kanäle.

[53] Hans von Eckardt, „Zur neueren Literatur über Rußland", in: *ASS* 54 (1925), S. 793-801, hier S. 793. Eckardt war, wie oben gehört, seinerzeit im Zarenreich aus politischen Gründen von der Moskauer Universität relegiert worden. Die Zensur im zaristischen Rußland und ihre Auswirkungen auf das russische Geistesleben thematisierte auch Nötzel (1923), S. 108ff.

[54] Vgl. die zahlreichen Sammelrezensionen zur damaligen Rußland-Literatur, etwa von Eckardt (1925) und (1928); Bubnoff (1930) und (1931) sowie Brutzkus (1931); Hahn (1931); vgl. auch: H.-J. Seraphim, „Rezension zu: Der wirtschaftliche Aufbau der Union der Sozialistischen Sowjetrepubliken, hg. von der Handelsvertretung der U.d.S.S.R.", Berlin 1924, in: *ASS* 53 (1925), S. 552-553.

[55] Ernst Wagemann, *Struktur und Rhythmus der Weltwirtschaft*, Berlin 1931, Kapitel 23: „Die wirtschaftliche Neuordnung in Rußland", S. 249-263, hier S. 252 und S. 256.

[56] Albert L. Wainstein, Rezension zu Pollock (1929), in: *WA* 34 (1931), S. 195*-198*, hier S. 197*.

schaftspolitik in der sowjetrussischen Literatur ebenso wie auf den Parteitagen und Kongressen mit größter Offenheit und Schärfe diskutiert wird".[57]
Deutliche Worte fanden meist nur die vielfach extrem anti-sowjetisch eingestellten russischen Emigranten[58] sowie die politisch häufig ultra-rechts stehenden vertriebenen Deutsch-Russen und Balten.[59] Die aber schossen in ihren Versuchen, den Bolschewismus „an den Pranger zu stellen", zumindest in den Augen ihrer deutschen Kollegen, oft über das Ziel hinaus. Da erschien dann die jüngste russische Geschichte, so kritisiert der Kieler Rußlandexperte Walter Hahn, als eine „Aufführung von Greueltaten und Greueldekreten" und das „Hineingleiten in den Sozialismus" als „eine Todesfahrt der Menschheit".[60] „Die russischerseits (z.B. in den letzten Reden Stalins) betriebene Aufklärung über den Kapitalismus", so Hahn, stehe „durchweg auf höherem Niveau als das kapitalistische Gegenspiel, das heute im wesentlichen nichts ist als ‚Propaganda'".[61]

Ein Beispiel für eine verständnisvolle und dennoch kritische Rezeption ist die ausführliche Besprechung Prokopowitschs von Leonid N. Jurowskys Studie über die *Währungsprobleme Sowjetrußlands*.[62] Der später hingerichtete Moskauer Professor Jurowsky war Leiter der russischen Valutaverwaltung gewesen und damit mitverantwortlich für die Einführung des Tschernowez

---

[57] Pollock (1929), Vorwort, März 1929, S. VI.

[58] Vgl. v.a. Iljin (Hg.), *Welt am Abgrund* (1931); so konnten beispielsweise Anderson, Ischboldin und Bilimovič noch lange nach der nationalsozialistischen Gleichschaltung, teilweise bis 1944 in deutschen Fachzeitschriften publizieren (s.u.).

[59] Zu der für viele baltische Familien typischen deutschnationalen, später teils nationalsozialistischen Verortung der Gelehrten-Familie Seraphim vgl. die Erinnerungen von P.-H. Seraphim (1980). So kämpften die noch jugendlichen Brüder Hans-Jürgen und Peter-Heinz auf seiten der deutschen Reichswehr bzw. der Baltischen Landwehr (S. 70-124) und traten, wie ihr Vater, selbstverständlich für den Anschluß des Baltikums an das Deutsche Reich ein. Beide wurden später Mitglied der NSDAP.

[60] Vgl. Walter Hahn, „Ausgewählte Literatur über Rußland", in: *WA* 33 (1931), S. 177*-185*, hier S. 183f. Die Zitate Hahns beziehen sich auf: *Welt vor dem Abgrund* (1931). Der Osteuropa-Referent am Kieler Institut für Weltwirtschaft Hahn agierte in den zwanziger Jahren auch als Beauftragter des „von der Moskauer Kommunal-Verwaltung und Gewerkschaft" gegründeten Verlags *Moskowsky Rabotschy* (Der Moskauer Arbeiter). In dieser Eigenschaft versuchte er 1923 Sombart als Autor für eine russische Buchproduktion zu gewinnen. Vgl. Zweynert/Riniker (2004), S. 86.

[61] Vgl. Hahn (1931), S. 184*.

[62] L. Jurowsky, *Die Währungsprobleme Sowjetrußlands*, Berlin 1925. Zu Person und Werk vgl. Vincent Barnett, "The Economic Thought of L.N. Yurovskij", in: *Coexistence* 31 (1994), S. 63-77.

und die Sanierung des Rubels. Prokopowitsch erkennt die russischen Bemühungen um eine Stabilisierung der Währung an und lobt Jurowskys Analyse der Prozesse, weist aber auch auf ihre Defizite und Nullstellen hin und spricht mehrfach offen an, daß der Autor wohl nicht alles sagen darf und kann: „Der Grund dafür ist nicht schwer zu erraten; so wollen wir Prof. Jurovsky für diejenigen Kenntnisse dankbar sein, welche er in der Lage war, uns mitzuteilen." Es bleibe somit die Aufgabe, sich dem Studium derjenigen volkswirtschaftlichen Verhältnisse zu widmen, „auf deren Analyse Jurovsky absichtlich verzichtet hat".[63]

Als 1931 der Stalinismus das Tauwetter der NEP restlos beseitigt hatte, klagte der Exil-Menschewik Aaron Jugow, ehemals unter den Sowjets Leiter der Moskauer Wirtschaftorganisation *Mosselprom*,[64] noch deutlicher über den zum Scheitern verurteilten Versuch eines Spagats zwischen Wissenschaft und sowjetischer Zensur. Anlaß gab ihm die Rezension der deutschen Ausgabe von Lew Kritsmans, *Die heroische Periode der großen russischen Revolution*.[65] Kritsman (1890-1938) hatte 1928 nach Attacken gegen Kondratieff und Tschajanow letzteren in der Leitung des Agrar-Instituts abgelöst und galt zu dieser Zeit als linientreuer Stalinist. Später fiel dann auch er in Ungnade.[66] Jugow wies den deutschen Leser darauf hin, daß es sich um kein neues Werk Kritsmans handele und sich seinerzeit – als Jugow noch amtliche Positionen in Moskau innehatte (H.J.) – „wenn auch durchaus von der kommunistischen Ideologie getragen, durch eine ernstzunehmende und wissenschaftliche Behandlung des Gegenstandes" ausgezeichnet hätte, „die von dem allgemein gesunkenen Niveau der theoretischen Publikationen des Kommunismus abstach". Unterdessen sei aber die Erforschung der Tatsachen weiter fortgeschritten und auch die offizielle Doktrin habe sich gewandelt. Das heißt: Die Zeit der NEP war vorüber. „Wir brauchen bloß darauf hinzuweisen, daß sich Kritsman in seinem Buche zu wiederholtem Male auf die Arbeiten Bucharins beruft", schreibt Jugow, „während diese Arbeiten Bucharins

---

[63] Sergej N. Prokopowitsch, „Rezension zu: L. Jurovsky, Die Währungsprobleme Sowjetrußlands", in: *ZfgSt* 82 (1927), S. 204-211, hier S. 204 und S. 211.

[64] Vgl. André Liebich, „Eine Emigration in der Emigration: Die Menschewiki in Deutschland 1921-1933", in: *Russische Emigration in Deutschland 1918-1941* (1995), S. 229-241, hier S. 233.

[65] Lew Kritsman, *Die heroische Periode der großen russischen Revolution. Ein Versuch der Analyse des sogenannten Kriegskommunismus*, Wien-Berlin 1929 (russisches Original: 1. Auflage 1924, 2. Auflage 1925)

[66] Zu Person und Werk vgl. Schulze (2001), S. 126.

zum Zeitpunkt des Erscheinens der deutschen Ausgabe bereits, und zwar durch offizielle Beschlüsse der Kommunistischen Partei, als Ausführungen eines ‚kleinbürgerlichen Opportunismus' gebrandmarkt sind". „Wie Kritsman es fertigbringt, seinen heutigen Stalinismus mit seiner einstigen Gutheißung der Bucharinschen Ansichten zu vereinbaren, wird der Leser seines Buches nicht erfahren." Und Jugow fügt zynisch-resignierend hinzu: „Im Augenblick wird man sicher keinen irgendwie bedeutenden kommunistischen Geschichtsschreiber anführen können, der nicht inzwischen zum ‚Ketzer' erklärt worden wäre."[67] Was hinderte die deutschen Ökonomen an solcher Klarheit? Mögen es zum Teil eigene wirtschaftspolitische Opportunitäten gewesen sein, wie im Falle der – wenn auch aus jeweils sehr unterschiedlichen politischen Blickwinkeln – ‚Sympathisanten' der Planwirtschaft Wagemann[68] und Pollock,[69] aber oft klammerte auch eine falsch verstandene rein wissenschaftliche Rezeption die politischen Verhältnisse schlicht aus. Viele Kollegen in Deutschland erkannten noch nicht, wie sehr die totalitären politischen Verhältnisse maßgeblich für die Gestaltung ‚wissenschaftlicher' Werke werden konnten. Das mußten sie erst nach 1933 am eigenen Leib erfahren.[70]

Das neue Rußland war in den Weimarer Jahren auch in den deutschen wirtschaftswissenschaftlichen Fachzeitschriften ein Thema von allergrößtem Interesse, und es gab dort allein in den zwanziger Jahren mit gut 90 Beiträgen dreimal so viele russische Publikationen wie von 1910 bis 1919. Der quantitative Höhepunkt dieser russischer Publikationstätigkeit fiel aber nicht in die – in vielfacher Hinsicht – ‚chaotischen' frühen zwanziger Jahre, als die russi-

---

[67] Aaron Jugow, „Kritsman, L.: Die heroische Periode der Großen Russischen Revolution", in: *ASS* 65 (1931), S. 644-646, hier S. 645f.

[68] Zu Wagemann Kontakten zu den Nationalsozialisten vgl. neuerdings auch Tooze (2001), S. 177ff., zu seinem früheren Interesse an der sowjetischen Planwirtschaft ebd., S. 131.

[69] Vgl. auch Wainsteins (1931) Kritik an Pollock, er hätte zu viel Kritsman und zu wenig Jurowsky rezipiert.

[70] Vgl. dazu Janssen (2000), S. 153ff. Pollock mußte 1933 emigrieren und ging schließlich in die USA. Wagemann wurde zwar als Chef des *Statistischen Reichsamtes* von den Nazis bald abgelöst, blieb aber bis 1945 Leiter des Berliner *Instituts für Konjunkturforschung*. Nach dem Zweiten Weltkrieg ging er nach Südamerika. Rolf Wagenführ entwickelte sich in den dreißiger und vierziger Jahren zu einem der führenden Statistiker Deutschlands und war Anfang der vierziger Jahre im Planungsamt unter Hans Kehrl tätig (vgl. Tooze (2001), S. 262f.). Dort entwickelte er einen vielgelobten Index der Rüstungsproduktion.

sche Emigration in Deutschland ihre Hochphase erlebt hatte, sondern in die Zeit danach.

3.2.2.1 Das Experiment des Bolschewismus

In den frühen zwanziger Jahren dominierten in den deutschsprachigen wirtschaftswissenschaftlichen Zeitschriften grundsätzliche Beiträge zum Thema Kommunismus und Bolschewismus sowie spezielle Studien zur politischen Ideologie und zu den wirtschaftlichen Experimenten des Kriegskommunismus im neuen Rußland. Es gab links wie rechts großes Interesse am neu entstehenden Wirtschaftssystem der Sowjets, insbesondere an der damit eng verbundenen sozialistischen Agrarpolitik. Mitte der zwanziger Jahre wich das Interesse an den kommunistischen Experimenten in der unmittelbaren Nachkriegszeit dann der von Lenin verkündeten *Neuen Ökonomischen Politik* (NEP) und später den Anfängen des Stalinismus.

Anfang der zwanziger Jahre herrschte in Deutschland unter vielen jungen Intellektuellen eine politische Aufbruchstimmung und revolutionäre Gesinnung vor, die sich zumindest in einem großen Interesse an dem *Experiment des Bolschewismus* im Zuge der russischen Oktoberrevolution äußerte, ob nun gepaart mit brüsker Ablehnung oder mit unverhohlenen Sympathien.[71] In der von Straßenkämpfen und eigenen Bürgerkriegserfahrungen zerrissenen Weimarer Republik „faszinierte und erschreckte" alles, was aus Sowjetrußland kam.[72] Auch bürgerliche Gelehrte verfolgten mit heißem Herzen die Berichte aus der jungen Sowjetunion und wollten sich mit Rat und Tat beteiligen. Marianne Weber schildert eine Diskussion ihres Mannes im Anschluß an ein Seminar:

> „Ein besonders kühner junger Mann will eine größere Gefolgschaft von Intellektuellen und Proletariern nach Sibirien führen, das er durch den Krieg kennt, und mit ihnen dort ein vorbildliches kommunistisches Gemeinwesen schaffen. Dabei schwebt ihm nicht nur solidarisches Wirtschaften, sondern auch das anarchistische Ideal: die Befreiung von den staatlichen Formen der Herrschaft vor. Weber bemüht sich, ihnen klar zu

---

[71] Die Überschrift dieses Unterabschnitts ist entliehen von Arthur Feiler, *Das Experiment des Bolschewismus*, Frankfurt a.M. 1929; vom selben Autor zuvor: *Die Wirtschaft des Kommunismus*, Frankfurt a.M. 1920.

[72] *Russische Emigration in Deutschland* (1995), Klappentext.

machen, daß nur kleine familienhafte Gemeinschaften, nicht aber größere Gemeinwesen ohne Gesetz und Gewalt organisiert werden können. Aber ihr chiliastischer Enthusiasmus ergreift ihn – er möchte ihren Glauben nicht zerstören, ihre Energien nicht lähmen, und erklärt sich bereit, sie in praktischen volkswirtschaftlichen Fragen zu beraten."[73]

Verläßliche Berichte darüber, was in Rußland tatsächlich geschah, waren allerdings rar und standen im umgekehrten Verhältnis zu dem in Deutschland herrschenden Informationsbedürfnis. Propaganda von Freund und Feind, wenig vertrauenerweckende Statistiken,[74] Gerüchte und Phantasien bestimmten das Bild. „Nicht, daß es an Schriften für oder gegen die Bewegung fehlte; sie hat, wie ihre Hasser, so ihre Lobredner gefunden. Eifrig sind beide an der Arbeit, ihre Vorzüge herauszustreichen, ihre Fehler schwarz in schwarz zu malen", klagte Wilhelm Mautner (1899-1944) in seiner beachteten Tübinger Dissertation und fuhr fort: „Die Fülle von Broschüren, Streitschriften, Zeitungsartikeln zu diesem Thema ist begreiflich, denn das Problem ist ein brennendes geworden, ist in aller Welt Munde. Da täte Klarheit bitter Not. Doch fast alles, was diese Literatur bietet, ist parteipolitisch gefärbt, nur recht weniges erweist sich als rein sachliche, wissenschaftlich zu wertende Leistung."[75] Also erschien in den nächsten Jahren eine Fülle von Dissertationen und Habilitationsschriften zu diesem Thema, Aufsätze und Monographien, die dem Leser Aufklärung und dem Verfasser auf bisher weitgehend un-

---

[73] Marianne Weber (1989), S. 687. Vgl. auch die Erlebnisse des Wirtschaftsredakteurs der *Berliner Börsenzeitung*, Revolutionärs und Schriftstellers Franz Jung, *Der Weg nach unten. Aufzeichnungen aus einer großen Zeit*, 2. Aufl., Hamburg 1988, S. 194-247, der, aus Deutschland geflohen, 1921 zeitweise die russische Fabrik „Ressora" leitete. Entsprechende ‚Auswanderungsbewegungen' gab es auch unter den Arbeitern. So rief die KPD 1921 die Genossen auf, auszuwandern, um beim Aufbau der Sowjetunion zu helfen. Vgl. den kurzen Erlebnisbericht von Karl Minhoff, „Wir helfen der Sowjetunion", in: *Der rote Großvater erzählt. Berichte und Erzählungen von Veteranen der Arbeiterbewegung aus der Zeit von 1914-1945*, hg. von der Werkstatt Düsseldorf des Werkkreises der Literatur der Arbeitswelt, Frankfurt a. M. 1974, S. 52-60.
[74] Vgl. Pollock (1929), S. VI: „Die Benutzung von russischem statistischen Material stößt auf große Schwierigkeiten, da es infolge des schlechten Urmaterials meistens sehr unzuverlässig ist. Auch die Berechnung bis auf Dezimalstellen ändert nichts daran, daß diese Zahlen sich häufig widersprechen…"
[75] Wilhelm Mautner, *Der Bolschewismus. Voraussetzungen – Geschichte – Theorie – Verhältnis zum Marxismus*. Berlin-Stuttgart-Leipzig 1920, S. VII. Ein Auszug erschien unter dem Titel: „Bolschewismus und Marxismus", in: *SJB* 44 (1920), S. 29-80. Vgl. auch die Rezension A. Luthers in: *WA* 18 (1922), S. 246f.

beackertem Felde schnelleren Ruhm versprachen – zumal wenn der Autor des Russischen mächtig war.[76]

In den deutschen wirtschaftswissenschaftlichen Zeitschriften dominierten unter den Beiträgen zum Thema *Bolschewismus* neben den Augenzeugen- und Erlebnisberichten zunächst die Analysen der arrivierten Rußland-Experten, der Brückner, Luther und Nötzel, vielfach mittlerweile zurückgekehrte bzw. vertriebene Deutschstämmige, die oft genug ihre bekannten Werke über ‚Rußland und die russische Seele' nur auffrischten und sich, ohne die neuen Fakten genauer zur Kenntnis zu nehmen und zu bewerten, in ihren allgemeinen Anschauungen bestätigt sahen. Ein Beispiel dafür waren Karl Nötzels *Grundlagen des geistigen Rußland*. Nötzel trug zur dritten Auflage des Buches lediglich das Kapitel *Der Bolschewismus als russische Erscheinung* nach und schrieb im Januar 1923: „In der vorliegenden Ausgabe blieb der Text dieses im Jahr 1915 geschriebenen Buches völlig unverändert: Es hat die Nachprüfung der Wirklichkeit bestanden: Die inzwischen in Rußland eingetretene grundlegende Umwälzung findet hier ihre vorausgenommene Erklärung."[77] In gewisser Hinsicht auch rückwärtsgewandt, das heißt, in der Rezeption durch das vorrevolutionäre Rußland und den Geist „Alt-Moskaus" wesentlich mitbestimmt, wenn auch das Neue intensiver zur Kenntnis neh-

---

[76] Vgl. dazu P.-H Seraphim (1980), S. 153ff., der Ende 1923 nach Breslau und an das dortige renommierte Osteuropa-Institut kam, wo sein Bruder Hans-Jürgen als Referent für ‚Rußland' zuständig war. Der stets pragmatische Peter-Heinz Seraphim suchte nach einem Dissertationsthema: Ich wollte „über *Das Eisenbahnwesen unter den Bolschewiken (1917-1923)* arbeiten. Einmal interessierten mich verkehrswissenschaftliche Fragen (…), zum anderen war das Thema begrenzt (…); schließlich konnte ich im Breslauer Osteuropa Institut das einschlägige Material einsehen und da ich des Russischen einigermaßen mächtig war, die russischen Zeitungen, Bücher etc. nutzen. Ich machte mich mit Feuereifer an die Arbeit und war in 4 Monaten fertig. Wenn ich heute das schmale Bändchen meines akademischen Erstlings in die Hand nehme, so kommt mir die wissenschaftliche Leistung nicht gerade bedeutend vor. Man muß aber berücksichtigen, daß ich völliges Neuland betrat und kaum jemand bisher über Rußland gearbeitet hatte." 1924 trat er dann als Polen-Referent in das Breslauer Institut ein (dazu P.-H. Seraphim (1980), S. 162f.).

[77] Vgl. Nötzel (1923), S. VII und S. 242-282. Vgl. zu Nötzel die Rezension E.G. Jennys zur zweiten Auflage der *Grundlagen* (1917), in: *SJB* 42 (1918); und die Besprechung von Ferdinand Tönnies zu „Die soziale Bewegung in Rußland. Ein Einführungsversuch auf Grund der russischen Gesellschaftslehre, Stuttgart-Berlin-Leipzig 1923", in: *WA* 20 (1924), S. 246.

mend, gerieten die Beiträge des in Riga geborenen Hans von Eckardt.[78] Seiner Meinung nach läßt sich eine Kontinuität der russischen Wirtschaftspolitik „in klaren und großen Linien von Alt-Moskau bis zu den jüngsten Dekreten der Union der sozialistischen Sowjet-Republik nachweisen". Zehn Jahre russische Revolution hätten das alte feudalistisch-bürokratisch-kapitalistische Rußland wohl zu einem völlig neuartig strukturierten Staatswesen werden lassen, aber die Kernprobleme der Volkswirtschaft weder gelöst „noch wirklich entscheidend abgewandelt".[79]

Mit leuchtenden Augen für das ‚Neue' oder aber mit Entsetzen geschrieben sind eine Reihe in der frühen nachrevolutionären Periode erschienenen Studien über den Bolschewismus. Dabei handelte es sich meist um jüngere Autoren, die zwar auch die – unvermeidliche – russische Seele streiften, deren Anliegen aber zumindest auch eine theoretische Analyse des nun erstmals im großen Stil praktisch gewordenen Sozialismus war. Wir denken an die bereits erwähnten Beiträge des 1944 in Auschwitz ermordeten Wilhelm Mautner, etwa „Bolschewismus und Marxismus" in *Schmollers Jahrbuch* von 1920, oder an die ebenfalls zuvor als Buch erschienene Studie „Bolschewismus" des später in die USA emigrierten Max Hirschberg (1883-1964), die das *ASS* 48 eröffnete.[80] Ebenso engagiert lesen sich die unzähligen

---

[78] Er veröffentlichte zwischen 1922 und 1928 unter den hier betrachteten Gelehrten in den deutschen ökonomischen Fachzeitschriften die meisten Beiträge zu diesem Themenkreis. Vgl. Hans von Eckardt, „Der Kreislauf der Wirtschaftspolitik des russischen Kommunismus", 2 Teile, in: *WA* 17 (1922), S. 1-19 und S. 117-132; „Zur Ideologie des russischen Kommunismus", in: *WA* 18 (1922), S. 55-74; „Rußlands auswärtige Politik 1917-1923", in: *WA* 19 (1923), S. 215*-242*; „Schicksal und Bedeutung der Industrie in der russischen Revolution, 1917-1922", in: *ASS* 51 (1924), S. 169-221; „Zur neueren Literatur über Rußland", in: *ASS* 54 (1925), S. 793-801; „Die Kontinuität der russischen Wirtschaftspolitik von Alt-Moskau bis zur Union der S.S.R.", in: *ASS* 55 (1926), S. 754-768; „Neue Rußland-Literatur", in: *JbNuSt* 128 (1928), S. 916-920.

[79] Eckardt (1928), S. 916. Ein weiteres Beispiel der Heidelberger Literatur über die diversen Ausprägungen des russischen Geistes lieferte Nicolai v. Bubnoff, „Der Geist des volkstümlichen russischen Sozialismus", in: *ASS* 55 (1926), S. 362-406.

[80] Mautner, *Bolschewismus* (1920); „Bolschewismus und Marxismus", in: *SJB* 44 (1920), S. 29ff.; Max Hirschberg, *Bolschewismus. Eine kritische Untersuchung über die amtlichen Veröffentlichungen der russischen Sowjet-Republik*, München-Leipzig 1919; „Bolschewismus", in: *ASS* 48 (1921), S. 1-43. Vgl. auch die Rezension Emil Lederers, „Hirschberg, Bolschewismus (1919)", in: *ASS* 46 (1918/19), S. 810. Der Wiener Bankier Wilhelm Mautner, ein Bruder Fritz Mautners, und der Münchner Rechtsanwalt Hirschberg, der 1922 in einem aufsehenerregenden Prozeß Kurt Eisners Sekretär Felix Fechenbach verteidigt hatte (vgl. „Max Hirschberg", in: *SZ* vom 1. Sept. 1998, S. 3), steuerten

Reise- und Augenzeugenberichte über Erlebtes und Erfahrenes, wie die *Briefe aus Sowjetrußland* des nach der Oktoberrevolution zunächst nach Berlin emigrierten Letten Paul Olberg (1878-1966), der auch einige wissenschaftliche Rußland-Beiträge für das *ASS* geliefert hat,[81] oder die nahezu euphorischen Berichte des Ende der zwanziger Jahre nach Moskau übersiedelten ehemaligen Vorkämpfers der geldtheoretischen Knapp-Schule Karl Elster.[82] Doch selbst der Sonderberichterstatter des liberalen *Economist*, der in Odessa geborene Michael Farbmann, konnte sich den großartigen Visionen, dem – um eine modernes Wort zu gebrauchen – Machbarkeitswahn der Sowjets nicht vollständig entziehen:

> „In ihrem grenzenlosen Glauben an die alles besiegende Macht der Energie und der Attacke wagen sich die Bolschewisten an die tollkühnsten und schwierigsten Probleme. Diese Eigentümlichkeit finden wir in vielen Ressorts, aber nirgends so ausgesprochen wie in der Landwirtschaft. Und von allen großartigen Projekten, die aus diesem Kommissariat hervorgegangen sind, ist wohl der tollste der Versuch, die landwirtschaftliche Geographie des Landes vollständig umzumodeln. Daß die Agrikulturzonen des Landes durch die Mechanisierung der Landwirtschaft beeinflußt werden, ist ganz natürlich, aber was wir heute in Rußland mit ansehen, ist nicht mehr und nicht weniger als das Bestreben, die jahrhundertealten Kulturregionen einfach in andere Regionen umzupflanzen. Das verhängnisvollste und tollkühnste Projekt ist die Verschiebung des Weizengürtels an die Grenze Asiens. Rußlands wichtigste Getreidegebiete sind heute die Ukraine, das Kubangebiet und der nördliche Kaukasus. Und mit einemmal behaupten die Bolschewiki, es sei Verschwendung, in diesen Gegenden Weizen zu bauen.

---

auch später noch Beiträge zu russischen Themen bei: vgl. Mautner, *Der Kampf um und gegen das russische Erdöl*, Wien-Leipzig 1929; Hirschberg, *Die Weisheit Rußlands* (1947).

[81] Paul Olberg, *Briefe aus Sowjet-Rußland*, Stuttgart 1919; sowie: „Bauernrevolution und Bolschewismus (Die Agrarfrage in Rußland)", in: *ASS* 48 (1920/21), S. 361-418; „Sowjetrußlands Politik im Orient", in: *ASS* 50 (1923), S. 127-203; vgl. auch Lederers Rezension: „Olberg, Briefe aus Sowjetrußland (1919)", in: *ASS* 46 (1919). Olberg war schwedischer Abstammung.

[82] Vgl. Karl Elster, „Die Volksgesundheitspflege im Gouvernement Moskau"; „Das Obuch-Institut zur Bekämpfung der Berufskrankheiten", beide in: *JbNuSt* 127 (1927), S. 87-91 und S. 518-523; „Zehn Jahre Sowjet-Industrie", in: *SJB* 53 (1929), S. 773-808; „Die Entwicklung der chemischen Industrie in der Union der Sozialistischen Sowjet-Republiken", in: *JbNuSt* 130 (1929), S. 582-596; „Die Stellung des Arbeitnehmers in der Union der Sozialistischen Sowjet-Republiken", in: *JbNuSt* 135 (1931), S. 39-65.; *Vom Rubel zum Tscherwonjez. Zur Geschichte der Sowjet-Währung*, Jena 1930; *Der Rubel beim Aufbau des Sozialismus. Zum heutigen Stande der Sowjet-Währung*, Jena 1933.

(sic!), ... Aus diesem Grunde begannen sie in Gebieten jenseits der Wolga, in Kasakstan und im südöstlichen Sibirien Weizen zu bauen (sic!)."[83]

Bezeichnend sind auch die süß-schauerlichen Gemälde der drohenden sowjetischen, oft jüdisch-sowjetischen Weltherrschaft, wie sie politisch-propagandistisch der Balte und Nazi-Chefideologe Alfred Rosenberg ausmalte[84] und mit akademischen Ansprüchen viele andere spätere Nationalsozialisten, etwa der langjährige Rußland-Reisende Georg Cleinow, lieferten.[85] Für Rosenberg waren die Juden für die Oktoberrevolution verantwortlich, und in seinem Hauptwerk, dem *Mythus des 20. Jahrhunderts* behauptete er, daß es Rußland seinem Wesen nach unmöglich sei, sich in ein europäisches Land zu verwandeln. Es gehöre geistig-seelisch zu Asien, nicht zu Europa.[86] Eine ähnliche Tonlage schlug zuweilen Cleinow an:

„Cleinow stellt und beantwortet auch die Kernfrage, wie sich die fernere Zukunft gestalten würde, wenn der Fünfjahresplan sich verwirklicht. Dann

---

[83] Michael Farbmann, *‚Piatiletka', Der ‚Fünfjahresplan'*, Berlin 1931, S. 125f. Dazu Wagemann (1931), S. 258f.; Bubnoff, „Rußland-Literatur", in: *ZfgSt* 92 (1932) und Jugow, „M. Farbmann, ‚Piatiletka'. Der Fünfjahresplan". in: *ASS* 66 (1931), S. 428-430.

[84] Alfred Rosenberg (1893-1946) wurde in Reval geboren und nach dem Zweiten Weltkrieg in Nürnberg zum Tode verurteilt. Er hatte in Reval und Moskau studiert und kam im Winter 1918/19 nach München. Ein Jahr später trat er der NSDAP bei und wurde 1923 Hauptschriftleiter des *Völkischen Beobachters*. Er war darüber hinaus seit 1934 „Beauftragter des Führers für die Überwachung der gesamten geistigen und weltanschaulichen Schulung und Erziehung in der NSDAP" und von 1941 bis 1945 Reichsminister für die besetzten Ostgebiete. Er hatte 1939 in Frankfurt das „Institut zur Erforschung der Judenfrage" gegründet, an dem später auch P.-H. Seraphim beschäftigt war. Zu Rosenbergs sich wandelnder Stellung im Kreis der Exilrussen und dem verbreiteten Antisemitismus baltendeutscher Emigranten Anfang der zwanziger Jahre vgl. Temira Pachmuss, „Baltische Flüchtlinge und russische Schriftsteller in Deutschland 1918-1941", in: *Russische Emigration in Deutschland 1918-1941* (1995), S. 85-91; Matthias Vetter, „Die Russische Emigration und ihre ‚Judenfrage'", in: *Russische Emigration in Deutschland 1918-1941* (1995), S. 109-124, hier S. 144f.

[85] Vgl. Georg Cleinow, *Roter Imperialismus. Eine Studie über die Verkehrsprobleme der Sowjetunion*, Berlin 1931. Der Publizist und studierte Volkswirt Cleinow (1873-1936) wurde in Russisch-Polen, bei Lublin geboren und gilt heute als Wegbereiter der faschistischen Volkstumsideologie. Er leitete nach 1933 das Eurasische Seminar an der Berliner Hochschule für Politik.

[86] Vgl. Pachmuss (1995), S. 86f.; Vetter (1995), S. 114f. Alfred Rosenberg, *Pest in Rußland! Der Bolschewismus, seine Häupter, Handlanger und Opfer*, München 1921; *Der Mythus des 20. Jahrhunderts. Eine Wertung der seelisch-geistigen Gestaltenkämpfe unserer Zeit*, München 1930.

wäre der ‚rote Imperialismus' in die Lage versetzt, die Unterjochung von Eurasien als Vorstufe zur Weltherrschaft mit günstigen Aussichten weiter nachzustreben. Denn dann würden die Millionen hochqualifizierter westeuropäischer Arbeiter zu Hörigen der Milliarde ungelernter Asiaten herabsinken",

kommentierte Walter Hahn.[87] Mit mehr Verständnis und auf höherem Niveau geschrieben, sind die Arbeiten Gerhart Dobberts, der später dem italienischen Faschismus huldigte, sowie des – mit der russischen Ökonomin Galina Berkenkopf (geb. Orlowa) verheirateten – osteuropäischen Wirtschaftsexperten und späteren NSDAP-Mitglieds Paul Berkenkopf.[88] Wichtig in dieser Reihe war aber vor allem der schon mehrfach erwähnte, in Riga geborene Rußland-Experte, Hans-Jürgen Seraphim.[89] Der spätere Nationalsozialist war von 1922 bis 1927 Referent am Breslauer Ost-Europa-Institut und bekam 1927 eine Professur in Rostock und 1935 in Leipzig.[90]

Abgeklärter lesen sich die Vor-Ort-Erfahrungen amtlicher Würdenträger, wie Kurt Wiedenfelds (1871-1955) *Bericht über das russische Rätesystem.*[91]

---

[87] Vgl. W. Hahn (1931), S. 185*; vgl. auch die Rezension von Andreas Predöhl in: *ZfN* 4 (1933), S. 434f.

[88] Eine Auswahl ihrer Publikationen: G. Dobbert: „Die Budgetrechte der Union und der Unionsrepubliken in Sowjetrußland", in: *FA* 44 (1927), S. 649-658; *Das einheitliche Staatsbudget der U.d.S.S.R*, Jena 1930; „Die Grundzüge der neuen Steuerverfassung der U.d.S.S.R", in: *FA, N.F.* 1 (1931), S. 134-152; als Hg.: *Die Rote Wirtschaft. Probleme und Tatsachen*, Königsberg 1932 (Übersetzung: *Red Economics*, Boston 1932); *Die faschistische Wirtschaft. Probleme und Tatsachen*, Berlin 1934. Vgl. auch die Rezensionen von W.W. Leontief sen. zu: *Das einheitliche Staatsbudget der U.d.S.S.R.*, in: *WA* 32 (1930), S. 293*-295*, und *Die Rote Wirtschaft*, in: *WA* 38 (1933), S. 36*-38*. Paul Berkenkopf: „Die industrielle Entwicklung Sowjetrußlands", in: *SJB* 54 (1930), S. 597-652; „Zur Lage der Sowjetwirtschaft", 2 Teile, in: *SJB* 56 (1932), S. 211-236 und S. 343-360; auch Galina Berkenkopf, *Die Finanzierung der russischen Planwirtschaft* (Diss. Hamburg), Rostock 1932; „Industrialisierung und Außenhandel der Sowjetunion in ihrer wechselseitigen Abhängigkeit", in: *WA* 43 (1936), S. 421-437. Paul Berkenkopf (1892-1962) hatte nach dem Zweiten Weltkrieg zeitweise den Vorsitz im Wissenschaftlichen Beirat des Bundesverkehrsministeriums inne.

[89] Neben den an anderen Stellen erwähnten Schriften: Hans-Jürgen Seraphim: „Zur Organisation der russischen Industrie", in: *ASS* 53, S. 763-802; „Geistige und ökonomische Grundlagen des Bolschewismus", in: SJB 52 (1928), S. 417-452.

[90] Zur positiven Einstellung H.-J. Seraphims zum Nationalsozialismus noch in den vierziger Jahren vgl. P.-H. Seraphim (1980), S. 314.

[91] K. Wiedenfeld, „Rußland im Rätesystem", in: *SJB* 47 (1924), S. 143-161; auch Paul Scheffer, *Sieben Jahre Sowjetunion*, Leipzig 1930.

Wiedenfeld war in den Jahren 1921/22 der „vorläufige Vertreter" des Deutschen Reichs in Moskau gewesen. Kühle Analysen der russischen Wirtschaftspolitik und -entwicklung über den Tag hinaus – jetzt unter Einschluß des ersten Fünfjahresplanes, also der Zeit nach der NEP – finden sich auf deutscher Seite allerdings erst ab der zweiten Hälfte der zwanziger Jahre – allen voran die der Frankfurter Arthur Feiler (1879-1943) und Friedrich Pollock (1894-1970), deren insgesamt kritischen, aber teilweise auch wohlwollenden Studien der „planwirtschaftlichen Versuche und ihre Bedeutung für die Theorie des Sozialismus" (Pollock) in fast allen hier relevanten wirtschaftswissenschaftlichen Zeitschriften besprochen wurden, darunter von so namhaften Rezensenten wie Brutzkus, Bubnoff, Seraphim und Wainstein.[92] Während in den Sozialismus-Seminaren an den deutschen Universitäten der Weimarer Zeit unter dem Einfluß von Werner Sombart und anderer nach „rechts" driftender ,System-Theoretiker' der Sozialismus seine ihm zunächst eingeborenen linken wirtschaftspolitischen Konnotationen zu verlieren drohte,[93] interessierte sich Pollock – gegen diese Verallgemeinerungstendenz gewandt – für einen Sozialismus, der den politischen Tatbestand der klassenlosen Gesellschaft und des gesellschaftlichen Eigentums an Produktionsmitteln voraussetzt, wie das in Sowjetrußland der Fall war. Er wollte also den

---

[92] Vgl. Arthur Feiler, *Das Experiment des Bolschewismus*, Frankfurt a.M. 1929; F. Pollock, *Die planwirtschaftlichen Versuche in der Sowjetunion* (1929) (Neudruck Frankfurt 1971). Feiler war lange Wirtschaftsredakteur der *Frankfurter Zeitung*, dann (ab 1932) Professor in Königsberg. Pollock, der sich zu Studien für seine Arbeit 1927/28 in Rußland aufgehalten hatte, war einer der Geschäftsführer der *Marx-Engels-Archiv-Gesellschaft* und von 1928 bis 1930 vertretungsweise Leiter des heute noch berühmten Frankfurter *Instituts für Sozialforschung*. Beide emigrierten nach 1933. Zu beiden Boris Brutzkus, „Neue Bücher über die Sowjetwirtschaft", in: *ASS* 65 (1931), S. 162-177; zu Feiler: Bubnoff, „Rußland-Literatur", in: *ZfgSt* 90 (1931), S. 104-109; Elster, in: *JbNuSt* 134 (1931) und Hahn (1931); zu Pollock: Wainstein (1931); H.-J. Seraphim, in: *ZfgSt* 90 (1931) und Elster, in: *JbNuSt* 133 (1930).

[93] Vgl. vor allem Sombarts ein paar Jahre später erschienener *Deutscher Sozialismus*, Berlin 1934. Von großem Einfluß auf die ,rechte' deutsche Sozialismus-Diskussion der frühen Weimarer Jahre – und damit auch auf den Nationalsozialismus – waren: Oswald Spengler, *Preußentum und Sozialismus*, München 1919, und der Dostojewsky-Herausgeber Arthur Moeller van den Bruck, *Das dritte Reich*, Hamburg 1923. Eine (polemische) Untersuchung des gesamten Spektrums der damaligen deutschen Sozialismus-Diskussion, wobei sich ,die' Sozialisten nur in der Ablehnung des Liberalismus einig waren, gibt Ludwig Mises, *Die Gemeinwirtschaft. Untersuchungen über den Sozialismus*, Jena 1922 (1932²), der als Liberaler wiederum alle von ihm besprochenen Formen des Sozialismus heftig zurückweist.

Sozialismus quasi nach ‚links' zurückholen. Würden doch mittlerweile so „verschiedenartige Wirtschaftsformen wie die Pharaonenwirtschaft, der Merkantilismus, die deutsche Kriegswirtschaft und der zu Ende gedachte faschistische Staat ebenso wie ein völlig vertrusteter Kapitalismus als sozialistisch angesehen werden".[94]

Außerdem erschienen in jener Zeit eine ganze Reihe hierzulande aufmerksam registrierter Arbeiten aus russischer Feder über die bolschewistische Planwirtschaft. Neben den bereits erwähnten Monographien Leonid Jurowskys und Lew Kritsmans vor allem ein Bericht Albert Wainsteins im Kieler *Weltwirtschaftlichen Archiv*[95] sowie Arbeiten des damaligen russischen Finanzkommissars Grigory Grinko,[96] des 1928 ausgebürgerten ehemaligen Moskauer Finanzwissenschaftlers Paul Haensel,[97] des Exil-Menschewiken Aaron Jugow[98] und des seit 1925 in Berlin lebenden Wassily W. Leontief, dem Vater des späteren Nobelpreisträgers.[99] Die offiziellen, linientreuen Schriften darunter erfüllten vordringlich die Aufgabe, die russische Revolution „als eine Welterscheinung", als die erste „Etappe der proletarischen Weltrevolution" verständlich zu machen. „Die großartige wirtschaftliche

---

[94] Pollock (1929), S. 2.

[95] Albert L. Wainstein, „Die Wirtschaftsplanung der Union der Sowjetrepubliken für 1926/7", in: *WA* 25 (1927), S. 27*-43*.

[96] G. Grinko, *Der Fünfjahresplan der UdSSR*, Wien-Berlin 1930 (3. Auflage 1931). Vgl. dazu die Rezensionen von P. Berkenkopf, in: *SJB* 55 (1931) und Jugow, in: *ASS* 65 (1931) sowie Wagemann (1931), S. 253ff. Grinko (1890-1938) arbeitete bis 1929 in der Leitung von *Gosplan* und war von 1930 bis 1937 Volkskommissar für Finanzen (NKFin). Er fiel dann als „Trotzkist" in Ungnade und wurde am 15. März 1938 hingerichtet.

[97] Vgl. Paul Haensel, *Das Steuersystem Sowjetrußlands*, Berlin 1926 (russisch 1924). Rezensionen von C. Brinkmann, in: *ASS* 56 (1926); W. Lotz, in: *FA* 44 (1927); W. Stieda, in: SJB 51 (1927) sowie in: *FA* 42 (1925); Haensel, *Die Wirtschaftspolitik Sowjetrußlands* (1930). Rezensionen von A. Bilimovič, in: *ZfN* 2 (1931); Bubnoff (1931); Dobbert, in: *WA* 35 (1932) und Jugow, in: *ASS* 64 (1930).

[98] A. Jugow, *Fünfjahresplan*. Mit einem Vorwort von Theodor Dan, Berlin 1931; *Die Volkswirtschaft der Sowjetunion und ihre Probleme*, Dresden 1929; beide übersetzt von Arkardy Gurland. Vgl. dazu die Rezensionen von Brutzkus, in: *ASS* 65 (1931); Berkenkopf, in: *SJB* 56 (1932); Elster, in: *JbNuSt* 133 (1930) und Feiler, in: *ASS* 67 (1932). Weiterhin: A. Yugoff, *Economic Trends in Soviet Russia*, New York 1930. Vgl. dazu Hahn, in: WA 33 (1931). Vgl. außerdem die Rezensionen Jugows in den Jahren 1930/31 zu Farbmann, Grinko, Haensel und Kritsman.

[99] W.W. Leontief, „Vom Staatsbudget zum einheitlichen Finanzplan. Sowjetrussische Finanzprobleme", in: *WA* 33, S. 231-260.

Entwicklung des Sowjetlandes", schrieb Kritsman, bedeute „für den Weltkapitalismus, für das ganze kapitalistische System – das Todesurteil".[100] Solche propagandistischen Appelle trafen am Ende der zwanziger Jahre vermehrt auf offene Ohren. War doch das Interesse an der Entwicklung der sowjetischen Planwirtschaft in Deutschland nochmals gestiegen, nachdem die kapitalistische Wirtschaft nach der gerade überwundenen Großen Inflation in eine neue schwere Krise geraten war. Hierzulande diskutierten linke und rechte Politiker sowie Wirtschaftswissenschaftler immer ernsthafter planwirtschaftliche Alternativen zur ‚chaotischen' Produktion einer freien Marktwirtschaft.[101]

3.2.2.2 Wirtschaftsrechnung und Sozialismus

„Mag auch nicht jede Planwirtschaft eine sozialistische Wirtschaft sein", schrieb Pollock 1929, „so ist doch keine sozialistische Gesellschaftsordnung denkbar, in der sich der Wirtschaftsprozeß nicht auf Grund eines von der Gesellschaft beschlossenen Planes ohne Hilfe des Marktes vollzieht".[102] Nun sei aber gerade das Hauptargument gegen solch eine sozialistische Gesellschaft, so fuhr er fort, daß sie ohne Markt „dem Schicksal eines Schiffes ohne Kompaß" ausgeliefert sei. „Nur mit den Mitteln der Verkehrswirtschaft, der freien Konkurrenz, der reagiblen Preise und des Geldes", so die Gegner der sozialistischen Wirtschaft, „ließen sich die im voraus nicht errechenbaren Bedürfnisse einer wachsenden Bevölkerung befriedigen".[103] Die Sozialisten widersprachen und fanden in der Weimarer Zeit um so mehr Gehör, je heftiger die Wirtschaftskrisen in jenen Jahren wüteten. Nach ihrer Meinung war die Unmöglichkeit rationalen Wirtschaftens ein Wesensmerkmal der eben nicht planmäßigen, sondern chaotischen kapitalistischen Produktionsweise. Allein die sozialistische Planwirtschaft könnte die Entfaltung der höchsten Produk-

---

[100] Kritsman (1929), Vorwort zur deutschen Ausgabe, S. 5 und S. 7.
[101] Vgl. zum Beispiel: Emil Lederer, *Planwirtschaft*, Tübingen 1932; Eduard Heimann, *Soziale Theorie des Kapitalismus. Theorie der Sozialpolitik*, Tübingen 1929; Werner Sombart, *Die Zukunft des Kapitalismus*, Berlin 1932.
[102] Pollock (1929), S. 2.
[103] Pollock (1929), S. 3. Pollock führt diese Argumentation auf Albert E. Schäffle zurück. Vgl. Schäffle, *Kapitalismus und Sozialismus mit besonderer Rücksicht auf Geschäfts- und Vermögensformen*, Tübingen 1870, S. 393f., S. 401f.; ders., *Die Quintessenz des Sozialismus*, 14. Auflage, Gotha 1906, S. 47f., S. 50f.

tivität bei gerechtester Verteilung garantieren. Das hätten auch die Jahre nach der Oktoberrevolution bewiesen, behauptete etwa Kritsman: „Durch ein großes sozialistisches Experiment ist einwandfrei festgestellt worden, daß die wirtschaftliche Entwicklung jetzt am besten nicht mehr durch den Kapitalismus, sondern gegen den Kapitalismus erzielt werden kann."[104]

In diesem eminent politischen und unter dem Eindruck der Ereignisse in der Sowjetunion höchst aktuellen Zusammenhang entzündete sich unter dem Stichwort ‚Wirtschaftsrechnung und Sozialismus' in der deutschen Wirtschaftswissenschaft eine heftig geführte, bis in unsere Tage anhaltende Auseinandersetzung um die Funktionsfähigkeit des Sozialismus, an der sowohl Deutsche als auch Russen und natürlich russische Emigranten teilnahmen.[105] Den Anstoß gaben Max Weber und der in Lemberg[106] geborene Ludwig von Mises (1881-1973).[107] Ihre Beiträge über die logische Unmöglichkeit des Sozialismus wandten sich nicht nur gegen die sowjetischen Wirtschaftsexperimente, sondern zunächst vor allem gegen den mit der Novemberrevolution 1918 aufkommenden Sozialismus in Deutschland oder gegen die zahlreichen utopischen Entwürfe zur Abschaffung des Geldes und Errichtung einer sozialistischen Naturalwirtschaft, wie sie prominent der Wiener Sozialist und Bayerische Räterepublikaner Otto Neurath (1882-1945) auf der Basis seiner

---

[104] Kritsman (1929), S. 7.

[105] Eine gute Zusammenfassung der theoretischen Debatte aus moderner Sicht bietet: Dieter Schneider, „Die ‚Wirtschaftsrechnung im Sozialismus'-Debatte und die Lenkung über Preise in Hierarchien", in: *Studien zur Entwicklung der ökonomischen Theorie XII: Osteuropäische Dogmengeschichte*, hg. von Heinz Rieter, Berlin 1992, S. 111-146.

[106] Lemberg, russisch Lwow, ukrainisch Lwiw, polnisch Lwów, gehört heute zur Ukraine. Bis 1918 war es als Sitz des Statthalters für Galizien Teil Österreichs; von 1919 bis 1939 gehörte es zu Polen, 1939 zur Sowjetunion. 1941 vertrieben und töteten die einrückenden Deutschen großenteils die jüdische und polnische Bevölkerung. Mises' Jugend in Lemberg gibt den biographischen Hintergrund für manche seiner kulturpessimistischen antisozialistischen Phrasen ab, in denen „Nomadenstämme aus den Steppen des Ostens (…) auf schnellen Rossen Europa plündernd durchstreifen". Mises, *Gemeinwirtschaft* (1922/32), S. 499.

[107] Vgl. M. Weber, *Wirtschaft und Gesellschaft*, 5. rev. Auflage, besorgt von J. Winckelmann, Tübingen 1980, 1. Auflage 1921, S. 44ff. L. Mises, „Die Wirtschaftlichkeitsrechnung im sozialistischen Gemeinwesen", in: *ASS* 47 (1920/21), S. 86-121; *Die Gemeinwirtschaft* (1922/32), S. 11-30, 107-117; „Neuere Beiträge zum Problem der sozialistischen Wirtschaftsrechnung", in: *ASS* 51 (1924), S. 488-500; „Neuere Schriften zum Problem der sozialistischen Wirtschaftsrechnung", in: *ASS* 60 (1928), S. 187-190.

Überlegungen zu einer Theorie der Kriegswirtschaft vorgelegt hatte.[108] Als dann das Gespenst des Kommunismus an Spree und Isar gebannt schien, richtete sich die Aufmerksamkeit verstärkt nach Osten.

Auf ‚russischer Seite' beteiligten sich an dieser Debatte vor allem der junge Heidelberger Assistent Jakob Marschak, daneben auch Boris Brutzkus, Leonid Jurowsky, Lew Kritsman, Alexander Tschajanow[109] sowie am Rande Sergej. N. Prokopowitsch und Peter Struve. Damit soll allerdings nicht gesagt sein, daß ‚die' Russen in dieser Frage alle einen sozialistischen Standpunkt vertraten.

Die wissenschaftlichen Kritiker des Sozialismus, an erster Stelle Ludwig Mises, hatten herausgestellt, daß marktloses wie geldloses Wirtschaften immer unrationelles Wirtschaften bedeuten müsse. Denn ohne freien Markt keine Preisbildung und ohne Preisbildung keine Wirtschaftsrechnung, vor allem keine dynamische und keine für Güter höherer Ordnung, also Unfähigkeit der Anpassung an veränderliche Bedürfnisse mit der zwangsweisen Folge einer suboptimalen Produktion und Versorgung der Bevölkerung. So lautete die Kette ihrer Deduktionen. Nun bot der russische Kommunismus mit seinem Versuch einer sozialistischen Planwirtschaft die Gelegenheit, die Sache nicht nur theoretisch auszufechten, sondern womöglich praktisch entschieden zu finden.[110] Hatte doch die bolschewistische Regierung ab Mitte 1918 die Abschaffung von Markt, Marktpreisen und Geld geplant. Kritsman feierte diese Periode als den „erste(n) gewaltige(n) Versuch einer proletarischen Naturalwirtschaft", als ersten Schritt des „Uebergangs zum Sozialis-

---

[108] Vgl. Otto Neurath, *Durch die Kriegswirtschaft zur Naturalwirtschaft*, München 1919, und dazu Max Weber (1921/80), S. 56ff. Neurath, der 1906 in Wien promoviert hatte, lehrte dort bis 1914 Nationalökonomie an der Handelsakademie. Von 1914 bis 1918 arbeitete er in der Kriegswirtschaftlichen Abteilung des Heeresministeriums in Wien; 1917 habilitierte er sich. Während der Revolutionszeit in München war er 1919 Präsident des Bayerischen Zentralwirtschaftsamtes. Nach der Zerschlagung der Räterepublik ging er zurück nach Wien; ab 1934 war er in den Niederlanden, ab 1940 in England im Exil.
[109] Vgl. J. Marschak, „Wirtschaftsrechnung und Gemeinwirtschaft. Zur Mises'schen These von der Unmöglichkeit der sozialistischen Wirtschaftsrechnung", in: *ASS* 51 (1924), S. 501-520; A. Tschayanoff, „Zur Frage einer Theorie der nichtkapitalistischen Wirtschaftssysteme", in: *ASS* 51 (1924), S. 577-613; L. Jurowsky (1925), S. 16f.; B. Brutzkus, *Die Lehren des Marxismus im Lichte der russischen Revolution*, Berlin 1928.
[110] Vgl. etwa Jurowsky (1925); Brutzkus (1928); zur Problematik dieser praktischen Überprüfung Pollock (1929), S. 3ff.

mus".[111] Allerdings scheiterte dieser Versuch bekanntlich und wurde mit der NEP zurückgenommen. So liest es sich auch bei Leonid Jurowsky, der im Volkskommissariat für Finanzen (NKFin) für die anschließende Währungsreform zuständig war und dessen 1925 auf deutsch erschienenes Buch *Die Währungsprobleme Sowjetrußlands* aufmerksam registriert wurde:

> „Die Staatsgewalt, die die völlige Liquidation aller kapitalistischen und überhaupt aller Geldbeziehungen im Auge hatte, war bestrebt, eine Wirtschaftsordnung aufzubauen, die das Geld überflüssig machen sollte. (...) Die Methoden der Verteilung nach einem einheitlichen Plane, der Befriedigung des Konsumbedarfs mit Hilfe des Kartensystems und des Produktionsbedarfs mit Hilfe von Anweisungen mußten allmählich den freien Markt verdrängen, um dann zu seiner völligen Abschaffung zu führen. Der Geldumsatz (...) verlor allmählich jeglichen Sinn. Er widersprach den Grundprinzipien der neuen Wirtschaftsordnung".[112]

Jurowsky, einst Schüler Lujo Brentanos und Peter Struves, übte Mitte der zwanziger Jahre sozialistische Selbstkritik: „Der Aufbau eines rationellen Wirtschaftssystems" sei „undenkbar", ohne Einführung einer festen Rechnungseinheit.[113] Sein mittlerweile in Belgrad exilierter ehemaliger Lehrer Struve bemerkte dazu: Jurowsky habe glänzend dargelegt, wie „geldloses Wirtschaften (...) mit unerbittlicher Logik nicht nur Regelung der Produktion, sondern auch (...) Knebelung der Konsumtion erheischt".[114] Und auch Prokopowitsch legte den Finger auf die Wunde: „Unsererseits möchten wir hinzufügen, daß die Unfähigkeit der Kommunisten, dieses Problem theoretisch wie praktisch zu lösen, für die Partei ein theoretischer und praktischer Zusammenbruch war."[115] Damit gaben die Exil-Russen Mises praktisch recht. Vorsichtig positiv urteilte dagegen der deutsche Sozialist Friedrich Pollock: Es sei gelungen, ohne nennenswerte ausländische Hilfe und bei auch sonst überaus ungünstigen Bedingungen „die Wirtschaft aus einem Zustand

---

[111] Kritsman (1929), S. 123.

[112] Jurowsky (1925), S. 16f.; vgl. außerdem Pollock (1929), S. 69-75 und die dort angegebene Literatur.

[113] Vgl. Jurowsky (1925), S. 27.

[114] Peter Struve, „Das Wirtschaften", in: *ZfN* 3 (1932), S. 499-507, hier S. 507.

[115] Prokopowitsch (1927), S. 207. In der Tendenz ähnlich Brutzkus (1928). D. Schneider (1992), S. 135, zitiert Brutzkus (1928), S. 69, mit folgendem Satz: „Wenn aber eine Organisation der Verteilung den Bedürfnissen der einzelnen Persönlichkeiten, aus denen die Gesellschaft besteht, nicht Rechnung trägt, so ist es gleichbedeutend einer Produktivitätsminderung."

völligen Zusammenbruchs über den Vorkriegsstand hinaus zu heben". Deshalb könne die „Analyse der sowjetrussischen Wirtschaftserfahrungen eine Reihe von Antworten geben" auf die Frage, „auf welche Weise eine Planwirtschaft die Funktionen des Marktes ersetzen kann".[116] Noch einen Schritt weiter ging Kritsman. Auch er gab Mängel der „proletarischen Naturalwirtschaft" im Kriegskommunismus und allgemein beim Übergang zum Sozialismus zu. Der Hauptgrund dafür aber lag seiner Ansicht nach nicht in der zentralistischen Planwirtschaft selbst, sondern gerade in einem noch weitgehenden „Fehlen der Planmäßigkeit"[117], was als Kritik an der NEP verstanden werden muß.

Die akademische Diskussion in den Fachzeitschriften kam allerdings überwiegend zu einem anderen Urteil. Keiner der russischen und deutschen Ökonomen, die hier die These von der logischen Unmöglichkeit einer Wirtschaftsrechnung im Sozialismus zurückwiesen, redete einer radikalen Zentralverwaltungswirtschaft das Wort. So gab der Wiener Ökonom Karl Polányi (1886-1964)[118] unumwunden zu, daß er die Lösung des Problems in einer zentralen Verwaltungswirtschaft für unmöglich erachtete.[119] Niemand bestritt auch die Notwendigkeit des Geldes, wie es Neurath mit seinem Plädoyer für eine *Naturalwirtschaft* getan hatte.[120] Karl Polányi und der damalige Generalsekretär der deutschen Sozialisierungskommission Eduard Heimann (1889-1967)[121] versuchten dagegen zu zeigen, wie auf syndikalistischer (gilden-

---

[116] Pollock (1929), S. 5.

[117] Kritsman (1929), S. 186-204.

[118] Polányi gab in Wien zwischen 1924 und 1933 die Zeitschrift *Der Österreichische Volkswirt* heraus. Er emigrierte 1936 nach England und ging 1940 in die USA. Dort erlangte er Berühmtheit mit seinem Werk *The Great Transformation* (1944; deutsch 1977).

[119] Karl Polányi, „Sozialistische Rechnungslegung", in: *ASS* 49, S. 377-420; „Die funktionelle Theorie der Gesellschaft und das Problem der sozialistischen Rechnungslegung", in: *ASS* 52, S. 218-228..

[120] Vgl. Neurath (1919); Mises (1924), S. 493, spricht von „Naturalrechnungs-Schwärmereien", die schon Max Weber eingehend zurückgewiesen hätte.

[121] Vgl. E. Heimann, „Die Sozialisierung", in: *ASS* 45 (1918/19), S. 527-590; *Mehrwert und Gemeinwirtschaft. Kritische und positive Beiträge zur Theorie des Sozialismus*, Berlin 1922. Der Paul Tillich nahestehende religiöse Sozialist Heimann hatte in Heidelberg promoviert und sich in Köln 1922 habilitiert. 1925 bekam er eine Professur in Hamburg, wo er bis zu seiner Emigration 1933 lehrte. Er war von 1919 bis 1922 Generalsekretär der Sozialisierungskommission. Ausführlich zu Leben und Werk Heimanns:

sozialistischer) Basis oder auf Grundlage der deutschen planwirtschaftlichen Erfahrungen im Ersten Weltkrieg dennoch eine sozialistische Wirtschaftsrechnung möglich sei. Während Mises deren Ansätze zwar als wissenschaftlich ernstzunehmende Beiträge lobte, lehnte er ihre Lösungen dennoch ab, weil sie letztlich mit „Markt und Marktpreisen" (Tauschverkehr zwischen Verbänden und Unterverbänden bei Polányi) oder einem „sich marktmäßig vollziehenden Verkehr" (Heimann) operierten, die seiner Meinung nach mit dem „Wesen des Sozialismus unvereinbar" seien.[122]

Den von Mises letztlich doch gescholtenen Polányi und Heimann sprang der junge russische Emigrant Jakob Marschak mit seiner ersten größeren wissenschaftlichen Veröffentlichung in Deutschland bei. Der Nobelpreisträger Kenneth J. Arrow zählte noch 1978 Marschaks *Wirtschaftsrechnung und Gemeinwesen* (1924) zu den "papers with the greatest permanent interest".[123] Marschak gab Mises auf nur knapp 20 Seiten die wohl theoretisch beste Antwort während der Weimarer Zeit in deutscher Sprache. Er verwies auf den Tatbestand, daß auch im Kapitalismus die Voraussetzungen freier Konkurrenz und damit freier Preisbildung in der Realität kaum gegeben seien.[124] Das Problem der Wirtschaftsrechnung stellte sich damit nicht wesentlich anders als im Sozialismus dar, zumal wenn hier einzelne Produktionsverbände agieren können, egal, ob nun ‚vertikal', ‚horizontal' oder regional gedacht. Empirisch zeige sich die zunehmende Bildung von Konzernen und Kartellen, ohne daß die rationale Preisbildung der kapitalistischen Wirtschaft nachhaltig zerstört worden sei. Das ließe darauf schließen, daß die destruktiven Elemente durch „Vorteile der monopolistischen Wirtschaftsrechnung ausgelöscht" werden.[125] Bei der oligopolistischen und monopolistischen Preisbildung er-

---

Heinz Rieter, „Heimann, Eduard", in: *Biographisches Handbuch der deutschsprachigen wirtschaftswissenschaftlichen Emigration* (1999), Bd. 1, S. 242-251.

[122] Mises (1924), S. 492f; auf S. 495 erkennt er Heimanns Buch als eine „schöne Leistung" an.

[123] Vgl. K.J. Arrow, "Jacob Marschak's Contribution to the Economics of Decision and Information", in: *AER* 68 (1978), PaP, S. XII-XIV, hier zitiert nach Hagemann, „Marschak, Jakob", in: *Biographisches Handbuch der deutschsprachigen wirtschaftswissenschaftlichen Emigration* (1999), Bd. 1, S. 420.

[124] Vgl. dazu auch D. Schneider (1992), S. 121: „In der ‚Wirtschaftsrechnung im Sozialismus'-Debatte erkannte lediglich Marschak, daß in der Annahme einer rationalen Wirtschaftsrechnung des einzelnen ein Problem liegt: ‚Unter den Voraussetzungen der freien Konkurrenz ist der ‚exakte Wertkalkül' möglich; was sich aber fragt, ist: was für ein Kalkül ist tatsächlich vorhanden, wenn diese Voraussetzungen nicht zutreffen.'"

[125] Marschak, „Wirtschaftsrechnung und Gemeinwirtschaft" (1924), S. 514.

gäben sich zunächst Spielräume, Ober- und Untergrenzen, innerhalb deren der Preis mittels einer "bargaining strategy" verhandelt werden kann. Die gewählte Strategie und damit der zustandekommende Preis finden auf diese Weise eine Erklärung nicht nur im „rein-ökonomischen Marktmechanismus", sondern immer auch auf „dem Boden der sozialen Tatsachen".[126] Der Unterschied zwischen Kapitalismus und Sozialismus, so glaubt 1924 der nun in Heidelberg lehrende Exil-Sozialist Marschak, liegt hier nicht in der „Art der ökonomischen Willens*betätigung*, sondern in der Art der Willens*bildung*. Das unterschiedliche Merkmal ist: Demokratie".[127]

Marschak schuf mit diesen dürren Rand-Bemerkungen zur Preisbildung auf unvollkommenen Märkten mehr Klarheit in dem Streitfall um ‚Macht und ökonomisches Gesetz' als zuvor alle Stolzmänner in Deutschland zusammen auf vielen hundert Seiten. Interessant ist auch, um dieser Abschweifung kurz weiter zu folgen, daß zehn Jahre später ein anderer auf dem Boden des Russischen Reiches Geborener, nämlich der Balte Heinrich von Stackelberg, in seiner Habilitationsschrift *Marktform und Gleichgewicht* die sich ergebenden Ungleichgewichte erstmals exakt analysierte, wenn auch vor einem anderen politischen Hintergrund.[128]

Marschak verwies in einer längeren Fußnote auch auf einen Lösungsansatz einer möglichen Naturalrechnung des Russen Alexander Tschajanow und bedankte sich bei dem zu dieser Zeit ebenfalls in Heidelberg weilenden Agrarökonomen.[129] Marschak hielt Tschajanows Ansatz der reinen Natural-

---

[126] Marschak (1924), S. 511. Auch hier geht es also um das Problem ‚Wirtschaft und Macht'. Dazu unten mehr.

[127] Marschak (1924), S. 517.

[128] Vgl. Heinrich von Stackelberg, *Marktform und Gleichgewicht*, Berlin-Wien 1934. Bei aller Anerkennung von Stackelbergs theoretischen Verdiensten kritisierten ausländische Beobachter, daß ihm die analysierten Ungleichgewichte auf oligopolistischen Märkten zur Rechtfertigung eines korporativen Wirtschaftssystems dienten, wie man es aus dem faschistischen Italien kannte. Vgl. dazu die Rezensionen von John R. Hicks, in: *EJ* 45 (1935), S. 334-336, und Oscar Lange, in: *WA* 42 (1935), S. 104*-106*. Schon in seiner – auch in: *ZfN* 2 abgedruckten – Dissertation *Grundlagen einer reinen Kostentheorie*, Wien 1932, S. 69-74, hatte sich Stackelberg mit dem auch in der ‚Wirtschaftsrechnung im Sozialismus'-Debatte wichtigen Problem interner Verrechnungspreise in einzelwirtschaftlichen Hierarchien befaßt, worauf auch D. Schneider (1992), S. 141, hinweist.

[129] Marschak (1924), S. 518: „Wir verdanken diese Schilderung einer möglichen Naturalrechnung einer Mitteilung von Prof. Tschayanoff – Moskau, der uns auch auf die neuen diesbezüglichen russischen (...) Versuche verwiesen hat."

rechnung aber für „erledigt".[130] Mises meinte: „Tschajanow kam nicht über den mißglückten Versuch hinaus, Verhältnisziffern für die Aufstellung einer Naturalwirtschaft einzelner Produktionszweige willkürlich zu konstruieren", gab aber zu, den vollständigen Text im russischen Original nicht zu kennen.[131]

In seinen deutschsprachigen Aufsätzen der Weimarer Zeit behandelte Tschajanow das Thema der Wirtschaftsrechnung aus einer anderen Sicht. Er wandte sich mit weithin überzeugenden Argumenten gegen die behauptete allgemein überlegene Rationalität des (ob kapitalistischen oder sowjetischen) landwirtschaftlichen Großbetriebs im Vergleich zur kleinbäuerlichen Familienwirtschaft. Er legte dar, daß die kleinbäuerliche Wirtschaft auf einer anderen Art der Rechnungslegung als die kapitalistische Lohnarbeit beruht. Der Kapitalist ziele auf die Rendite des eingesetzten Kapitals, die bäuerliche Familie hingegen wolle die durch die Zahl der Familienmitglieder gegebene Arbeitskraft möglichst ergiebig verteilen[132] und lebe weitgehend in einer familiären Naturalwirtschaft. Dennoch sei die familiäre Gemeinwirtschaft unter bestimmten Bedingungen im Bereich der Landwirtschaft der kapitalistischen Marktwirtschaft ökonomisch überlegen.

---

[130] Marschak (1924), S. 518. Er geht auf Tschajanows Ansatz nicht weiter ein, weil seiner Meinung nach, die Naturalrechnung „durch die Schwierigkeit der wirtschaftlichen Willensbildung (...) erledigt ist." Das sah Tschajanow offenbar selber so. Die Naturalwirtschaft des Kriegssozialismus habe den Nachteil gehabt, „keine institutionellen Garantien für die Herstellung eines gesellschaftlichen Konsenses, für die bedürfnisorientierte Bewertung der Wirtschaftsplanung und die Erzeugung individueller Arbeitsmotivation bereitzuhalten." Vgl. Tschajanow, „Methoden der geldlosen Buchhaltung von Wirtschaftsbetrieben" (1921), in: *Oeuvres choisies*, Bd. 3, S. 153-253, hier zitiert nach: Krisztina Mänicke-Gyöngyösi, „Nachwort", in: Alexander W. Tschajanow, *Reise meines Bruders Alexej ins Land der bäuerlichen Utopie*, Frankfurt a.M. 1981 (russ. Original: 1920), S. 111-129, hier S. 117. Einen weiteren Hinweis darauf mag der Leser darin sehen, daß im Lande der bäuerlichen Utopie eine Goldwährung herrscht und nicht etwa eine Naturalwirtschaft.

[131] Mises (1924), S. 496: „Moskauer Ökonomen" und „die Bolschewiken Strumilin, Bucharin, Varga und andere" hätten das Problem 1922 in der „*Ekonomitscheskaja Shizn*", einem Amtsblatte der Sowjetunion", erörtert. Mises konnte, weil ihm die russische Sprache fremd war, Tschajanow nur nach den bei Leichter wiedergegebenen Auszügen und nach einer Kritik Vargas beurteilen. Vgl. Otto Leichter, *Die Wirtschaftsrechnung in der sozialistischen Gesellschaft*, Wien 1923, bes. S. 85-92; Eugen Varga, „Die Kostenberechnung in einem geldlosen Staat", in: *Kommunismus* II, Heft 9-10 (1921), S. 290-298.

[132] Vgl. Tschayanoff, „Die neueste Entwicklung der Agrarökonomik" (1923), S. 241.

Der Kommunismus wiederum stellt nach Tschajanow ein volkswirtschaftliches System dar, in welchem alle ökonomischen Grundkategorien der kapitalistischen Wirtschaft getilgt seien.[133] Die Wirtschaft sei gedacht „als eine einzige gewaltige Wirtschaft des ganzen Volkes", deshalb verschwänden „Tausch und Preis als objektive soziale Phänomene aus dem System".[134] Die erzeugten Produkte seien keine Werte im geldwirtschaftlichen Sinne mehr, nur noch Güter, die nach einem Plan verteilt werden. Die ganze Ökonomie des Regimes reduziere sich auf die Aufstellung eines staatlichen Konsumtions- und Produktionsplanes und der Herstellung eines Gleichgewichts zwischen beiden. Im Unterschied zum Kapitalismus und zur kleinbäuerlichen Naturalwirtschaft, die „rein automatisch, elementar existieren können", so schrieb der in der Sowjetunion von den Marxisten angefeindete Agrarökonom kurz vor seiner Heimreise,[135] bedarf die kommunistische Wirtschaftsordnung zu ihrer Erhaltung und Weiterführung einer „dauerhaften gesellschaftlichen Anspannung" und einer „Reihe von Maßnahmen ökonomischen und nichtökonomischen Zwanges".[136]

Tschajanow warnte davor, und das ist aus deutscher theoriegeschichtlicher Perspektive interessant, alle nichtkapitalistischen Typen des Wirtschaftslebens „als bedeutungslos", als „im Abstieg begriffen" und ohne jedes „theoretisches Interesse" anzusehen.[137] Er sah die Aufgabe vielmehr darin – und nun folgt ein aus der jüngeren Historischen Schule wohlbekannter Satz –, „für jedes volkswirtschaftliches Regime eine besondere nationalökonomische Theorie aufzustellen".[138] Tschajanow kannte die deutsche Nationalökonomie und deren Bemühen, abstrakt-theoretische und historisch-ethische Ansätze miteinander zu versöhnen. Sein Bezug zur deutschen Historischen Schule war bewußt gewählt. Sie habe unstreitig das Verdienst gehabt, so Tschajanow, die ökonomische Vergangenheit „beschrieben und ihre ins einzelne gehende Morphologie geliefert zu haben". Aber – und da stimmt er in den

---

[133] Vgl. Tschayanoff, „Zur Frage einer Theorie der nichtkapitalistischen Wirtschaftssysteme" (1924), S. 606ff.
[134] Tschayanoff (1924), S. 607.
[135] Tschajanow hatte das Manuskript bereits 1923 in Heidelberg abgeschlossen, vgl. Bourgholtzer (1999), S. 39.
[136] Tschayanoff (1924), S. 607.
[137] Tschayanoff (1924), S. 577.
[138] Tschayanoff (1924), S. 612. Ähnliche Anforderungen stellten Sombarts Konzept des ‚Wirtschaftssystems', Spiethoffs ‚Wirtschaftsstile' oder Edgar Salins ‚anschauliche Theorie'. Vgl. dazu Janssen (2000), S. 66-76.

Chor der Kritiker an der Schmoller-Schule ein – „allein auch die gründlichste und exakteste Beschreibung ist als solche nicht imstande, eine *Theorie* des Beschriebenen" zu geben.[139] Bertram Schefold, der die damaligen deutschen Bemühungen um eine geschichtliche Theorie der Wirtschaftsstile mit viel Kenntnis und Sympathie verfolgt und auch eigene, moderne Beiträge dazu geleistet hat,[140] meinte anläßlich der Neuherausgabe der *Bäuerlichen Wirtschaft* Tschajanows in der Bibliothek *Klassiker der Nationalökonomie*,[141] „daß hier eine Synthese, wie sie in Deutschland häufig gefordert, aber selten gewagt wurde, tatsächlich gelingt".[142] Diesem Urteil stimme ich zu. Aber Tschajanows Arbeiten fanden unter diesem Aspekt kaum Resonanz,[143] obwohl methodologische Arbeiten

---

[139] Tschayanoff (1924), S. 579.

[140] Vgl. Bertram Schefold, *Wirtschaftsstile*, 2 Bände, Frankfurt a.M. 1994 und 1995.

[141] Alexander W. Tschajanow, *Die Lehre von der bäuerlichen Wirtschaft*, mit Kommentarband: *Vademecum zu einem russischen Klassiker der Agrarökonomie* (= Die Handelsblatt Bibliothek „Klassiker der Nationalökonomie"), Düsseldorf 1999. Im Kommentarband ist auch Tschajanows *Theorie der nichtkapitalistischen Wirtschaftssysteme* (1924) neu abgedruckt.

[142] Bertram Schefold, „Zum Geleit", in: *Vademecum* (1999), S. 5-23, hier S. 6. Er setzt fort: „Induktiv, vor dem Hintergrund eines überaus reichen statistischen Materials, werden die Beobachtungen zusammengetragen und die Hauptthesen entwickelt, die dann doch mit einem eigenen theoretischen Modell unterlegt und zueinander in Beziehung gesetzt werden. Das verwendete theoretische Instrumentarium entstammt der Grenznutzenschule, wenn auch Tschajanow sich der Mathematik freier bedient als Menger oder Böhm-Bawerk. Mit Diagrammen hatten etwa Auspitz und Lieben gearbeitet, und er zieht einfache statistische Verfahren wie die Berechnung von Korrelationskoeffizienten heran." Letztere hat er, wie wir von Bourgholtzer erfahren, von seinem Freund Prokopowitsch bekommen und etwas ‚zweckentfremdet' benutzt. Tschajanow hielt Prokopowitsch vor, das statistische Material auszubreiten, ohne es in eine entsprechende Theorie zu integrieren (vgl. Sergej N. Prokopowitsch, *Die Bauernwirtschaft nach Daten der Haushaltsforschung und der dynamischen Fortschreibung*, Berlin 1924). Prokopowitsch hatte auch Tschajanows *Theorie der nichtkapitalistischen Wirtschaftssysteme* vor der Veröffentlichung gegengelesen und die Passagen über das kommunistische Wirtschaftssystem nicht gutgeheißen, vgl. Bourgholtzer (1999), S. 45f., sowie die Briefe Tschajanows aus Schreiberhau und aus Heidelberg an Prokopowitsch in Berlin vom 3. Januar, 10. August und 10. September 1923, ebd., S. 78f., 107 und 120f.

[143] Kein Wort über Tschajanow verlieren: Edgar Salin, „Hochkapitalismus. Eine Studie über Werner Sombart und das Wirtschaftssystem der Gegenwart", in: *WA* 25 (1927), S. 314-344; *Geschichte der Volkswirtschaftslehre*, 4., erweiterte Auflage, Bern-Tübingen 1951 (1. Auflage Berlin 1923, 2. Auflage 1929, 3. Auflage 1944); Werner Sombart, *Die Drei Nationalökonomien. Geschichte und System der Lehre von der Wirtschaft*, München-Leipzig 1930; Arthur Spiethoff, „Die allgemeine Volkswirtschaftslehre als ge-

zu Wirtschaftsstilen oder geschichtlicher Theorie in Deutschland in der Weimarer Zeit und darüber hinaus en vogue waren, und ihre Befürworter verzweifelt nach überzeugenden Musterbeispielen suchten, die die postulierte Überlegenheit der (deutschen) geschichtlichen Theorie gegenüber der (angelsächsischen) ‚zeitlosen', allgemeinen neoklassischen Lehre demonstrieren sollte.[144] Tschajanows Schriften wurden zwar unter agrarökonomischen Aspekten bzw. in Bezug auf die russische Agrarpolitik diskutiert. Doch seine methodologischen und theoretischen Beiträge zur Überwindung der Kluft zwischen historischer und theoretischer Analyse wurden weder von seinen deutschen Zeitgenossen, die an diesem Problem arbeiteten – wie etwa Salin, Spiethoff, Spann oder Sombart – noch in der dogmengeschichtlichen Literatur – etwa bei Schumpeter oder Pribram – überhaupt erwähnt, geschweige denn angemessen gewürdigt.[145] Lediglich Eucken, dessen Begriff der Wirtschaftsordnung aus der gründlichen Auseinandersetzung mit Spiethoff und Sombart entstanden ist, belegt in einer Fußnote, daß er ihn überhaupt kennt.[146] Über die Gründe dieser merkwürdigen Ignoranz können wir nur spekulieren. Vielleicht war die Zeit, die Tschajanow in Deutschland verbrachte, zu kurz, um bleibende Wirkung zu erzielen,[147] oder die jüngere

---

schichtliche Theorie. Die Wirtschaftsstile", in: *SJB* 56 (1932), S. 891-924; ders., „Gustav von Schmoller und die anschauliche Theorie der Volkswirtschaft", in: *SJB* 62 (1938), S. 400-419.

[144] Als solche galten zum Beispiel Alfred Webers Standortlehre (1909) und Spiethoffs Lehre von den Wechsellagen (1925/55).

[145] Vgl. etwa Joseph A. Schumpeter, *History of Economic Analysis*, New York 1954 (Paperback 1994); Othmar Spann, *Die Haupttheorien der Volkswirtschaftslehre auf lehrgeschichtlicher Grundlage*, 25. Auflage, Heidelberg 1949 (1. Auflage Leipzig 1911, 18. Auflage 1928); Karl Pribram, *A History of Economic Reasoning*, 2nd ed., Baltimore-London 1986 (1st ed. 1983).

[146] Walter Eucken, *Die Grundlagen der Nationalökonomie*, 6. durchgesehene Auflage, Berlin-Göttingen-Heidelberg 1950, S. 267.

[147] Isoliert war er aber nicht, und seine Kontakte reichten über den Verkehr mit Exil-Russen wie Prokopowitsch oder Marschak hinaus. Vgl. etwa den Brief Tschajanows an Prokopowitsch vom 10. September 1923 (in: Bourgholtzer 1999, S. 120). Prokopowitsch, der Tschajanows Lehre von der bäuerlichen Wirtschaft heftig kritisierte, hatte offenbar Bedenken gegen das Erscheinen des Buchs geäußert. Tschajanow entgegnete, daß er regen Zuspruch erhalten habe und verwies auf Briefe von Franz Oppenheimer und Robert Liefmann sowie auf Diskussionen mit Alfred Weber, Ladislaus v. Bortkiewicz und Max Sering.

Historische Schule doch zu deutsch, um einen Russen auf diesem Feld der
Ehre die Standarte tragen zu lassen.[148]

3.2.2.3 Agrarevolution und Agrarökonomik

Unter den russischen Beiträgen in den deutschen wirtschaftswissenschaftlichen Zeitschriften zwischen 1910 und 1933 kommen Studien aus dem Bereich der Landwirtschaft am zweithäufigsten nach dem von uns hier sehr weit gefaßten Themenkreis ‚Bolschewismus' vor (siehe *Tabelle 3, S. 52*).[149] Das mag auf den ersten Blick überraschend sein. Haben wir doch nicht einmal die agrarwissenschaftlichen oder genossenschaftlichen Fachperiodika berücksichtigt! Jedenfalls spiegelt die Rangordnung nicht die entsprechende thematische Verteilung von Beiträgen deutscher Autoren wider: Am Industriestandort Deutschland spielte die Agrarökonomie eine vergleichsweise untergeordnete Rolle. Es handelte sich um ein typisch russisches Schwerpunkt-Forschungsfeld, und hier besaß die zeitgenössische russische Nationalökonomie zweifellos internationalen Ruf. Rußlands Wirtschaft war bis zu der von Stalin vorangetriebenen Industrialisierung von der Agrarwirtschaft geprägt. Zu Vorkriegszeiten lebten über 80 Prozent der 171 Millionen Russen (1912) auf dem Lande, Land- und Forstwirtschaft waren für zwei Drittel der Bruttowertschöpfung verantwortlich – Anfang des 21. Jahrhunderts sind es weniger als 10 Prozent – und steuerten vier Fünftel der Exporterlöse bei.[150]

---

[148] Beachtenswert in diesem Zusammenhang ist auch Tschajanows Verteidigung gegen den Vorwurf Skalweits, seine *Bäuerliche Wirtschaft* „habe ausschließlich russischen Charakter". Vgl. A.W. Tschajanow, „Zur Frage der Bedeutung der Familienwirtschaft im Gesamtbau der Volkswirtschaft", in: *WA* 22 (1925), S. 1**-5**, hier S. 2**.

[149] Dabei untertreibt unsere thematische Einmalzuordnung das Phänomen eher noch: Zum Beispiel ist die Mehrzahl der wirtschaftshistorischen Beiträge Kulischers mit landwirtschaftlichen Fragestellungen hier nicht unter dem Agrarthema subsumiert worden.

[150] Vgl. Pollock (1929), S. 8, S. 131, und Renate Schmucker, „Historische Anmerkungen zu Friedrich Pollock", in: Pollock (1929/71) S. V-XX, hier S. VII. Handelspolitisch höchst bedeutsam war für die deutsche Landwirtschaft der russische Getreidehandel, der durch Weltkrieg und Revolution zunächst völlig zum Erliegen gekommen war. Vgl. zur Vorkriegslage das auch auf deutsch erschienene Buch L. Jurowskys, *Der russische Getreideexport*, Stuttgart-Berlin 1910 (dazu die Rezensionen in: *ASS* 32 und 34; *SJB* 40; *WA* 1 und *JbNuSt* 97); weiterhin: Konstantin Leites: „Russische Literatur über die Erneuerung des deutsch-russischen Handelsvertrages", in: *WA* 2 (1913), S. 160-164; ders., „Russische handelspolitische Strömungen und Vorbereitungsarbeiten zur Erneuerung

Ob es sich um Fragen der Wirtschaftsgeschichte, des optimalen Wirtschaftssystems, des Handels, des Kreditwesens, der Konjunkturtheorie, der Preisbildung, des Standorts, der Verteilung oder des Geldwertes handelte, immer ging es wesentlich auch um Probleme der Landwirtschaft, etwa um die Frage, ob hier die gleichen wirtschaftlichen Gesetzmäßigkeiten gelten sollten. Zudem hatte die russische Landwirtschaft seit der Abschaffung der Leibeigenschaft 1861 über die Zerstörung der traditionellen Landgemeinde (*Mir*) im Zuge der sog. Stolypinschen Reformen (1906/07)[151] bis zur Revolution von 1917, den darauf folgenden Enteignungen, der NEP und schließlich der forcierten Zwangskollektivierung dramatische wirtschaftliche und gesellschaftliche Umwälzungen erfahren müssen. Das rief natürlich ein großes wissenschaftliches Interesse hervor, zog aber auch ein breiteres Publikum an.[152]

Die marxistische Agrarforschung hatte mit großen Schwierigkeiten zu kämpfen. Sie schien nicht mit den Tatsachen übereinzustimmen, denn der landwirtschaftliche Kleinbetrieb konnte sich gegen den kapitalistischen Großbetrieb behaupten, anders als es die Theorie von der Konzentration des Kapitals, die Marx im Dritten Band seines *Kapitals* auch auf die Landwirtschaft ausgedehnt hatte,[153] nahelegte. Daß Rußland „über ein Material über die Lage der Landwirtschaft (verfügt), wie man es sonst in keinem Lande findet", betonte auch Gelesnoff. Dabei machte er die ideologische Ursache für diese statistische Kärrnerarbeit bei den *Narodniki* aus, die nach „Material" suchten, um den *Mir* gegen die kapitalistische Landwirtschaft zu verteidi-

---

des deutsch-russischen Handelsvertrages", in: *WA* 3 (1914), S. 109-184; später: Leonid Krasin, *Die Aussichten für die russische Ausfuhr*, Berlin 1923; Otto Auhagen, „Die Agrarfrage in der Ukraine", in: *SJB* 43 (1919), S. 719-742; Wilhelm Stieda, „Kann die russische Konkurrenz der deutschen Landwirtschaft gefährlich werden?", in: *SJB* 48 (1924), S. 135-158; Boris Brutzkus: „Rußlands Getreideausfuhr. Ihre wirtschaftlichen und sozialen Grundlagen und ihre Aussichten", in: *WA* 38 (1933), S. 471-507.

[151] Zu den Begriffen *Mir*, *Narodniki*, *Neo-Narodniki* und Stolypinsche Reformen vgl. auch die Fußnoten 24, 25 und 32 auf S. 55-56 und S. 58.

[152] Vgl. etwa Paul Olberg, „Bauerntum und Bolschewismus (Die Agrarfrage in Rußland)", in: *ASS* 48 (1921), S. 361-418.

[153] Vgl. Schefold (1999), S. 8. Der ehemalige legale Marxist Sergej Bulgakow legte 1900 ein zweibändiges Werk über „Kapitalismus und Landwirtschaft" [Kapitalism i semledelije] vor, in dem er sich um die Widerlegung der Marxschen These von der Konzentration in der Landwirtschaft bemühte. Dieses Buch gilt als der gehaltvollste Beitrag zu dieser Diskussion.

gen.[154] Wie auch immer die Materialsammlungen zum Thema ‚bäuerlicher, ggf. genossenschaftlich organisierter Kleinbetrieb versus Großbetrieb' politisch motiviert waren – die für die letzten Jahre des 19. Jahrhunderts behauptete Dominanz der Empirie gegenüber der Theorie herrschte zumindest in den in Deutschland veröffentlichen Beiträgen russischer Agrarforscher nicht mehr vor. Nun bestimmten theoretische, wenn auch zugleich statistischempirisch gut fundierte Beiträge das Bild. Eckardt meint sogar, Tschajanows *Lehre von der bäuerlichen Wirtschaft*, die damals „eine besondere Stellung in der Literatur zur russischen Agrarfrage" einnahm, gegen den damals in Deutschland geradezu diskriminierenden Vorwurf verteidigen zu müssen, sie sei „in das Gebiet der reinen Theorie zu verweisen".[155]

Seit der großen Agrarumwälzung der Jahre 1917/18 war bekanntlich der ganze russische Grund und Boden in den Besitz der Bauernschaft gelangt, und diese hatte sehr wenig Neigung gezeigt, die ungefähr ab 1920 in den Parteigremien diskutierten Pläne zur Kollektivierung zu unterstützen, auf die die bolschewistische Regierung so großen Wert legte. Auch eine Rückkehr zum *Mir*, wie es manche zunächst hofften, konnte sich nicht durchsetzen. Der russische Kommunismus aber, so hob Eckardt in seiner Rezension von Brutzkus' *Agrarentwicklung und Agrarrevolution in Rußland* hervor, wollte diese Entwicklung nicht zugeben und versuchte, „den Eindruck zu erwecken, als seien die Kollektivwirtschaften (…) ebenso wie die Sowjetwirtschaften den unendlich viel zahlreicheren individuellen Bauernwirtschaften in jeder Hinsicht überlegen".[156] Es war damit für den Ausgang der russischen Revolution von entscheidender Bedeutung, wie sich der Kampf (sowjetisch: Widerspruch) zwischen dem bäuerlichen Familienbetrieb und der Kollektivie-

---

[154] Vgl. Gelesnoff (1927), S. 160. Dazu auch Zweynert (2001), S. 258f., der das methodische Vorbild der deutschen Historischen Schule hervorhebt: „Als in den siebziger Jahren der russische Bauer ins Zentrum der gesellschaftlichen Diskussion rückte und die jüngere Historische Schule in Deutschland zeigte, wie eine induktiv arbeitende Wirtschaftswissenschaft aussehen könnte, wandte sich die überwiegende Mehrheit der Moskauer und St. Petersburger Ökonomen (…) der statistischen Beschreibung der russischen Landwirtschaft zu."

[155] Eckardt, „Zur neueren Literatur über Rußland", in: *ASS* 54 (1925), S. 800. Wir zitieren im folgenden nach Alexander W. Tschajanow, *Die Lehre von der bäuerlichen Wirtschaft. Versuch einer Theorie der Familienwirtschaft im Landbau*, Nachdruck der Ausgabe Berlin 1923, mit einer Einleitung von Gerd Spittler, Frankfurt-New York 1986. Die Seitenzählung stimmt mit der des Originals überein.

[156] Eckardt, „Neue Rußland-Literatur" (1928), S. 917f.; Brutzkus, *Agrarentwicklung und Agrarrevolution* (1925).

rung entwickeln würde. Dialektisch eingefärbt, liest sich die wissenschaftliche Ouvertüre dessen, was später als ‚Liquidierung des *Kulaken*tums'[157] in die Geschichte eingehen sollte, wie folgt:

„Dieser Widerspruch kommt während der ganzen Epoche des nachrevolutionären Aufbaus vor allem in zwei einander widersprechenden Tatsachen zum Ausdruck: im Wachstum des Kapitalismus, insbesondere in der Landwirtschaft [gemeint ist die kleinbäuerliche Privatwirtschaft, H.J.], und in der immer mehr zunehmenden vielfältigen Einbeziehung der kleinbürgerlichen Wirtschaft in das System der vom proletarischen Staat geleiteten Räte-Volkswirtschaft. Diese beiden Prozesse entfalten sich auf der Grundlage eines steigenden Uebergewichts der staatlichen Wirtschaft des Proletariats, einer Zunahme seines quantitativen und qualitativen Uebergewichts, einer Verbesserung seiner Organisation, einer Stärkung seiner Konzentration und Zentralisation."[158]

Für den volkstümlichen Sozialismus der *Narodniki* war der Gedanke bestimmend, daß sich die Landwirtschaft nicht den kapitalistischen Prinzipien unterwerfen dürfe. Letztlich lag dem „der Wunsch zu Grunde, eine idealisierte ländliche Welt vor der als rationalistisch empfundenen Moderne zu beschützen".[159] Das erinnert an die Bestrebungen romantischer und historischer Strömungen innerhalb der deutschen Volkswirtschaftslehre. War diese Bedrohung der Landwirtschaft durch die Moderne zunächst allein vom Kapitalismus ausgegangen, stellten nun die sozialistischen Pläne zum fabrikmäßig organisierten, landwirtschaftlichen Großbetrieb die Gefahr für das volkstümlerische Idyll dar.[160] Daher kämpften die sog. *Neo-Narodniki* an zwei

---

[157] Zunächst die Bezeichnung für den russischen Mittel- und Großbauern (etwa 6,7 bis 11 ha), also in Wahrheit eher Kleinbauern. Im Verlauf der Kollektivierungsmaßnahmen unter Stalin wurden die *Kulaken* ab 1927 als ‚Volksfeinde und Ausbeuter' von ihren Höfen vertrieben, meist persönlich verfolgt und als feindliche Klasse ‚liquidiert' (ebenso wie Tschajanow und Kondratieff, die als Ideologen des *Kulaken*tums diffamiert wurden). Im Zuge dieser Verfolgungen erfuhr die nun anstößige Bezeichnung ‚Kulak' eine unsinnige Ausdehnung auf beinahe jeden, noch so kleinen landwirtschaftlichen Privatbetrieb. Die in den einschlägigen Untersuchungen angegebenen Zahlen der Todesopfer variieren stark und gehen bis zu 5 Millionen; Hildermeier (1998), S. 398f., schätzt höchstens 600.000 für den Zeitraum von 1930 bis 1953.
[158] Lew Kritsman, „Zehn Jahre an der Agrarfront der proletarischen Revolution" (1927), abgedruckt in: ders. (1929), S. 425-436, hier S. 431.
[159] Vgl. Zweynert (2002b), S. 278.
[160] Die romantische Ader wird auch in Tschajanows literarischem Schaffen deutlich, das sich unter anderem am Vorbild des deutschen Dichters E.T.A. Hoffmann orientiert.

Fronten. Das wichtigste Argument, das sie den Marxisten entgegenhielten, war, daß Marx' These von der Überlegenheit der Großproduktion für die Landwirtschaft keine Gültigkeit besitze. Sie begründeten dies nun mit der Behauptung, die Mitglieder der bäuerlichen Familienbetriebe würden sich traditionsgebunden und nicht marktrational verhalten. Schon vor dem Ersten Weltkrieg hatte eine Gruppe jüngerer Forscher eine, wie Tschajanow schreibt, „neue ökonomische Schule" gegründet, „die ihre Arbeiten der Untersuchung der Bauernwirtschaften widmete und die volkswirtschaftlichen Probleme methodologisch mit der Analyse des organisatorischen Aufbaues der privatwirtschaftlichen Unternehmungen im Zusammenhang brachte".[161] Er nennt drei Hauptforschungsrichtungen: die Theorie der Bauernwirtschaft, die Theorie des Standortes der landwirtschaftlichen Erzeugung, die Konjunkturforschung[162] und spezielle Fragen, etwa die der optimalen Betriebsgrößen. Trotz der schweren Lage während des Krieges und der Revolution, so Tschajanow weiter, habe die Entwicklung der Theorie keine Unterbrechung erlitten.[163] Die sogenannte *Produktions- und Organisationsschule*[164] sammelte sich im Moskauer Agrar-Institut unter Leitung Tschajanows, das aus dem *Höheren Seminar für landwirtschaftliche Ökonomie* der *Petrowsky-*, später *Timirjasew-Akademie* hervorgegangen war.[165]

In der Weimarer Zeit erschien eine ganze Reihe russischer Beiträge von Mitgliedern der Produktions- und Organisationsschule in den deutschen wirt-

---

Auch sein Roman, *Reise meines Bruders Alexej ins Land der bäuerlichen Utopie* (1920/81) weist diese Züge auf: etwa in der Eingangsszene, als die Zeiger der Wanduhr im Zimmer zu rasen beginnen, und es plötzlich „beklemmend nach Schwefel" riecht, gerade in dem Moment, als der Held geistig den Standpunkt des ‚wissenschaftlichen Sozialismus' verläßt. Er verliert daraufhin das Bewußtsein und erwacht auf seltsame Weise erst wieder im Jahr 1984. Der Roman spielt in einer utopischen kleinbäuerlichen, genossenschaftlich organisierten Gesellschaft, die alle großen Städte abgeschafft hat.

[161] Tschajanow (1923), S. 238.

[162] Innerhalb des Agrar-Instituts entstand eine von Kondratieff geleitete Abteilung für Agrarkonjunktur, die Keimzelle, aus der dann im Oktober 1920 das berühmte Konjunkturinstitut entstand, das bis 1923 im Agrar-Institut Tschajanows angesiedelt blieb. Vgl. Barnett (1998), S. 8f. Wir behandeln das Institut und die russische Konjunkturforschung in Abschnitt 3.2.3.4.

[163] Tschajanow (1923), S. 239.

[164] Vgl. Bourgholtzer (1999), S. 44. Tschajanow benutzt diesen Terminus selbst.

[165] Vgl. Tschajanow (1923), S. 239, und Schulze (2001), S. 106ff. Als Tschajanow 1922/23 in England und Deutschland weilte, leitete Kondratieff de-facto das Institut, und es kam auch deshalb zu Eifersüchteleien. Bourgholtzer (1999), S. 60f. und S. 136f., spricht von einer „Haß-Liebe".

schaftswissenschaftlichen Zeitschriften (siehe *Tabelle 4 auf S. 95*) oder auf dem deutschen Buchmarkt[166] – ein beredter Ausdruck der guten und vielfältigen Beziehungen zwischen den russischen Gelehrten und ihren deutschen Kollegen.[167] Tschajanow nutzte während seines ersten deutschen Aufenthaltes seine Kontakte, um die Schule, ihre Ziele und ihre Protagonisten dem deutschen Publikum vorzustellen.[168] Dabei holten ihn gelegentlich die sich schnell wandelnden Umstände an den russischen Universitäten ein. Denn es war sicher politisch unkorrekt, als er 1923 im *ASS* Brutzkus noch als Petersburger Professor vorstellte, obwohl dieser bereits seit Herbst 1922 ausgewiesen war und in Berlin lehrte.[169] Makarow, Prokopowitsch,[170] Tschelintzeff und Tschajanow selbst hielten sich Anfang 1923 ebenfalls außerhalb der Grenzen Rußlands auf. Das war erklärungsbedürftig: „In letzter Zeit befinden sich einige Mitglieder dieser Gruppe im Auslande", schrieb Tschajanow, „andere gründeten in Moskau ein besonderes Forschungsinstitut". Er wollte die Gruppe also nicht als anti-sowjetisch, gar pro-westlich erscheinen lassen. Einige Jahre später ließ Gelesnoff in seinem Abriß über den Stand der russischen nationalökonomischen Forschung die in Sowjetrußland unerwünschten

---

[166] Etwa Brutzkus: *Agrarentwicklung und Agrarrevolution in Rußland* (1925); *Die Lehren des Marxismus im Lichte der russischen Revolution* (1928); *Der Fünfjahresplan und seine Erfüllung* (1932). Prokopowitsch: *Über die Bedingungen der industriellen Entwicklung Rußlands* (1913); *Die Bauernwirtschaft nach Daten der Haushaltsforschung und der dynamischen Fortschreibung* (1924). Tschajanow: *Die Lehre von der bäuerlichen Wirtschaft* (1923); *Die Sozialagronomie* (1924); *Die Landwirtschaft des Sowjetbundes* (1926); *Die volkswirtschaftliche Bedeutung der landwirtschaftlichen Genossenschaften* (1926); *Die optimalen Betriebsgrößen in der Landwirtschaft* (unter Mitarbeit von Wainstein) (1930).

[167] Weitere Namen, die aber nicht in den hier ausgewählten Fachzeitschriften als Autoren vertreten waren: Makarow, Minin, Tschelintzeff, Litoschenko, Schaposchnikow, Rybnikow, Lurje, Jastremsky sowie der bei uns als Konjunkturtheoretiker bekannte S.A. Perwuschin. Vgl. dazu die Namens- und Literaturliste in Tschajanow (1923), S. 238f.

[168] Vgl. Tschajanow (1922) und (1923).

[169] Tschajanow (1923), S. 238.

[170] Prokopowitsch und Tschajanow waren miteinander befreundet, aber in wissenschaftlichen und ideologischen Fragen nicht immer einer Meinung. Prokopowitsch hatte etwa die *Lehre von der bäuerlichen Wirtschaft* scharf kritisiert und stand in dieser Frage der marxistischen Auffassung näher. Vgl. dazu die biografische Skizze Prokopowitschs von Bourgholtzer (1999), S. 145-149: "It must have been more than ironic to Prokopovich that he, the faithful Marxist, had to live in exile while Chayanov, who rejected Marxism, was accepted." (S. 147).

Namen der Emigranten Brutzkus und Prokopowitsch einfach weg – wie es unter Stalin dann üblich wurde.[171]

In seinem Verhör durch die OGPU in Sachen WBP versuchte Tschajanow, auf Unterschiede innerhalb der Schule einzugehen. Wir müssen seine diesbezügliche Aussage mit aller gebotenen Vorsicht aufnehmen, weil es sich um erpreßte Aussagen handelt. Dennoch erscheinen sie uns in mehrfacher Hinsicht außerordentlich interessant.[172] Tschajanow unterschied zwischen einer bürgerlichen, wir würden sagen, marktwirtschaftlichen Gruppe um Kondratieff, Litoschenko, Studensky und Schirkowitsch, dem Leiter der Abteilung Agrarmärkte im Konjunktur-Institut,[173] und jenen, die die marxistischen Agrarökonomen um Kritsman und Miljutin als *Neo-Narodniki* bezeichnet hatten und zu denen sich Tschajanow selbst sowie Makarow, Tschelintzeff und Rybnikow rechnete.[174]

Die Gruppe um Kondratieff habe vollständig auf dem Boden der bürgerlichen Ökonomie[175] gestanden, und wenn sie sozialistische Elemente einfügten, etwa genossenschaftliche, dann lediglich in Ergänzung zu den europäischen bürgerlichen Theorien.[176] In dieser Sicht stelle die russische Bauernwirtschaft nur eine „niedrigere Form" der westlichen Farmwirtschaft dar, und die russische Landwirtschaft habe danach zu streben, „sich in dieser Richtung zu entwickeln".[177] Hier begegnet uns die eingangs dieser Arbeit geschilderte West-Ost-Konstellation im Wissenstransfer wieder: Das rückständige Rußland solle sich auch in den Fragen der Agrarökonomie besser an westlichem

---

[171] Gelesnoff (1927), S. 181.

[172] Die oben erwähnte Rivalität zu Kondratieff zeigte sich hier teilweise als offene Ablehnung, die vor belastenden Aussagen nicht halt machte. Kondratieff war seinerseits als Kronzeuge im sogenannten *Menschewiki*-Prozeß aufgetreten und hatte dort Groman, Suchanow und andere schwer belastet; vgl. Jasny (1972).

[173] Barnett (1998), S. 11.

[174] Vgl. Protokoll des Verhörs von Tschajanow am 26. August 1930, abgedruckt in: Schulze (2001), S. 87-89.

[175] Tschajanow fügt in Klammern „Cassel u.a." ein; vgl. Schulze (2001), S. 87. Zur Bedeutung des Schweden Gustav Cassel für die Entwicklung der modernen deutschen Volkswirtschaftslehre der Weimarer Zeit vgl. Janssen (2000), S. 60ff.

[176] Kondratieff favorisierte weder den bäuerlichen Klein- noch den sozialistischen Kollektivbetrieb, sondern den quasi-kapitalistischen Großbetrieb. Vgl. dazu Barnett (1998), S. 35, auch S. 15, wo Barnett kurz, allzu schematisch und damit grob verallgemeinernd auf die "traditional Russian dichotomy of Westernisers versus Slavophiles" eingeht: "In this context Kondratiev and the Conjuncture Institute were unambiguous Westernisers."

[177] Schulze (2001), S. 87.

Tabelle 4: Die Beiträge der Produktions- und Organisationsschule in deutschen wirtschaftswissenschaftlichen Zeitschriften 1910-1933

Die in grau unterlegten Feldern eingetragenen Artikel stammen zwar von Autoren der Schule, haben aber nur wenig bzw. nur indirekt mit den Forschungszielen der Schule zu tun.

Brutzkus, Boris	Die russische Agrarrevolution, in: *ZfgSt* 78 (1924)	Die wirtschaftliche und soziale Lage der Juden in Rußland vor und nach der Revolution, in: *ASS* 61 (1929)	Neuere Bücher über die Sowjetwirtschaft [u.a.von Feiler, Dobb, Pollock, Jugow], in: *ASS* 65 (1931)	Rußlands Getreideausfuhr. Ihre wirtschaftlichen und sozialen Grundlagen und ihre Aussichten, in: *WA* 38 (1933)
Kondratieff, Nikolaj	Die langen Wellen der Konjunktur, in: *ASS* 56 (1926)	Die Preisdynamik der industriellen und landwirtschaftlichen Waren (Zum Problem der relativen Dynamik und Konjunktur), in: *ASS* 60 (1928)		
Oganowsky, Nikolaj	Die Agrarfrage in Rußland seit 1904, in: *ASS* 37 (1913)			
Prokopowitsch, Sergej	Haushaltungs-Budgets Petersburger Arbeiter, in: *ASS* 30 (1910)			
Schirkowitsch, Iwan	Ideengeschichte der Agrarwissenschaft in Rußland, in: *WA* 27 (1928)			
Studensky, Gennady	Zur Frage der Bestimmung und Messung der Intensität der Landwirtschaft, in: *ASS* 58 (1927)	Die Grundideen und Methoden der landwirtschaftlichen Geographie, in: *WA* 25 (1927)	Die ökonomische Natur der bäuerlichen Wirtschaft, in: *WA* 28 (1928)	Entwicklungslinien der landwirtschaftlichen Weltproduktion, in: *WA* 31 (1930)
Tschajanow, Alexander	Gegenwärtiger Stand der landwirtschaftlichen Ökonomik in Rußland, in: *SJB* 46 (1922)	(1) Die neueste Entwicklung der Agrarökonomik in Rußland, in: *ASS* 50 (1923); (2) Zur Frage einer Theorie der nichtkapitalistischen Wirtschaftssysteme, in: *ASS* 51 (1924)	Zur Frage der Bedeutung der Familienwirtschaft im Gesamtaufbau der Volkswirtschaft, in: *WA* 22 (1925)	Die volkswirtschaftliche Bedeutung der landwirtschaftlichen Genossenschaften, in: *WA* 24 (1926)
Wainstein, Albert L.	Die Wirtschaftsplanung der Union der Sowjetrepubliken für 1926/7, in: *WA* 25 (1927)			

Gedankengut orientieren. Als Beleg für diese Haltung nannte Tschajanow den 1928 in Deutschland publizierten Aufsatz Schirkowitschs zur „Ideengeschichte der Agrarwissenschaft in Rußland", das 1924 in Berlin erschienene Buch Prokopowitschs über die Bauernwirtschaft sowie einige russische Arbeiten Studenskys.[178]

Im Gegensatz zu der Gruppe um Kondratieff verortete Tschajanow seine Neo-Volkstümler in einer russischen Denktradition, und vertrat die These, daß die theoretische Ökonomie der bürgerlichen Länder, ausgearbeitet nach den Prinzipien der kapitalistischen Wirtschaft, nicht auf die russische Natural- und bäuerliche Familienwirtschaft ausgedehnt werden könne.[179] Das theoretische Fundament dafür hatte er sowohl mit seiner *Lehre von der bäuerlichen Wirtschaft* (1923) als auch mit seiner Studie zur *Frage einer Theorie der nichtkapitalistischen Wirtschaftssysteme* (1924) gelegt, die beide zunächst auf deutsch erschienen waren. Pikanterweise sicherte Tschajanow seine russische, anti-kapitalistische wie anti-westliche Agrarökonomie mit einem Plädoyer für historisch spezifische Theorien ab, genauer: für besondere nationalökonomische Theorien der jeweiligen Wirtschaftssysteme.[180] Das sind methodologische Anschauungen, die in Deutschland die Ausbildung einer deutschen, anti-westlichen und anti-kapitalistischen, eben ‚geschichtlichen Theorie' stützen sollten. Wir hatten in diesem Zusammenhang bereits oben auf entsprechende Arbeiten Salins, Spiethoffs und Sombarts verwiesen.

Zweynert/Riniker halten als Fazit ihrer Studie über *Werner Sombart in Rußland* fest, daß ihrer Meinung nach in Rußland und Deutschland vieles auf „bestimmte gemeinsame intellektuelle Traditionen hin(weise), die auch mit dem späteren ‚Road to Serfdom' (Hayek) beider Länder zu tun haben könnten". Im Wissen um die Rolle Sombarts als eines intellektuellen Vorläufers des Nationalsozialismus, deutet ihrer Meinung nach die intensive Rezeption Sombarts in Rußland darauf hin, „daß in beiden Ländern Denkstile vorherrschten, die die spätere Machtergreifung durch totalitäre Diktatoren zumindest begünstigten".[181] Wir wollen dieser These in ihrem Kern nicht wi-

---

[178] Schirkowitsch (1928); Prokopowitsch (1924); Studensky (1927a), (1927b), (1928), (1930). Vgl. auch die Rezensionen von W.W. Leontief sen. zu: „Studensky, Grundriß der Agrarökonomik, Moskau 1925", und „Die Rente in der Bauernwirtschaft und die Prinzipien ihrer Besteuerung, Moskau 1925", in: *WA* 24 (1926), S. 157*-159*.
[179] Vgl. Verhör vom 26. August 1930, abgedruckt in: Schulze (2001), S. 88.
[180] Vgl. Tschajanow (1924), S. 176.
[181] Zweynert/Riniker (2004), S. 96f.

dersprechen, doch erscheint uns im Hinblick auf Tschajanow an dieser Stelle eine Differenzierung notwendig. Wir hatten oben Tschajanow eher dem russischen Weg und den Marktwirtschaftler Kondratieff dem westlichen Weg zugeordnet. Tschajanow wandte sich mit seiner *Lehre von der bäuerlichen Wirtschaft* und seiner *Theorie der nichtkapitalistischen Wirtschaftssysteme* gegen die Ausschließlichkeit von kapitalistischer und marxistischer ökonomischer Rationalität in der Landwirtschaft und positionierte sich gegen die Agrarpolitik Stalins.[182] Er bezweifelte die Überlegenheit der stalinistischen Kollektivierung und plädierte für eine genossenschaftlich kooperative Lösung bei Erhaltung der individuellen Bauernwirtschaften. Zugespitzt: Tschajanows ‚geschichtliche Theorie' lieferte Argumente gegen den stalinistischen Weg in die Sklaverei, während Sombarts *Deutscher Sozialismus* (1934) den nationalsozialistischen Wirtschaftsentwurf schönredete.

Tschajanow wollte mit seiner Theorie der bäuerlichen Familienwirtschaft zeigen, „warum und in Folge welcher ökonomisch-sozialer Besonderheiten der bäuerliche Kleinbetrieb sich historisch als fähig erweist, dem landwirtschaftlichen, auf Lohnarbeit beruhenden Großbetriebe zu widerstehen".[183] Seiner Meinung nach stellte die Kleinbauernwirtschaft, eine selbständige volkswirtschaftliche Kategorie dar mit einem neuen Rentabilitätsbegriff, der sich von dem „in der kapitalistischen Wirtschaft unterscheidet".[184] Er bestritt, daß sich die bäuerliche Wirtschaft rational im Sinne der Gewinnmaximierung verhalten werde, sondern sie versuche stets, bei möglichst hoher Bezahlung der Arbeitseinheit, die Bedürfnisse der Familie zu decken.[185] Dies bedeute, „daß die bäuerliche Wirtschaft die Bewirtschaftungsintensität bei Überbevölkerung weit über das Optimum hinaus steigern, bei Unterbevölkerung die Intensität hingegen weit unter das Optimum hin absenken werde". Damit be-

---

[182] Der Stalinismus muß ja oft genug im Westen als folgerichtige Fortführung des russischen Wegs herhalten (vgl. Barnett (1998), S. 15), wie Hitler als logischer Endpunkt des deutschen Sonderwegs, in der Neuzeit begonnen mit Romantik und Historismus, vgl. Janssen (2000), S. 13ff.

[183] Tschajanow (1923/86), S. 8.

[184] Tschayanoff (1923), S. 240f.

[185] Das heißt zum Beispiel: Um das Existenzminimum der Familie zu erarbeiten, muß das Arbeitsangebot bei sehr niedrigen Erträgen stark ausgedehnt werden, kann dann aber mit steigenden Erträgen wieder zurückgenommen werden. Eucken (1950), S. 267, behandelt Tschajanow (1923/86) deshalb auch als ein Beispiel für Verringerung des Arbeitsangebots bei steigendem Preis.

stimmt also zumindest kurz- und mittelfristig die Bevölkerungsdichte das Intensitätsniveau des Ackerbaus.[186]

Tschajanow bezeichnete es später in seinem Verhör durch die OGPU als eine der Grundthesen der *Neo-Narodniki*, daß sie „die Bauernwirtschaft als Ausgangspunkt für den Aufbau einer künftigen Gesellschaft" betrachteten.[187] Dazu gehöre die Theorie der kleinen optimalen Größen für Landwirtschaftsbetriebe wie auch die Behauptung, daß die Bauernwirtschaft nicht mit dem Streben nach Reingewinn geführt wird. Auf Grundlage dieser Thesen dächten die *Neo-Narodniki* an eine Zukunft nicht auf dem Wege einer horizontalen Kooperation in Form von Kolchosen, „sondern auf dem Weg der vertikalen genossenschaftlichen Konzentration, allmählich den unterdrückten Teil der Landwirtschat kollektivierend und integrierend in dieses neue System der individuellen Bauernwirtschaft".[188]

Die Produktions- und Organisationsschule verband den Ansatz der nichtkapitalistischen bäuerlichen Wirtschaft mit Elementen einer landwirtschaftlichen Standortlehre, die auch an die entsprechenden Theorien der Deutschen Johann Heinrich von Thünen, Friedrich Aereboe und Alfred Weber anknüpfte,[189] und mit einer Theorie der optimalen Größe der landwirtschaftlichen Betriebe. Dabei spielten natürliche Faktoren wie die Größe der Bevölkerung eine wichtige Rolle. Die Untersuchungen Tschajanows über die optimalen Betriebsgrößen zeigten, daß mit zunehmender Größe bestimmte Selbstkosten zwar ab, andere aber – vor allem die Transportkosten innerhalb des Betriebes – überproportional zunehmen können. Es gelte also, das Minimum der Gesamtkosten zu finden. Die optimale Betriebsgröße werde damit

---

[186] Zweynert (2002b), S. 279.

[187] Verhör vom 26. August 1930, abgedruckt in: Schulze (2001), hier S. 88.

[188] Ebenda. Tschajanow verweist auf sein 1927 in Moskau erschienenes Buch *Grundlegende Ideen und Formen der Organisation der landwirtschaftlichen Kooperation*. In Deutschland erschien von ihm zu diesem Thema: „Die volkswirtschaftliche Bedeutung der landwirtschaftlichen Genossenschaften", in: *WA* 24 (1926). Vgl. zu Tschajanows Ansichten über die Genossenschaftsbewegung vor allem: Alexander Gerschenkron, „Alexander Tschajanoffs Theorie des landwirtschaftlichen Genossenschaftswesens", in: *Vierteljahresschrift für Genossenschaftswesen* 8 (1930/31), S. 151-166 und S. 238-245.

[189] Vgl. Tschajanow (1923), S. 243f. Siehe zu dieser russischen Thünen-Rezeption vor allem Zweynert (2002b), S. 278ff. Der oben im Zusammenhang mit der Produktions- und Organisationsschule erwähnte A.A. Rybnikow gab 1926 eine neue russische Übersetzung des *Isolierten Staates* heraus; auch Alfred Webers Standortlehre wurde 1926 ins Russische übersetzt. Zum Beitrag Aereboes vgl. in diesem Zusammenhang Schmitt (2002), S. 8.

"unter verschiedenen Umständen der Wirtschaftsexistenz ganz verschieden sein"[190] und liege nicht automatisch beim Großbetrieb. „Der landwirtschaftliche Großbetrieb kann also nicht so riesenhafte Ausmaße erreichen wie die kapitalistische Fabrik", schrieb Tschajanow 1923 in der Einleitung zu seiner *Lehre von der bäuerlichen Wirtschaft*.[191] In dieser Auffassung Tschajanows, kommentiert Zweynert, „liegt nach dem Tode Lenins jene politische Sprengkraft, die ihm und vielen seiner Weggefährten zum tödlichen Verhängnis werden soll".[192]

Die Elite der deutschen und russischen Agrarwissenschaftler pflegte Anfang der zwanziger Jahre engen beruflichen und teilweise auch privaten Kontakt miteinander: Brutzkus lehrte seit 1922 ohnehin in Berlin; Prokopowitsch hatte, zunächst in Berlin, dann im Prager Exil, gute Verbindungen nach Deutschland, ebenso Kondratieff[193] und Tschajanow, der Deutschland zwischen 1922 und 1928 mehrfach besuchte.[194] Otto Auhagen (1869-1945), der viel in Rußland gereist und von 1900 bis 1906 sowie von 1927 bis 1930 an der Deutschen Botschaft in St. Petersburg bzw. in Moskau tätig war, hatte Tschajanow 1922 in Berlin kennengelernt und dessen ersten auf deutsch erschienenen Aufsatz in *Schmollers Jahrbuch* vermittelt. Damit wurde ein größerer Kreis von Fachleuten in Deutschland mit dem *Gegenwärtigen Stand der landwirtschaftlichen Ökonomik in Rußland* vertraut.[195] Und Auhagen steuerte 1923 ein Vorwort zur *Bäuerlichen Wirtschaft* bei. Tschajanow nannte ihn den „Paten seiner deutschen Aktivitäten" und besuchte ihn, wann immer er nach Berlin kam. Zuletzt trafen sie sich in Moskau noch im Jahr 1928.[196] Auch der Nestor der deutschen Agrarpolitik, der Berliner Professor

---

[190] Tschajanow (1923), S. 245.
[191] Vgl. Tschajanow (1923/86), S. 6.
[192] Zweynert (2002b), S. 280.
[193] Kondratieff sprach Deutsch und war 1924/25 zweimal kurz in Deutschland. Er besuchte dort das Landwirtschaftsministerium und traf Bortkiewicz. Ein Ergebnis seines Aufenthaltes war der Artikel: „Problema Germanskogo agrarnogo protektionisma" (Das Problem des deutschen Agrarprotektionismus), in: Ekonomitscheskoje obosrenie (1925); vgl. Barnett (1998), S. 87ff. und S. 100f.
[194] Vgl. dazu Schulze (2001), S. 117, 131, 139; Schmitt (2002) und Bourgholtzer (1999). Auch Professor Studensky, von seinem ehemaligen Lehrer Tschajanow mit Empfehlungsschreiben an Sering, Marschak und Aereboe ausgestattet, hatte Deutschland besucht. Vgl. Schulze (2001), S. 91.
[195] Vgl. Tschajanow (1922).
[196] Laut Verhörprotokoll vom 26. August 1930, abgedruckt in: Schulze (2001), hier S. 117. Auslandskontakte wurden Tschajanow als Anhaltspunkte für Spionage bzw. Verrat

Max Sering (1857-1939), verfügte über gute russische Beziehungen. Er hatte schon kurz vor dem Ersten Weltkrieg an einer wissenschaftlichen Exkursion nach Rußland teilgenommen[197] und war davon überzeugt, daß die kleinen Bauernwirtschaften eine Zukunft haben.[198] Im Winter 1927/28 traf er zusammen mit Jakob Marschak Tschajanow bei dessen letztem Deutschland-Aufenthalt. Die Professoren Theodor Brinkmann (1877-1951), zu dessen 1926 ins Russische übertragene Buch Tschajanow ein Vorwort geschrieben hatte,[199] und der oben schon erwähnte Friedrich Aereboe (1842-1942) wurden sogar als korrespondierende Mitglieder des Moskauer Agrar-Instituts geführt.[200]

Die vielfältigen Kontakte und Beziehungen erklären die starke Repräsentanz russischer Autoren in den hiesigen wirtschaftswissenschaftlichen Zeitschriften. Die deutsche Forschung war ganz offensichtlich an den russischen Erkenntnissen der Produktions-Organisations-Schule stark interessiert, an ihrer theoretischen Ausrichtung und – ideologisch – an ihrer doppelten, anti-kapitalistischen wie anti-marxistischen Stoßrichtung, die ja auch die einst im *Verein für Socialpolitik* versammelten deutschen Ökonomen gekennzeichnet hatte. Die wichtigen Beiträge Tschajanows erschienen – übersetzt von Friedrich Schlömer – bei Parey in Berlin auf deutsch und wurden von der Fachwelt in der Weimarer Zeit aufmerksam registriert und manchmal – wie etwa von Professor August Skalweit – geradezu euphorisch rezensiert.[201]

vorgehalten. Laut Bourgholtzer (1999), S. 128, gab es im Mai 1931 eine Geheimakte der OGPU mit der Aufschrift „Die Anti-Sowjetischen Aktivitäten des Prof. Auhagen".

[197] Vgl. Max Sering (Hg.), *Rußlands Kultur und Volkswirtschaft. Aufsätze und Vorträge im Auftrage der Vereinigung für Staatswissenschaftliche Fortbildung zu Berlin*, Berlin 1913.

[198] Vgl. Schulze (2001), S. 139; Bourgholtzer (1999), S. 31, berichtet über ein großes Projekt Serings Ende 1922, eine Arbeit über den Zustand der Weltagrarwirtschaft und die Lage des internationalen Agrarhandels nach dem Ersten Weltkrieg, für das Tschajanow die Mitarbeit der russischen Ökonomen Makarow, Tschelintseff, Studensky, Kondratieff und Oganowsky arrangieren sollte.

[199] Vgl. Schulze (2001), S. 119. Theodor Brinkmann, *Ökonomische Grundlagen der Organisation landwirtschaftlicher Betriebe*. Mit einem Vorwort von Alexander W. Tschajanow, Moskau 1926 (r).

[200] Vgl. Schulze (2001), S. 41.

[201] Vgl. zur Rezeption: Gerd Spitteler, „Tschajanow und die Theorie der Familienwirtschaft", in: Tschajanow (1923/86), S. VII-XXVIII, hier S. VII-XII. Im einzelnen: August Skalweit, „Die Familienwirtschaft als Grundlage für ein System der Sozialökonomie", in: *WA* 20 (1924), S. 231-246; ders., „A.W. Tschajanow, Die Landwirtschaft des Sowjetbundes, ihre geographische, soziale und wirtschaftliche Bedeutung, Berlin

Nach der nationalsozialistischen Machtübernahme gab es nur noch vereinzelt Hinweise auf Tschajanow,[202] und nach dem Zweiten Weltkrieg wurde er zunächst „unter deutschen Agrarökonomen und Agrarsoziologen (...) nicht mehr diskutiert". „Eine wahre Renaissance" erlebte Tschajanows Werk erst, nachdem 1966 eine englische Fassung der *Bäuerlichen Wirtschaft* erschienen war.[203]

Die offizielle Doktrin vom Segen der kollektivierten Landwirtschaft, wie sie schließlich unter massivem Zwang durchgesetzt wurde, fand dagegen nur wenig Anklang in den deutschen wirtschaftswissenschaftlichen Zeitschriften der Weimarer Zeit. Linientreu zu nennen ist lediglich der 1930 erschienene Aufsatz von Peter Petroff, Mitglied der russischen Handelsvertretung in Deutschland,[204] über die Perspektiven der Kollektivierung. Institut und Akademie waren da längst dem Einfluß Tschajanows entzogen, als Leiter hatte er schon 1928 seinem Gegner Lew Kritsman weichen müssen.[205]

Schon 1927 mochte sich W. Gelesnoff, selbst Agrarökonom und in gutem Einverständnis mit Tschajanow stehend,[206] in seinem Übersichtsartikel über den Stand der nationalökonomischen Forschung in Rußland nicht mehr zu aktuellen Agrarfragen äußern: „Die Erforschung der landwirtschaftlich-öko-

---

1926", in: *ASS* 59 (1928), S. 440-441. Weiterhin: Kurt Ritter, „Rezension zu: Tschajanow, Die Lehre von der bäuerlichen Wirtschaft", in: *JbNuSt* 122 (1924), S. 680-683; E.G. Jenny, „Rezension zu: Tschajanow, Die Lehre von der bäuerlichen Wirtschaft", in: *SJB* 47 (1924), S. 330-334; Eckardt (1925), S. 800f.; Gerschenkron (1930/31); Abel (1931).

[202] Zum Beispiel Charlotte v. Reichenau, „Die Bäuerin. Ein methodischer Versuch", in: *JbNuSt* 153 (1941), S. 678-700.

[203] Spitteler (1986), S. X.

[204] P. Petroff, „Die Perspektiven der Kollektivierung der russischen Landwirtschaft", in: *ASS* 64 (1930), S. 45-62. Meist positiv standen allerdings die deutschen Sozialisten der Kollektivierung gegenüber, so etwa Pollock (1929), S. 159, der, Kritsman folgend, gegen das *Kulaken*tum agitierte.

[205] Pollock (1929), S. 97. Kritsmans scharfe Attacken gegen Kondratieff, Tschajanow und Suchanow Ende der zwanziger Jahre bereiteten deren Verhaftung vor. Vgl. Jasny (1972), S. 169 und 183: "Sukhanov still participated as a discussion speaker in the conference of Marxist-Leninist Scientific Research organisations in April 1929, devoted to L. Kritsman's paper 'Analysis of a Peasant Household'. Not a single neo-narodnik took the floor. In his concluding remarks Kritsman calls Sukhanov a corpse. It was a honour to be abused as such by Kritsman." Kritsman fiel bald darauf allerdings selbst in Ungnade. Zu ihm vgl. Bourgholtzer (1999), S. 138, und Schulze (2001), S. 126.

[206] Tschajanow 1923), S. 238, lobt dafür Gelesnoffs Untersuchungen über die antike Ökonomie. Vgl. Gelesnoffs Aufsatz über Aristoteles, in: *ASS* 50 (1923), S. 1-33.

nomischen Fragen wird intensiv weitergeführt", heißt es lapidar und dann mutig und zugleich etwas zittrig weiter: „Hier ragen besonders hervor die Werke von: Tschajanow, Tschelinew (sic!), Makarow, Rylnikow (sic!) und Litoschenko."[207]

Für den mittlerweile emeritierten Göttinger Agrarwissenschaftler Günther Schmitt, ehemals im Wissenschaftlichen Beirat des Bundesministeriums für Landwirtschaft und Ernährung, ist es, was den Zeitraum etwa zwischen 1910 und 1930 betrifft, „gewiß keine Übertreibung zu sagen, daß die russische Agrarforschung, soweit es die Agrarökonomie anbetrifft, die deutsche hier übertroffen hat". Dann folgten hier wie dort die Zerstörung der Freiheit der Wissenschaft, die Vertreibung der Wissenschaftler und der „Verlust jener Forschungsüberlegenheit, die diese Länder noch in den zwanziger Jahren ausgezeichnet haben. Gewinner waren die Länder, denen die viel leistungsfähigeren Agrarökonomen aus Rußland und Deutschland zugewandert waren".[208] Von einer einseitigen Befruchtung von West nach Ost kann Schmitts Meinung nach keine Rede sein.

3.2.3 Die Weimarer Zeit und die russische Wirtschaftstheorie

Der Höhepunkt der russischen Publikationstätigkeit in den deutschen Fachzeitschriften lag aber nicht in der unmittelbaren Nachkriegs- bzw. Revolutionszeit, als die russische Emigration in Deutschland ihren Zenit erreichte, sondern etwas später, nämlich in der zweiten Hälfte der zwanziger und in der ersten Hälfte der dreißiger Jahre: In den neun Jahren von 1925 bis 1933 erschienen knapp zwei Drittel der insgesamt innerhalb des 24-jährigen Untersuchungszeitraumes publizierten ‚russischen' Artikel.[209]

Wladimir Gelesnoff hob 1927 in seinem Abriß der russischen *Wirtschaftstheorie der Gegenwart* neben der Methodenfrage die Wertlehre sowie die Verteilungs-, Geld- und Konjunkturtheorie als besonders wichtige russische Forschungsgebiete hervor.[210] Damit ist auch das dominierende Themen-

---

[207] Gelesnoff (1927), S. 181.

[208] Schmitt (2002), S. 10.

[209] Exakt 119 von 187; das Übergewicht der Beiträge aus der Zeit von 1925 bis 1933 bleibt auch bestehen, wenn wir die Artikel aus der erst ab 1930 erschienenen *ZfN* nicht mit berücksichtigen.

[210] Gelesnoff (1927), S. 162.

spektrum unserer Auswertung der russischen Beiträge zwischen 1925 und 1933 benannt, und die meisten der von Gelesnoff als beispielhaft erwähnten russischen Ökonomen begegnen uns im Untersuchungszeitraum als Autoren oder Rezensenten in den deutschen wirtschaftswissenschaftlichen Zeitschriften wieder – darunter sowohl in Sowjet-Rußland gebliebene Fachleute wie Jurowsky, Kondratieff, Kulischer, Nowogilow, Perwuschin oder Sokoloff als auch die Emigranten Bilimovič, Bouniatian, Bulgakow, Frank, Struve und Woytinsky.

Mitte der dreißiger Jahre brach die Welle intensiver russischer Publikationstätigkeit in Deutschland dann aufgrund der politischen Umbrüche in Deutschland und in der Sowjetunion ab. Hitler und Stalin setzten den deutsch-russischen Begegnungen in der Wirtschaftswissenschaft gewaltsam ein Ende. Der stalinistische Bolschewismus verabschiedete sich von seiner internationalen Orientierung und konzentrierte sich auf die Entwicklung des ‚Sozialismus in einem Lande': Die Zusammenarbeit russischer Ökonomen mit westlichen Kollegen war nicht nur zunehmend unerwünscht, sondern für die Betroffenen lebensgefährlich, wie man unschwer den Verhören Tschajanows und Kondratieffs entnehmen und an ihrem weiteren Schicksalen ablesen kann.[211] Und in Deutschland begann 1933 die ‚Gleichschaltung' der Wirtschaftswissenschaften.[212] „Die Beflissenheit", so schrieb Friedrich A. Hayek 1944 in London, „mit der sich „die deutschen Gelehrten und Wissenschaftler fast ausnahmslos den neuen Machthabern zur Verfügung stellten, ist eins der erschütterndsten und beschämendsten Schauspiele in der ganzen Geschichte des Aufstiegs des Nationalsozialismus".[213] An den deutschen Hochschulen wurden die politisch und ‚rassisch' unliebsamen Professoren und Dozenten entlassen bzw., wie etwa Alfred Weber und Heinz von Eckhardt in Heidelberg, in den Ruhestand geschickt. Andere, wie Emil Lederer, Eduard Heimann oder Adolf Löwe, zogen der Entlassung das Exil vor. Die Herausgeber der wirtschaftswissenschaftlichen Zeitschriften, soweit diese – wie das *ASS* – ihr Erscheinen nicht ganz einstellten, wurden ausgewechselt und durch dem Regime genehme ersetzt.[214] In Kiel zum Beispiel mußte der weltoffene

---

[211] Vgl. Schulze (2002), S. 48ff.; Jasny (1972), S. 60ff.

[212] Vgl. das gleichnamige Kapitel in Janssen (2000), S. 153-222.

[213] Friedrich A. Hayek, *Der Weg zur Knechtschaft*. Herausgegeben und eingeleitet von Wilhelm Röpke, 3. Auflage, Erlenbach-Zürich 1952 (Original: *The Road to Serfdom*, London 1944), S. 237.

[214] Vgl. Janssen (2000), S. 181ff.

Begründer und Leiter des *Instituts für Weltwirtschaft* (*IFW*) und Herausgeber des *Weltwirtschaftlichen Archivs* (*WA*) Bernhard Harms (1876-1939) im Oktober 1933 in beiden Funktionen zunächst dem wissenschaftlich wenig ausgewiesenen, aber politisch strammen Nationalsozialisten Jens Jessen (1895-1944) weichen.[215]

Die ‚Gleichschaltung' und die durch sie bedingten Umwälzungen betrafen natürlich auch die in Deutschland lebenden Russen und ihre wissenschaftlichen Arbeitsmöglichkeiten. An den Hochschulen verschlossen sich ihnen schnell die Tore, vor allem soweit sie als Juden und/oder Sozialisten galten – und das waren nicht wenige und in ihrer wissenschaftliche Bedeutung nicht die schlechtesten. Viele derer, die hierzulande vorübergehend Exil gefunden hatten, sahen sich nun gezwungen, Deutschland wieder zu verlassen, unter ihnen Jakob Marschak, Eugen Altschul, Paul Baran, Boris Brutzkus, Semjon Frank, Georg Garvy, Alexander Gerschenkron, Aron Gurwitsch, Naum Jasny, Aaron Jugow, Nathan Leites, Mark Mitnitzky, Alexander von Schelting, Alexander Schiffrin und Wladimir Woytinsky. Der junge Leontief hatte Deutschland schon 1932 in Richtung USA den Rücken gekehrt.

Weniger Probleme hatten in der Regel die Deutsch-Balten und andere Deutschstämmige, die sich häufig bereits in den Weimarer Jahren am äußeren rechten Rand des politischen Spektrums bewegt hatten und nun mit den Nazis sympathisierten; unter den hier betrachteten Autoren etwa Hans-Jürgen[216] und Peter-Heinz Seraphim,[217] Heinrich von Stackelberg,[218] der Staats-

---

[215] Vgl. zu Jessen das Buch von Regina Schlüter-Ahrens, *Der Volkswirt Jens Jessen. Leben und Werk*, Marburg 2001, hier S. 46. Da sich Jessen aber weder fachlich noch politisch bewährte, wurde er bald gegen den zumindest wissenschaftlich renommierten Andreas Predöhl (1893-1974) ausgetauscht. Predöhl übernahm zudem die Mitherausgabe der *ZfgSt*.

[216] Hans-Jürgen Seraphim wandte allerdings zunächst seinen Blick von Rußland ab und vermehrt dem neuen deutschen Wirtschaftsdenken, der sogenannten ‚völkischen Lehre' zu. Vgl. seine Abhandlungen: „Die volkswirtschaftliche Bedeutung der Neuschaffung deutschen Bauerntums", in: *WA* 40 (1934); *Deutsche Bauernpolitik*, Berlin 1936; „Zur Theorie der volksgebundenen Wirtschaftsgestalt der Gegenwart", in: *SJB* 61 (1937). Nach Ausbruch des Zweiten Weltkrieges und der Eroberung Polens erschien von ihm: „Volkliche Wirtschaftsgestaltung und nationalstaatliche Wirtschaftspolitik im deutschen Osten", in: *JbNuSt* 152 (1940), S. 561-591 und S. 650-676.

[217] Die Familie Seraphim mußte sich aber gegen Vorwürfe zur Wehr setzen, sie sei jüdischer Abkunft. Es kam deshalb um 1935 sogar zu einem öffentlich beachteten Prozeß. Vgl. P.-H. Seraphim (1980), S. 246: „Man muß bedenken, daß ‚Jude' damals nicht nur ein Reizwort, sondern eine Art Ächtungserklärung war, die, wenn ihr nicht widersprochen worden wäre, die ganze Familie ins Unglück hätte stürzen können." Spätere Bei-

rechtler Edgar von Tatarin-Tarnheyden[219] oder der in Minsk geborene Statistiker und Ökonom Oskar Anderson, der zunächst an der Universität Sofia untergekommen war und 1942 einen Lehrstuhl in Kiel erhielt.[220] Auch der im Ersten Weltkrieg noch als „Russe" internierte Nicolai von Bubnoff behielt seinen Lehrstuhl in Heidelberg, und W.W. Leontief sen., der Vater des späteren Nobelpreisträgers, blieb bis 1939 Dozent der Berliner Friedrich-Wilhelms-Universität[221] und publizierte bis 1941 im Kieler *Weltwirtschaftlichen Archiv*, etwa 1934 eine schonungslose Abrechnung mit der seiner Meinung nach vollständig gescheiterten Wirtschaftspolitik Stalins.[222]

Allgemein gesprochen, begann mit der nationalsozialistischen Machtergreifung in der deutschen Wirtschaftswissenschaft eine neue Phase der internationalen Isolation.[223] Sowjetische Ökonomen publizierten in der Regel

---

träge haben dann Seraphims Standpunkt in dieser Frage unmißverständlich präzisiert. Vgl. „Bevölkerungs- und wirtschaftspolitische Probleme einer europäischen Gesamtlösung der Judenfrage", in: *Weltkampf. Die Judenfrage in Geschichte und Gegenwart 17* (1941), S. 43-51.

[218] Stackelbergs Verstrickung in den Nationalsozialismus schildert aus DDR-Sicht Klaus O.W. Müller, *Heinrich von Stackelberg – Ein moderner bürgerlicher Ökonom. Ein kritischer Beitrag zur Geschichte des bürgerlichen ökonomischen Denkens in Deutschland*, Berlin (Ost) 1965; aus westlicher Sicht Hans Möller, „Heinrich von Stackelberg: Persönlichkeit und wissenschaftliche Leistung", in: Heinrich von Stackelberg, *Marktform und Gleichgewicht*, mit einem Kommentarband zur Faksimile-Ausgabe der 1934 erschienenen Erstausgabe: *Vademecum zu einem Klassiker der Theorie der unvollkommenen Konkurrenz* (= Die Handelsblatt-Bibliothek „Klassiker der Nationalökonomie"), Düsseldorf 1993.

[219] Vgl. „Tatarin-Tarnheyden, Edgar Adolf", in: *Deutschbaltisches Biographisches Lexikon 1760-1960* (1970), S. 784. Tatarin-Tarnheyden war dann von 1945 bis 1954 in der DDR in Haft und lebte nach seiner Freilassung in Stuttgart.

[220] Noch in der letzten vor Kriegsende publizierten Ausgabe des *WA*, nämlich im Band 60 (1944 II), erschienen drei Rezensionen des „Forschungsgruppenleiter(s) am Institut für Weltwirtschaft", wie es im Autoren-Verzeichnis heißt.

[221] Vgl. *Gesamtverzeichnis des Lehrkörpers der Universität Berlin*, Bd. 1, 1810-1945, bearbeitet von Johann Asen, Leipzig 1955.

[222] Vgl. W.W. Leontief sen., „Die Erfüllung des russischen Fünfjahresplanes", in: *WA* 39 (1934), S. 506-546; weiterhin erschien dort nach 1933 aus seiner Feder: „Rezension zu N. Badsily, La Russie sous les soviets, Paris 1938", in: *WA* 54 (1941), S. 125*-126*; Rezension zu: „G.K. Gins, Abriß der Sozialpsychologie, Charkin 1936", in: *WA* 48 (1938), S. 48*-50*; „Rezension zu Henry W. Chamberlain, The Russian Revolution 1917-21, London 1935", in: *WA* 45 (1937), S. 138*-140*; „Amerikaner und Franzosen über Sowjetrußland", in: *WA* 43 (1936), S. 82*-89*.

[223] Vgl. Janssen (2000), S. 153ff.

nach 1933 gar nicht mehr bzw. nur noch im Ausnahmefall in deutschen Fachzeitschriften. Diese Abstinenz galt aber nicht für die Exil-Russen. Deren Beiträge flossen zwar nach 1933 spärlicher und mit weiter stark abnehmender Tendenz, versiegten aber nicht völlig. Von den Fachzeitschriften bot nun, da das *ASS* eingestellt war, das Kieler *Weltwirtschaftliche Archiv* ausländischen Autoren und speziell russischen den größten Raum. So erschien noch nach Hitlers Machtergreifung, im letzten von Harms verantworteten Band, ein Aufsatz von Boris Brutzkus[224], und noch 1935 finden wir dort sogar eine Rezension des Marxisten Oskar Lange.[225] Das russische Gesicht zwischen 1934 und 1944 bestimmten allerdings nun die Beiträge der Exil-Russen, namentlich Boris Ischboldin[226], der mittlerweile in der russischen Sektion der Universität Paris lehrte, „Forschungsgruppenleiter" O. Anderson[227], der Berliner W.W. Leontief sen.,[228] Galina Berkenkopf,[229] Wladimir Twerdochleboff[230] und nicht zuletzt Alexander Bilimovič, Professor in Ljubiljana (bis 1918 Laibach). Er steuerte auch einen Beitrag zum Jubiläumsband Nummer 50 des *Weltwirtschaftlichen Archivs* im Jahre des Polen-Überfalls 1939 bei, der mit einem Grußwort des Beauftragten für den Vierjahresplan Hermann Göring aufgemacht war. Auch als die Hitler-Truppen Laibach ‚heim ins Reich' geholt hatten, konnte Bilimovič dort bis 1945 weiter lehren und in Deutschland publizieren.[231]

---

[224] B. Brutzkus, „Rußlands Getreideausfuhr. Ihre wirtschaftlichen und sozialen Grundlagen und ihre Aussichten", in: WA 38 (1933II), S. 471-507. Brutzkus ging 1933 nach Birmingham, in England und von dort 1935 nach Jerusalem.
[225] Lange (1935).
[226] B. Ischboldin, „Das neue Sibirien als panasiatisches Problem", in: *WA* 40 (1934), S. 353-382; „Die neue Außenhandelspolitik des französischen Imperiums", in: *WA* 41 (1935), S. 174ff.; „Die wirtschaftlichen und politischen Probleme der Sowjetukraine", in: *WA* 48 (1938), S. 379-398; „Rezension zu Fuad Kazak, Ostturkestan zwischen den Großmächten", in: *WA* 49 (1939), S. 135*-139*.
[227] O. Anderson, „Die Messung des realen Austauschverhältnisses im Außenhandel", in: *WA* 55 (1942), S. 215-231; sowie insgesamt fünf Rezensionen in: *WA* 57 (1943) und *WA* 60 (1944).
[228] W.W. Leontief sen. (1934), (1936), (1937), (1938) und (1941).
[229] G. Berkenkopf (1936).
[230] W. Twerdochleboff, „Strukturwandlungen am Weltmarkt für Papier, Pappe, Holzschliff und Zellstoff", in: *WA* 39 (1934), S. 577-602.
[231] A. Bilimovič, „Die vergleichende Untersuchung von Agrarstrukturen", in: *WA* 50 (1939), S. 493-522; „Der Preis bei beiderseitigem Monopol", in: *WA* 57 (1943), S. 312-363.

In der Nazi-Zeit ist eine generelle, unter den gegebenen politischen Umständen nur allzu verständliche Tendenz zur Entpolitisierung des Emigrantenlebens feststellbar: Lieber veranstaltete man Vorträge zur Kultur Rußlands, lauschte Schaljapin oder widmete sich der großen (vergangenen) Epoche der russischen Literatur,[232] bis der Strom des russischen Lebens in Deutschland langsam ganz zu versiegen begann. Die *Chronik*, die von 1918 bis Ende 1932 weit über 7.000 Einträge zählt, verzeichnete bis 1941 nur noch knapp 800 weitere. Schon das Jahr 1939 war „eine wichtige Zäsur für die russischen Emigranten in Deutschland gewesen, da ihnen der deutsch- sowjetische Vertrag und der Beginn des Zweiten Weltkrieges empfindliche Einschränkungen ihrer Bewegungsfreiheit gebracht hatte". Sodann erlaubte der deutsche Vernichtungskrieg gegen Rußland keine Rückkehr mehr zum status quo ante: „Im Verhältnis von Sowjetunion und Deutschland war ein dramatischer Endpunkt erreicht."[233]

3.2.3.1 Dogmengeschichte und Methodenfrage

Die moderne russische Nationalökonomie des sogenannten „Silbernen Zeitalters" der russischen Kultur mit ihren Protagonisten Michail Tugan-Baranowsky, Peter Struve und Sergej Bulgakow ist in Deutschland nicht unbekannt geblieben, zumal wenn die Verbreitung der (Neo-)Kantianischen Erkenntniskritik in Rußland als einer der diese Epoche einleitenden Faktoren angesehen wird.[234] „Tugans wissenschaftliche Leistungen", pries das Haupt

---

[232] Vgl. *Chronik russischen Lebens in Deutschland 1918-1941* (1999), etwa S. 472f. und S. 487f. Anläßlich des 100. Todestages des russischen Nationaldichters Puschkin sprachen 1937 in Berlin u.a. Iljin und Stepun. Am 20. März 1939 hielt W.W. Leontief sen. einen Vortrag in der Cäcilienschule am Nikolsburger Platz in Berlin zur „Kultur Rußlands und Europas", eine Woche später sprach A.A. Bogolepow am gleichen Ort über Turgenjew. Möglicherweise ist in diesem Zusammenhang auch der Fachwechsel Galina Berkenkopfs zu verstehen, die nun Prosa veröffentlichte: *Die Rast in Viterbo* (1942); *Vom Humor* (1944). Nach 1945 arbeitete sie wieder stärker politisch orientiert: *Von der Macht* (1949); *Welterlösung. Ein geschichtlicher Traum Rußlands* (1962); sowie eine Übersetzung von A. Solschenizyn et al., *Stimmen aus dem Untergrund* (1975).
[233] Einleitung der Herausgeber, in: *Chronik russischen Lebens in Deutschland 1918-1941* (1999), S. 9-19, hier S. 13.
[234] Vgl. dazu Zweynert (2002), S. 334. Diese Strömung in der russischen Geistesgeschichte ist mithin wiederum westlich inspiriert. Der Beginn des „Silbernen Zeitalter" wird ungefähr auf das Jahr 1900 datiert.

der deutschen Historischen Schule Gustav Schmoller, seien „so bedeutend, daß das Jahrbuch sich stets bemüht hat, sie zu würdigen".[235] Der heutzutage in Deutschland nur noch als Konjunkturtheoretiker bekannte Michail von Tugan-Baranowsky belegte im Untersuchungszeitraum der vorliegenden Arbeit mit dem kleinen Aufsatz „Kant und Marx"[236] nochmals seine erkenntnistheoretische Abkehr vom Marxismus und Hinwendung zur kantianischen Philosophie.[237] Nicht mehr der Klassenstandpunkt, sondern eine am Allgemeinwohl orientierte Lehre – kantianische Ethik statt marxistischer Klassenkampf – sollte die Basis der Politischen Ökonomie bilden.[238] Hier berührten sich die Auffassungen Tugan-Baranowskys mit denen der sogenannten ethischen Schule Schmollers. Nach Schmollers Ansicht konnten weder „stricte Smithianer noch stricte Marxisten" eine, vom sittlichen Standpunkt her gesehen, „vollwerthige" Nationalökonomie lehren, da sie sich stets am Partikularwohl orientieren, dem Klasseninteresse des Proletariats einerseits, dem

---

[235] Vgl. Schmoller (1914), S. 965: „Seine Geschichte der russischen Fabrik hat Alfred Weber im Jahrgang XXVI (1902), S. 410-15, seine Krisentheorie Arth. Spiethoff, ebenda XXVII (1903), S. 679-708, seine theoretischen Grundlagen des Marxismus (1905) hat von Wenckstern im Jahrbuch XXIX (1905), S. 1650-57 besprochen." Vgl. M.I. Tugan-Baranowsky, *Geschichte der russischen Fabrik*, Weimar 1900 (Original 1898); *Studien zur Theorie und Geschichte der Handelskrisen in England*, Jena 1901 (Original 1894); *Theoretische Grundlagen des Marxismus*, Leipzig 1905 (Original 1905); posthum Tugan-Baranowsky, *Die kommunistischen Gemeinwesen der Neuzeit,* Gotha 1921, vgl. dazu die Rezensionen von Karl Diehl bzw. Edgar Salin, in: *JbNuSt* 119 (1922) bzw. *ASS* 49 (1922).

[236] Tugan-Baranowsky, „Kant und Marx", in: *ASS* 33 (1911), S. 180-188; unmittelbarer Anlaß dieses Beitrags war das gleichnamige Buch des Marburger Neukantianers und Marxisten Karl Vorländer (Tübingen 1911); vgl. auch Karl Vorländer, „Das philosophisch-ökonomische System des Marxismus", in *ASS* 32 (1911), S. 540-549; sowie Johann Plenge, „Marx oder Kant?", in: *ZfgSt* 66 (1910), S. 213-239.

[237] Vgl. dazu Gelesnoff (1927), S. 162 ff.; Zweynert (2002), S. 384. Der neukantianische Einfluß ist auch noch bei Tugans Schüler Nikolaj Kondratieff spürbar, der sich in methodologischen Fragen u.a. auf Heinrich Rickert, Georg Simmel, Wilhelm Wundt und Ernst Mach, den Hauptvertreter des von Lenin so stark kritisierten Empiriokritizismus, bezieht. Vgl. etwa N.D. Kondratieff, „Das Problem der Prognose, in Sonderheit der sozialwissenschaftlichen", in: *AdBw* I (1927), S. 41-64 und 221-252, z.B. S. 43-46; W.I. Lenin, *Materialismus und Empiriokritizismus. Kritische Bemerkungen über eine reaktionäre Philosophie*, Verlag für fremdsprachige Literatur, Moskau 1947 (1. Auflage 1909).

[238] Vgl. dazu Barnett (2004), S. 83f. und die dort angegebenen diesbezüglichen früheren Schriften von Tugan-Baranowsky in russischer Sprache.

Kapitalinteresse der Bourgeoisie andererseits, und ihnen eine „ehrliche Auffassung des Gemeinwohls" fehle.[239]

Aber auch wenn die Arbeiten der Genannten in Deutschland nach der Jahrhundertwende aufmerksam registriert wurden, so übte die russische Nationalökonomie des ‚Silbernen Zeitalters' ungleich geringeren Einfluß auf die Entwicklung in Deutschland aus als zeitgenössische englische, amerikanische, österreichische, italienische, französische oder auch schwedische Strömungen. Besonders der Blick in die Personenregister damals benutzter Theoriegeschichten und Lehrbücher aus dem Umkreis der bis zum Ersten Weltkrieg in Deutschland vorherrschenden Historischen Schule zeigt: Eine russische Wirtschaftslehre ist dort außerhalb der von Roscher erfundenen deutschrussischen Schule – und der einen großen Ausnahme Tugan-Baranowsky – praktisch nicht vorhanden.

Gustav Schmollers voluminöser, zweibändiger *Grundriß der allgemeinen Volkswirtschaftslehre* wies neben Peter dem Großen und Stolypin lediglich zwei russische Volkswirte aus: Bunge und Tugan-Baranowsky.[240] Adolf Damaschkes merkwürdige wie damals beliebte *Geschichte der Nationalökonomie* widmete sich immerhin in Kapiteln wie „Der Kommunismus", „Die Anarchisten" und „Die Bodenreform" ausführlicher den „Slawen", namentlich Herzen, Bakunin, Kropotkin, Tolstoi und Stolypin, konnte damit aber kein geschlossenes Bild russischer akademischer Lehre vermitteln.[241] Othmar Spann führte in der 18. Auflage seiner *Haupttheorien,* der Dogmengeschichte mit der damals höchsten Auflage, gerade mal eine Handvoll russischer Namen auf: Neben der deutsch-russischen „Schule" und den unvermeidlichen Figuren, Zar Peter und Zarin Katharina, aber auch ein paar moderne, nämlich Tugan-Baranowsky, Bortkiewicz und Gelesnoff, dessen Lehrbuch er 1920 rezensiert hatte.[242] Ein Musterbeispiel für die Ignoranz gegenüber den Russen

---

[239] Vgl. Gustav Schmoller, „Wechselnde Theorien und feststehende Wahrheiten im Gebiete der Staats-und Socialwissenschaften und die heutige Volkswirthschaftslehre. Rede bei Antritt des Rectorats gehalten in der Aula der Königlichen Friedrich-Wilhelms-Universität am 15. October 1897", Berlin 1897, S. 29f.
[240] Vgl. Gustav Schmoller, *Grundriß der allgemeinen Volkswirtschaftslehre*, 2 Bände, 2. Auflage, München-Leipzig 1923, Register im zweiten Band, S. 776-833.
[241] Adolf Damaschke, *Geschichte der Nationalökonomie. Eine erste Einführung,* 2 Bände, 13., durchgesehene Auflage, Jena 1922, hier: Zweiter Band, S. 237-248 und S. 347-363.
[242] Vgl. Spann, *Haupttheorien* (1928), Register und S. 121; Spann, „Rezension zu Gelesnoff, Grundzüge der Volkswirtschaftslehre", in: *WA* 16 (1920), S. 113-115.

bot auch Edgar Salins *Geschichte der Volkswirtschaftslehre*, die 1923 erstmals erschien. Salin setzte sich zwar intensiv mit dem Sozialismus auseinander, verlor aber kein Wort über die russischen Beiträge: „Die Unkenntnis der russischen Sprache hat den Verfasser verhindert, die Entwicklung der marxistischen Theorie, im letzten Jahrhundert zu verfolgen. Die übersetzten Schriften von Trotzky, Bucharin u.a. aus den zwanziger Jahren sind als ‚Ökonomik der Übergangsperiode' ohne größere theoretische Bedeutung."[243] Statt dessen beschäftigte er sich in seiner ökonomischen Dogmengeschichte lieber mit russischen Dichtern wie Puschkin, Dostojewsky, Tolstoi und Gorki. Nicht einmal Tugan-Baranowsky oder Kondratieff werden erwähnt, während Spiethoff alle naselang vorkommt. Dabei hätte es sich außerordentlich gelohnt, Tschajanows oder Kondratieffs Theoriebildung im Zusammenhang mit der von Salin propagierten „anschaulichen Theorie" zu untersuchen, deren Verteidigung zeitlebens Salins methodologisches Hauptanliegen war. Doch das unterblieb.

Das deutsche Interesse an russischer Politischer Ökonomie wuchs nach der Oktoberrevolution und zwar schlagartig, speziell in den Weimarer Jahren. Das belegt vor allem die erwähnte große Zahl russischer Publikationen in den deutschen wirtschaftswissenschaftlichen Zeitschriften, die die von Autoren anderer Länder weit übertraf. 1918 erschien dann sogar ein russisches Lehrbuch, verfaßt von Wladimir Gelesnoff und vom jungen Konjunkturtheoretiker Eugen Altschul mit Hilfe von Paul Mombert ins Deutsche übertragen. Der Übersetzter betonte, daß in „Rußland die theoretische Forschung seit Jahrzehnten im Vordergrunde des wissenschaftlichen Interesse" stehe. Der Weltkrieg habe in Deutschland offenbart, „wie hilflos man dem sich türmenden Tatsachenmaterial bei fehlender theoretischer Einsicht gegenübersieht". Das sei gerade bei der Diskussion um die Sozialisierung zutage getreten. Positiv wertete Altschul auch, daß in keinem Lande „Marx' ökonomische Lehren in die Universitätswissenschaft so rasch Eingang gefunden und diese in so nachhaltiger Weise beeinflußt (haben) wie in Rußland".[244] In der Tat fehlte es in Deutschland an einem Lehrbuch, das die moderne Theorie ausführlich und mit Sachkenntnis darzustellen wußte. Gelesnoffs *Grundzüge* fanden deshalb bei den jungen deutschen Theoretikern Beachtung und waren dort, wie einer von ihnen, nämlich Erich Preiser, bemerkte, „mit Recht sehr

---

[243] Edgar Salin, *Geschichte der Volkswirtschaftslehre*, 3. Auflage, Bern 1944, S. 141.
[244] Wladimir Gelesnoff, Grundzüge der Volkswirtschaftslehre (1918), Vorwort des Übersetzers, S. III.

beliebt", eben weil es ein „*theoretisches* Buch sein wollte".[245] Die *Grundzüge* erlebten eine zweite Auflage, konnten sich aber wegen ihrer marxistischen Ausrichtung[246] nicht gegen die 1918 erstmals erschienene *Theoretische Sozialökonomie* des Schweden Gustav Cassel durchsetzen, die schnell zum führenden Lehrbuch wurde.[247]

In den Weimarer Jahren verlor allerdings das Roschersche Diktum, wonach Rußlands Nationalökonomie als eine Dependance der deutschen Historischen Schule zu betrachten sei, an Strahlkraft, genau wie die Historische Schule selbst. Mit dem Einzug des marxistischen Denkens und später der Politischen Ökonomie des „Silbernen Zeitalters" hatte ein neuer Abschnitt der Rezeptionsgeschichte der russischen Nationalökonomie in Deutschland begonnen. Interessant war nun die „Vermittlung zwischen Grenznutzen- und Arbeitskostentheorie",[248] wie sie Tugan-Baranowsky, Struve, Dmitriev und andere versuchten.[249]

Einen wichtigen Beitrag zur Revision des Geschichtsbildes der russischen Nationalökonomie in Deutschland lieferte neben Gelesnoffs *Grundzügen* (1918/28) und dessen Beitrag „Rußland" in dem Sammelband *Die Wirtschaftstheorie der Gegenwart* (1927) auch der Rußland-Referent des Breslauer Osteuropa-Instituts Hans-Jürgen Seraphim. Er wünschte sich, daß

---

[245] Vgl. Preiser (1929), S. 1922. Gert Preiser wies mich in diesem Zusammenhang darauf hin, daß sein Vater besonderes Interesse an „systematischen, einführenden Werken" gehabt hätte, „die den wissenschaftlichen Rang der Ökonomie beweisen konnten"; Brief vom 30. März 2004. Positiv waren auch die Gelesnoff-Rezensionen Alfred Amonns in: *ASS* 47 (1920/21) und Karl Diehls in: *JbNuSt* 112 (1919) und zur 2. Auflage wiederum Diehls in: *JbNuSt* 129 (1928) sowie W. Hellers in: *ASS* 65 (1931). Kritisch äußerte sich dagegen Othmar Spann (1920), der der modernen Theorie und dem Marxismus schroff ablehnend gegenüberstand.

[246] Pribram (1986), S. 397, urteilt: "The textbook by W. Gelesnoff (...) reflected an extremely moderate version of marxism, combined with noticeable elements of other economic doctrines." Er bezieht sich dabei auf die zweite deutsche Auflage von 1928 und hielt das Werk deshalb fälschlich für ein typisches NEP-Produkt. Die erste russische (typographische) Ausgabe des Werkes stammt aus dem Jahr 1902 (!), wurde aber von der zaristischen Zensur gleich auf den Index gesetzt.

[247] Gustav Cassel, *Theoretische Sozialökonomie*, Leipzig 1918, 5. Auflage, 1932.

[248] Spann (1928), S. 162. Spann bezieht seine diesbezüglichen Kenntnisse aus den *Grundzügen* Gelesnoffs. Er führt dann auch die, wie er sagt, „Marxisten" Gelesnoff und Tugan-Baranowsky als Protagonisten dieser Richtung an. Ein gutes Beispiel für das erwachte Interesse ist die Arbeit Hans-Jürgen Seraphims, *Neuere russische Wert- und Kapitalzinstheorien* (1925).

[249] Vgl. Zweynert (2002), S. 348ff.

Roschers ‚Deutsch-Russische Schule' „endlich der verdienten Vergessenheit anheim fallen möge". Gemeinsam sei deren angeblichen Vertretern nur „Sprache und Herkunft", wirtschaftsphilosophische Grundanschauung und Methode seien aber sehr verschieden.[250] Seraphim legte nun in seiner dogmengeschichtlichen Betrachtung der *Russischen Wert- und Kapitalzinstheorien* eine eigene Einteilung der neueren russischen Volkswirtschaftslehre vor, die sogleich heftigen Protest und eine kleine Debatte hervorrief.[251] Aber es waren nicht Verteidiger Roschers, die sich wehrten, sondern es war vor allem der Exil-Russe Alexander Schiffrin. Der spätere SPDler beklagte eine ins Sinnlose führende Ausweitung des Begriffs ‚Marxismus'. Seraphim habe „fast die gesamte russische Wirtschaftswissenschaft" unter die Rubrik ‚Marxismus' gebracht, darunter Kathedersozialisten, Anarchisten und *Narodniki* wie A. Tschuproff sen., Bogdanow, Borowoj, Gelesnoff, Oganowsky und Woronzow. Damit seien die geistigen Standorte dieser Richtungen „verwechselt und entstellt".[252] Der spätere Nationalsozialist Seraphim, dem alles Marxistische und Links-sozialistische zuwider war, hielt dagegen, er habe nicht nach „sozialökonomischen Ideologien" eingeteilt, wie Schiffrin es tue, sondern nach „wirtschaftstheoretischen Ausgangspunkten" – und da seien die Genannten marxistisch-orthodox und „völlig unfruchtbar".[253]

Andere grundsätzliche Wesens- und Methodenfragen spielten in der im Untersuchungszeitraum in deutschen Fachzeitschriften publizierten russischen Literatur nur eine untergeordnete Rolle, anders als in Rußland selbst oder in der immer noch von einer Krisen-Diskussion beherrschten deutschen Nationalökonomie.[254] Der geistreiche Versuch Sergej N. Bulgakows etwa, „bei seinem Übergang vom orthodoxen Marxismus zu einer philosophisch-religiösen Weltanschauung, die Rückkehr zu den Prinzipien der geschichtlichen Schule vorzuschlagen" – ein Beispiel, wie Gelesnoff sagt, „des ty-

---

[250] H.-J. Seraphim, „Die Deutsch-russische Schule", in: *JbNuSt* 122 (1925), S. 336.
[251] Vgl. H.-J. Seraphim, *Neuere russische Wert- und Kapitalzinstheorien* (1925); Alexander Schiffrin, „Zur Genesis der sozialökonomischen Ideologien in der russischen Wirtschaftswissenschaft" (aus dem Russischen übersetzt von Alexander v. Schelting), in: *ASS* 55 (1926), S. 720-753; H.-J. Seraphim, „Versuch einer Systematisierung der russischen Nationalökonomie", in: *ASS* 57 (1927), S. 201-217.
[252] Schiffrin (1926), S. 724, 722. Des weiterhin stritten sich die beiden über die angebliche Existenz einer „Kiewer Schule", die Seraphim behauptet hatte und zu der er u.a. Bilimovič rechnete.
[253] Seraphim (1927), S. 207ff.
[254] Vgl. Janssen (2000), S. 27ff.

pisch-russischen weit ausholenden Gedankenschwunges"[255] – blieb selbst hierzulande ohne große Beachtung.

In Deutschland waren seit den Tagen Max Webers Heidelberg und das dort herausgegebene *Archiv* für grundsätzliche Fragen des russischen Wesens zuständig. Man denke an die Arbeiten Nicolai v. Bubnoffs[256], die seines deutschen Kollegen Hans Ehrenberg (1883-1958)[257] oder eben an Bulgakow, hier an seine vor dem Weltkrieg publizierte Studie über *Die naturphilosophischen Grundlagen der Wirtschaftstheorie,*[258] und dessen Weggefährte Semjon Frank, der mittlerweile in Berlin Philosophie lehrte.[259] Neben Bulgakow und Frank beschritt auch Nikolaj A. Berdjajew den Weg vom Marxismus zu einer philosophisch-religiösen Weltanschauung. Die Arbeiten von Berdjajew, Bulgakow, Frank oder dem Mystiker und Religionsphilosophen Wladimir Solowjew wurden zwar registriert,[260] hinterließen aber bei deutschen Ökonomen nur vereinzelt Wirkung.[261] Bedeutsamer für die deutschen Sozialwissen-

---

[255] Gelesnoff (1927), S. 162.

[256] Als Pionierarbeit gilt seine in Verbindung mit Hans Ehrenberg herausgegebene Übersetzung von Quellen zur Geschichte des Ostchristentums: *Östliches Christentum*, 2 Bde., München 1923 und 1925; vgl. die zahlreichen Rezensionen Bubnoffs zu philosophischen Themen.

[257] Der Philosoph und Theologe Hans Ehrenberg stand im Briefwechsel mit Bulgakow. Vgl. „Östliches Christentum und Protestantismus. Ein Briefwechsel mit Sergej Bulgakow", in: *Religiöse Besinnung. Vierteljahresschrift im Dienste christlicher Vertiefung und ökumenischer Verständigung 1 (1928)*, S. 5-22 u. S. 67-73. 1923 bis 1925 erschien sein dreibändiges Werk *Disputation* mit Einzelbänden zu Fichte, Schelling und Hegel; vgl. dazu die Rezension Bubnoffs, „Disputation. Drei Bücher vom deutschen Idealismus" (1923-25), in: *ASS* 55 (1926), S. 539-542.

[258] Bulgakow, „Die naturphilosophischen Grundlagen der Wirtschaftstheorie", in: *ASS* 36 (1913), S. 359-393. Es handelt sich um ein Extrakt seiner Studie *Die Philosophie der Wirtschaft* [Filosofija chosjajstwa], Moskau 1912.

[259] Frank, „Zur Phänomenologie der sozialen Erscheinung", in: *ASS* 59 (1928), S. 75-95.

[260] Vgl. Bubnoff, „Rezension zu: Berdjajew, Der Sinn der Geschichte", in: *ASS* 56 (1926), S. 236-238; Maria Raich, „Rezension zu: Berdjajew, Die russische Intelligenz"; zu: „Bulgakow, Eine heroische und eine religiöse Tat" und zu: „Frank, Die Ethik des Nihilismus", in: *ASS* 30 (1910), S. 573-579; Georg v. Lukácz, „Rezension zu: Solovjeff, Ausgewählte Werke, Bd. 1", in: *ASS* 39 (1915), S. 572-573; und zu „Solovjeff, Die Rechtfertigung des Guten (=Ausgewählte Werke, Bd. 2)", in: *ASS* 42 (1917), S. 978-980; weitere Rezensionen zu Solowjew in *ASS* 61 (1929) und 65 (1931).

[261] Einen ähnlichen Weg ging in Deutschland der schon genannte Hans Ehrenberg, ein Vetter Franz Rosenzweigs. Neben Bubnoff zeigte auch die in Odessa geborene Maria Raich viel Verständnis. Sie heiratete 1912 den Philosophen Traugott K. Oesterreich. Zu Ehrenberg, Berdjajew, Oesterreich vgl. die entsprechenden Einträge in: *Biographisch-*

schaften waren die in der Tradition der Weber-Brüder stehenden Arbeiten zur Kulturwissenschaft und zur Wissenssoziologie des in Odessa geborenen ‚Heidelbergers' und späteren Zürcher Professors Alexander von Schelting.[262]

3.2.3.2 Verteilungstheorie

Tugan-Baranowskys Schaffen, dessen Einfluß auf seine zeitgenössischen russischen Kollegen mit dem eines Alfred Marshall in England vergleichbar ist,[263] wurde auch hierzulande spätestens seit dem Erscheinen seiner *Geschichte der Russischen Fabrik* um die Jahrhundertwende und seiner von ihm selbst ins Deutsche übertragenen *Handelskrisen* mit größter Aufmerksamkeit verfolgt. Das belegte noch Schmoller höchstselbst, als er kurz vor Kriegsausbruch Tugans *Soziale Theorie der Verteilung* besprach, die als Monographie zuerst auf deutsch erschienen war.[264] Tugan-Baranowsky, den Schmoller in seiner Rezension einen „geistvollen Sozialisten" nennt, suchte mit seiner Verteilungslehre nach einem Weg jenseits von Marxismus und Grenznutzenlehre. Letztere akzeptierte er zwar als wissenschaftliche Wertlehre, nicht aber als wissenschaftliche Grundlage einer sozialen Theorie der Verteilung. Dagegen trug seiner Meinung nach die marxistische Arbeitswertlehre zwar der Klassengrundlage im ungleichen Kampf um Lohn und Profit Rechnung, sei aber als Wertlehre wissenschaftlich nicht zu halten. Im wesentlichen ausgehend von Peter Struve und Rudolf Stolzmann, wollte Tugan-Baranowsky die Verteilung getrennt von der Wertlehre behandelt sehen.[265]

Bibliographisches Kirchenlexikon, Band XIX, Nordhausen 2001, Sp. 201-219; Bd. I, Hamm 1990, Sp. 505-507; Bd. XVIII, Nordhausen 2001, Sp. 1101-1110.

[262] A. v. Schelting, „Die logische Theorie der historischen Kulturwissenschaft von Max Weber und im besonderen sein Begriff des Idealtypus", in: *ASS* 49 (1922), S. 623-752; „Eine Einführung in die Methodenlehre der Nationalökonomie", in: *ASS* 54 (1925), S. 212-228; „Zum Streit um die Wissenssoziologie", in: *ASS* 62 (1929), S. 1-66.

[263] Vgl. dazu Barnett (2004), S. 80.

[264] Gustav Schmoller, „Michael Tugan-Baranowsky: Soziale Theorie der Verteilung, Berlin 1913", in: *SJB* 38 (1914), S. 965-966, datiert März 1914. Tugan hatte in Rußland für seine Verteilungstheorie viel Kritik einstecken müssen und hoffte auf ein wohlwollenderes Urteil in Deutschland; vgl. Zweynert (2002), S. 396.

[265] Vgl. Zweynert (2002), S. 393ff. Zu Struves Plagiatsvorwürfen gegen Tugan-Baranowsky siehe ebd., S. 396. Zu Stolzmanns Reaktion auf Tugan-Baranowskys Verteilungslehre vgl. Rudolf Stolzmann, „Die soziale Theorie der Verteilung und des Wertes", in: *JbNuSt* 110 (1918), S. 1-27, S. 145-166 und S. 273-304.

Das Verteilungsproblem war für Struve kein Wertproblem und weder mit der Frage der Herstellung des Produktes noch mit der Frage der Wertbildung und des Wertmaßstabes verknüpft. Darin irrten seiner Meinung nach sowohl die Grenznutzenschule als auch der Marxismus. Immerhin sei Marx aber der Sache näher gekommen, weil er begriffen habe, daß sich die Verteilung wesentlich aus dem Kräfteverhältnis der sozialen Klassen bestimme. Struve war allerdings zu dem Schluß gelangt, daß man keine abstrakten Sätze über die Verteilung aufstellen könne und das Problem der Verteilung in die Kompetenz der induktiven Soziologie falle.[266]

Tugan-Baranowsky betonte, der Kauf und Verkauf der menschlichen Arbeitskraft werde, anders als der Kauf und Verkauf von Gütern, nicht zwischen Tauschpartnern sozialer Gleichheit ausgehandelt. Die Kapitalisten eigneten sich nun, je nach den Kräfteverhältnissen im sozialen Verteilungskampf, einen Teil des durch die Arbeitnehmer geschaffenen „Mehrprodukts" (statt Mehrwerts) an – eine auch unseres Erachtens nicht eben überzeugende Modifikation der marxistischen Theorie. Entsprechend gilt Tugans Verteilungstheorie als „unzulänglich", „oberflächlich und wenig durchdacht"[267] und ist als „Tiefpunkt" seines theoretischen Schaffens abqualifiziert worden.[268] Schmoller urteilte gnädiger. Doch sein Hinweis darauf, daß Tugans „Hauptpunkt", nämlich die diesbezügliche Relevanz der „Machtungleichheit der Kontrahenten", schon im eigenen *Grundriß* allgemein beschrieben sei, belegt, daß auch Schmoller der Lehre Tugans wenig Originalität zubilligte.[269] In Deutschland provozierte Tugan-Baranowsky denn auch keine Diskussion um seine Verteilungstheorie (die drang kaum durch), sondern – im Konflikt mit der sozialrechtlichen Theorie Stolzmanns – einen scharfen Angriff Eugen von Böhm-Bawerks, der eine bis heute anhaltende Diskussion unter dem Schlagwort „Macht oder ökonomisches Gesetz?" entfachte,[270] wobei sich allerdings nur noch wenige an den historischen Anlaß und dessen Umstände erinnern.

---

[266] Zur russischen Diskussion darüber vgl. Gelesnoff (1927), S. 172.
[267] Gelesnoff (1927), S. 173.
[268] Vgl. Zweynert (2002), S. 395. Eine Seite weiter zitiert er Struves gegen Tugan-Baranowsky gerichtete Bemerkung, daß die Wissenschaft „nicht zur Seelenrettung da ist, sondern um die Wahrheit herauszufinden".
[269] Schmoller (1914), S. 442.
[270] Vgl. Eugen v. Böhm-Bawerk, „Macht oder ökonomisches Gesetz?", in: *Zeitschrift für Volkswirtschaft, Sozialpolitik und Verwaltung* 23 (1914), S. 205-271. Vgl. dazu auch Marschak (1924), S. 510f.

In der Spätphase der Weimarer Republik erörterte die deutsche Wirtschaftswissenschaft die Verteilungsfrage nicht mehr vorrangig als ein sozialpolitisches Problem, wie es noch für die Historische Schule typisch war, sondern im Rahmen der modernen Kreislaufanalyse in der Nachfolge von Quesnay und Marx.[271] In den Weimarer Jahren standen in Deutschland in der vorderen Reihe dieser Entwicklung nicht zuletzt die Russen Ladislaus von Bortkiewicz, dessen damals 22-jähriger Berliner ‚Schüler' Wassily Leontief sowie der Heidelberger Jakob Marschak.[272]

Leontief entwickelte seine Kreislaufanalyse nicht – wie man bei einem jungen, aus der Sowjetunion kommenden Ökonomen meinen könnte – in direkter Auseinandersetzung mit Karl Marx, sondern sein Ausgangspunkt hieß François Quesnay. Die Einflüsse von Karl Marx auf Leontiefs Werk waren wohl nicht direkter Natur, sondern über die deutsch-russische Kette Lexis–Bortkiewicz vermittelt.[273] Bereits 1925 stellte sich der damals 19-jährige Leontief dem deutschen Publikum mit einer Arbeit über „Die Bilanz der russischen Volkswirtschaft" vor und skizzierte das Forschungsprogramm, das er in den nächsten Jahren ausführen sollte:

„In der mannigfachen Reihe der Probleme, an deren Lösung die jetzige russische Statistik zu arbeiten hat, ist vielleicht das interessanteste, aber auch das komplizierteste das der zahlenmäßigen Darstellung des gesamten Kreislaufs des wirtschaftlichen Lebens. (…) Das prinzipiell Neue, das diese Darstellung im Vergleich mit den üblichen wirtschaftsstatistischen Zusammenfassungen, z.B. dem amerikanischen und dem englischen Zensus, dar-

---

[271] Vgl. dazu Heinz Rieter, „Zur Rezeption der physiokratischen Kreislaufanalogie in der Wirtschaftswissenschaft", in: *Studien zur Entwicklung der ökonomischen Theorie III*, hg. von Harald Scherf, Berlin 1983, S. 55-99, hier S. 89ff.
[272] Vgl. L. v. Bortkiewicz, „Wertrechnung und Preisrechnung im Marxschen System", in: *ASS* 23 (1906), S. 1-50, und *ASS* 25 (1907), S. 10-51 und S. 445-488; „Zur Berichtigung der grundlegenden theoretischen Konstruktion von Marx im 3. Bande des Kapitals", in: *JbNuSt* 89 (1907), S. 319-335; Leontief, „Die Wirtschaft als Kreislauf", in: *ASS* 60 (1928), S. 577-623; J. Marschak, „Literatur über den Wirtschaftskreislauf", in: *ASS* 68 (1933), S. 230-238; außerdem: F. Burchardt, „Die Schemata des stationären Kreislaufs bei Böhm-Bawerk und Marx", in: *WA* 34 (1931), S. 525-564, und *WA* 35 (1932), S. 116-176.
[273] Genauer zur Kette Marx–Lexis, Lexis–Bortkiewicz und Bortkiewicz–Leontief vgl. Lahiri (2000), S. 703. Außerdem: W. Leontief, „Die Bedeutung der Marxschen Wirtschaftslehre für die gegenwärtige Theorie", in: *Gegenstand und Methoden der Nationalökonomie*, hg. von Reimut Jochimsen/Helmut Knobel, Köln 1971, S. 109-117 (Original in: *AER, PaP*, Bd. 28 (1938), S. 1-9).

bietet, ist der Versuch, nicht nur die Herstellung, sondern auch die Verteilung des gesellschaftlichen Produkts zahlenmäßig zu erfassen und auf diesem Wege ein einheitliches Bild des gesamten Reproduktionsprozesses in Form eines tableau économique zu gewinnen."[274]

Dieser Ansatz führte Leontief zu der bis heute mit seinem Namen verbundenen Input-Output-Analyse,[275] durch die er weltberühmt wurde und wofür er 1973 schließlich den Nobelpreis bekam. Wie bei allen großen Leistungen sind auch hier schnell viele (vermeintliche) Vorläufer ausgemacht – vor allem sowjetische und deutsche Ökonomen aus dem ersten Drittel des 20. Jahrhunderts: Gilibert nennt u.a. Dmitriev und Tschajanow,[276] Beckmann den Kieler Alfred Kähler,[277] und neuerdings verweist Tooze auf Ernst Wagemann.[278] Zwar bestreitet Leontief die Bedeutung zeitgenössischer Einflüsse auf ihn, etwa den Kählers, mit dem Hinweis auf die entschieden wichtigeren älteren Quellen ("François Quesnay was my main inspiration"),[279] doch erscheint uns heute der alleinige Bezug auf Quesnay eher geeignet, den Entstehungskontext zu verdunkeln. Leontiefs Input-Output-Tabelle kann in der Tat, ohne seine Leistungen schmälern zu wollen, als "direct outgrowth of the statistical economics of the 1920s"[280] angesehen werden. Und im Gegensatz

---

[274] W. Leontief jun., „Die Bilanz der russischen Volkswirtschaft. Eine methodologische Untersuchung", in: *WA* 22 (1925), S. 338-344, hier S. 338; dazu: ders., „Die Bilanz der russischen Volkswirtschaft. Das russische Volkseinkommen im Jahre 1923/1924", in: *WA* 22 (1925), S. 265*-269*.

[275] Vgl. Gilibert (1998), S. 42. Gilibert zitiert zum Beleg die ersten Sätze aus *The Structure of American Economy*, "which was to become the bible of input-output analysis. The statistical study presented in the following pages may be best defined as an attempt to construct, on the basis of available statistical materials, a *Tableau Economique* of the United States." W. Leontief, *The Structure of American Economy*, 2nd edition, New York 1951 (1st ed. 1941), S. 9.

[276] Vgl. Gilibert (1998), S. 41.

[277] Vgl. Alfred Kähler, *Die Theorie der Arbeiterfreisetzung durch die Maschine. Eine gesamtwirtschaftliche Abhandlung des modernen Technisierungsprozesses*, Leipzig 1933 (Diss. Kiel 1932); Beckmann (2000), S. 195ff., hier S. 197, bezeichnet „Kählers ‚Gesamtumschlagsschema' in Form quadratischer Verflechtungstabellen (...als) eine rudimentäre Form eines Input-Output-Modells, wie es später von *Wassily Leontief* verwendet wird."

[278] Vgl. Tooze (2001), S. 200. Er verweist auf Wagemanns *Konjunkturlehre* (1928), S. 25-43, als einen rohen Vorläufer.

[279] Vgl. den Brief Leontiefs an Beckmann vom 3. Mai 1993, in: Beckmann (2000), S. 531f., hier S. 532.

[280] Tooze (2001), S. 201.

zu den englischsprachigen Ländern, in denen Leontiefs Input-Output-Analyse, wie Gilibert meint, "something radically extraneous to mainstream economics" darstellte, war sie in den deutsch- und russischsprachigen Ländern erkennbar das natürliche Ergebnis einer etablierten theoretischen Tradition: "the doctrine of circular flow, which eventually referred to Quesnay and his tableau."[281]

Andererseits belegt Leontiefs methodologische Untersuchung und Kommentierung der Bilanz der russischen Volkswirtschaft von 1923/24 deutlich den Vorsprung der russischen volkswirtschaftlichen Gesamtrechnung und der russischen statistischen Kreislaufanalyse gegenüber dem entsprechenden Stand in Deutschland und den meisten anderen Ländern: Wagemann legte in Deutschland erst 1929 eine Schätzung des deutschen Volkseinkommens vor.[282]

Auch für Jakob Marschak hatten in der Spätphase der Weimarer Republik Verteilungsfragen in ihrem kreislauftheoretischen Zusammenhang zentrale Bedeutung erlangt, betont Harald Hagemann.[283] Dies wird nicht nur in seiner Heidelberger Antrittsvorlesung „Zur Theorie und Politik der Verteilung" deutlich, die 1930 auch als Beitrag im *ASS* erschien,[284] sondern geht auch aus seinen zahlreichen Beiträgen zur Lohn- und Beschäftigungsdebatte hervor.[285] In Bezug auf das Problem ‚Wirtschaft und Macht', ‚Macht und ökonomisches Gesetz', verwies er schon 1924 darauf, daß etwa in der Lohnfrage „der rein-ökonomische Marktmechanismus sich nicht restlos durchsetzt, sondern

---

[281] Gilibert (1998), S. 41.

[282] Vgl. dazu Tooze (2001), S. 8.

[283] Harald Hagemann, „Marschak, Jacob", in: *Biographisches Handbuch der deutschsprachigen wirtschaftswissenschaftlichen Emigration* (1999), Bd. 1, S. 418-414, hier S. 421. (Nach seiner Emigration in die USA änderte Marschak die Schreibweise seines Vornamens in ‚Jacob'.)

[284] Vgl. J. Marschak, „Zur Politik und Theorie der Verteilung", in: *ASS* 64 (1930), S. 1-15. Marschak, seit 1929 deutscher Staatsbürger, war von 1928 bis 1930 unter Löwe in Kiel am *Institut für Weltwirtschaft* tätig und kehrte dann, um sich zu habilitieren, 1930 nach Heidelberg zurück. In Kiel – so berichtet Hagemann (1999), S. 419 – hätten „viele Mitglieder der Rechts- und Staatswissenschaftlichen Fakultät Marschak als Juden und Sozialdemokraten" abgelehnt.

[285] Vgl. Marschak, *Die Lohndiskussion*, Tübingen 1930; dazu auch die Rezension von Jan Tinbergen, in: *ZfN* 2 (1931), S. 820-821; sowie Marschaks Disput mit Hans Neisser über „Das Kaufkraft-Argument in der Lohnpolitik", in: *MdW* (1930), S. 1443-1447.

lediglich durch die dicke Schicht des Außerökonomischen hindurch" als
„Druck auf die ‚bargaining strategy'".[286]
Mit der sich ausbreitenden Weltwirtschaftskrise mündete die kreislauftheoretische Diskussion in eine konjunkturpolitische Debatte, in der die Frage der Wirkung des Lohnniveaus auf die Beschäftigung im Mittelpunkt auch des öffentlichen Interesses stand. In dieser Diskussion engagierte sich gegen das vom neoklassischen ‚mainstream' aufgestellte Dogma vom „Lohnabbau als Mittel der Krisenbekämpfung"[287] eine Gruppe jüngerer, politisch meist links stehender Ökonomen, die durch so unterschiedliche Lehrer wie Marx, Keynes, Rosa Luxemburg, Böhm-Bawerk, Wicksell, Schumpeter, Tugan-Baranowsky oder auch Franz Oppenheimer geprägt waren.[288] Bei vielen von ihnen erfuhr die Unterkonsumtionstheorie eine Renaissance, meist verknüpft mit modernen geld- und kredittheoretischen Überlegungen. Anfang der dreißiger Jahre empfahlen sie Lohnerhöhungen und Kreditausweitungen als Maßnahmen zur Stärkung der gesamtwirtschaftlichen Nachfrage und zur Bekämpfung der Deflation. Das brachte ihnen im nachhinein das Etikett „Deutsche Keynesianer" ein.[289] Wir meinen insbesondere die Ökonomen aus der *Abteilung für statistische Weltwirtschaftskunde und internationale Konjunkturforschung* (Astwik) am Kieler *Institut für Weltwirtschaft*, vor allem Adolf Löwe, Gerhard Colm, Hans Neisser, Fritz Burchardt und Walter Hahn sowie die diesen nahestehenden Emil Lederer, Erich Preiser und Eduard Heimann.[290] Die Genannten verfügten über gute Kontakte zu vielen Exilrussen,

---

[286] Marschak (1924), S. 511.
[287] Adolf Löwe, „Lohnabbau als Mittel der Krisenbekämpfung?", in: *Neue Blätter für den Sozialismus* I (1930), S. 289-295.
[288] Adolph Lowe (= Adolf Löwe), „Konjunkturtheorie in Deutschland in den Zwanziger Jahren. Interview mit Adolph Lowe in Wolfenbüttel. Aufgenommen von Bertram Schefold am 20.2.1988", in: *Studien zur Entwicklung der ökonomischen Theorie VIII*, hg. von Bertram Schefold, Berlin 1989, S. 75-86.
[289] George Garvy, "Keynes and the Economic Activities of Pre-Hitler Germany", in: *JPE* 83 (1975), S. 391-405; deutsch: „Keynesianer vor Keynes", in: *Der Keynesianismus II. Die beschäftigungspolitische Situation vor Keynes in Deutschland. Dokumente und Kommentare*, hg. von G. Bombach et al., Berlin/Heidelberg/New York, 1976, S. 21-34. Vgl. dazu Janssen (2000), S. 334ff., und Claus-Dieter Krohn, *Wirtschaftstheorien als politische Interessen. Die akademische Nationalökonomie in Deutschland 1918-1933*, Frankfurt a.M. 1981, S. 93ff..
[290] Zu den Kielern vgl. Ulf Beckmann, *Von Löwe bis Leontief. Pioniere der Konjunkturforschung am Kieler Institut für Weltwirtschaft*, Marburg 2000.

in erster Linie zu Marschak und Wladimir Woytinsky, aber auch zu Eugen Altschul, Wassily Leontief jun.,[291] Mark Mitnitzky und George Garvy. Aufsehen erregten 1931 Marschaks „Thesen zur Krisenpolitik", die zuvor als eine Art Memorandum unter den Gegnern der Brüningschen Deflationspolitik zirkuliert waren und die teilweise an die spätere Argumentation von Keynes gemahnten.[292] Marschak, der 1931 in Heidelberg ein Seminar über Keynes abhielt, hatte diese Thesen in Abstimmung mit Woytinsky entwickelt,[293] der damals an einem Arbeitsbeschaffungsprogramm für die ILO in Genf[294] und ein Jahr später an einem entsprechenden Programm für den ADGB arbeitete, [295] dem sogenannten WTB-Plan (nach den Initialen Wladimir Woytinsky, Fritz Tarnow und Fritz Baade).[296] Dieser Plan, den am 13. April 1932 der Kongreß der Gewerkschaften schließlich verabschiedet hatte, wurde auch mit skeptischen Parlamentariern aus der SPD-Reichstagsfraktion diskutiert. Woytinsky wählte den Kieler Ökonomen Gerhard Colm[297] zu seinem wissenschaftlichen Fürsprecher – der Diskussionsgegner aus den Reihen der SPD war Rudolf Hilferding. Woytinsky berichtet:

"Colm spoke in an academic way, developing a theory that since has become common place. The price level and volume of economic avtivities

---

[291] Vgl. dazu den Brief Leontiefs an Beckmann (2000), S. 531. Der Nobelpreisträger erinnerte sich zwar an viele Diskussionen mit den jüngeren Kieler Assistenten, namentlich mit Neisser, ansonsten habe er aber meist alleine gearbeitet.

[292] Marschak, „Einige Thesen zur Krisenpolitik", in: *Wirtschaftsdienst* 16 (1931), S. 2041-2042. Vgl. dazu Garvy (1976), S. 27: „Das tragende Argument ähnelt sehr dem in der Allgemeinen Theorie" von Keynes.

[293] Vgl. Hagemann (1999), S. 422.

[294] Vgl. Woytinsky, *Internationale Hebung der Preise als Ausweg aus der Krise* (1931).

[295] Vgl. dazu Garvy (1976) sowie Michael Schneider, *Das Arbeitsbeschaffungsprogramm des ADGB. Zur gewerkschaftlichen Politik in der Endphase der Weimarer Republik*, Bonn 1975. Auch Marschak stand dem ADGB nahe, er hatte von 1926 bis 1928 als Referent in der Forschungsstelle für Wirtschaftspolitik des ADGB in Berlin gearbeitet. Vgl. Hagemann (1999), S. 2.

[296] Vgl. „Der WTB-Plan der Arbeitsbeschaffung. Veröffentlicht am 26. Januar 1932", in: *Der Keynesianismus II* (1976), S. 171-176.

[297] Colm (1897-1968), der mit seinem Lehrer Löwe 1926 vom *Statistischen Reichsamt* nach Kiel gekommen war, folgte Löwe in der Leitung der *Astwik* am Kieler *IfW* nach dessen Wechsel an die Universität in Frankfurt am Main 1931. 1933 emigrierte Colm in die USA und zählte dort zu den Pionieren der *new economics*. Zu Person und Werk vgl. Harald Hagemann, „Colm, Gerhard", in: *Biographisches Handbuch der deutschsprachigen wirtschaftswissenschaftlichen Emigration* (1999), Bd. 1, S. 104-113.

can be regulated by monetary and credit means. Public works is the best, and politically the most expedient, approach to the problem. Hilferding was the next speaker: 'Colm and Woytinsky,' he said, 'are questioning the very foundations of our program, Marx' theory of labor value. Our program rests on the conviction that labor, and labor alone, creates value.' (...) My first thought was that Hilferding could not have taken that nonsense seriously."[298]

3.2.3.3 Wertlehre

Eine wichtige Rolle unter den Beiträgen russischer Autoren in den deutschen wirtschaftswissenschaftlichen Zeitschriften der Weimarer Zeit spielte die Wertlehre, kam doch die jeweilige Stellung zu diesem „metaphysischen Grundbegriff der Nationalökonomie"[299] praktisch einem persönlichen politischen Bekenntnis gleich. Der Begriff des ‚Mehrwerts' und die ganze marxistische Ausbeutungstheorie hängt ja entscheidend von den Grundannahmen der Arbeitswertlehre ab. Da – anders als in Westeuropa – bis in die 1890er Jahre fast alle prominenten „russischen Ökonomisten" in dieser Frage orthodoxe Marxisten waren, konnten sie allerdings, so stellte Gelesnoff 1927 fest, zunächst nur „wenig Originelles" zur Werttheorie beitragen.[300] Danach aber begann in Rußland eine intensive wissenschaftliche Auseinandersetzung zwischen marxistischer Arbeitswertlehre und der neuen Grenznutzenlehre, die zu einer Reihe von ausdrücklichen Versöhnungsversuchen führte (Tugan-Baranowsky, Struve, Tschuproff jun., Dmitriev,[301] Frank), die im Grunde meist auf eine Überwindung der Arbeitswertlehre hinausliefen.[302] Nach der Okto-

---

[298] Woytinsky (1961), S. 470f.

[299] Joan Robinson, *Doktrinen der Wirtschaftswissenschaft. Eine Auseinandersetzung mit ihren Grundgedanken und Ideologien*, 2., durchgesehene Auflage, München 1968 (1. Auflage 1965 (Original: *Economic Philiosphy*, London 1962), S. 36.

[300] Gelesnoff (1927), S. 168.

[301] Vgl. Bertram Schefold, „V.K. Dmitriev: Ein russischer Neo-Ricardianer", in: *Studien zur Entwicklung der ökonomischen Theorie XII: Osteuropäische Dogmengeschichte*, hg. von Heinz Rieter, Berlin 1992, S. 91-110.

[302] Vgl. Seraphim (1925); Gelesnoff (1927), bes. S. 166ff.; Zweynert (2002), S. 348ff. Gelesnoff (1927), S. 171, erwähnt auch Woytinskys frühe preistheoretische Arbeit *Der Markt und die Preise*, Petersburg 1906. Gelesnoff schreibt versehentlich „1900" – eine der vielen kleinen Ungenauigkeiten in seinem Beitrag. Die Umstände, unter denen der damals zwanzigjährige Woytinsky, Sohn eines St. Petersburger Ökonomie-Professors,

berrevolution, vor allem in der Ära Stalins, geriet die Wertlehre dann wiederum unter das Dogma des orthodoxen Marxismus. Wer die Arbeitswertlehre in Frage stellte, setzte sich nur allzu leicht dem lebensgefährlichen Vorwurf aus, ein ‚bourgeoiser Abweichler' oder ein Revisionist zu sein. Abweichende Positionen zur Werttheorie vertraten nun lediglich die Russen in der Emigration.

Auch in Deutschland gehörte die Wertlehre politisch – wie gesehen – zu den existentiellen Fragen, und unter dem Einfluß der Historischen Schule hatte sich die moderne neoklassische Lehre auch im hiesigen Universitätsbetrieb nicht vollständig durchsetzen können. Neben der Wiener Grenznutzenschule und der Lehre Cassels, der auf eine Wertlehre ganz verzichten wollte, gab es, angeführt von Heinrich Dietzel (1857-1935),[303] neben den Marxisten à la Hilferding immer noch eine Reihe einflußreicher akademischer Vertreter der klassischen Wertlehre. Viele junge deutsche Ökonomen suchten daher in der internationalen Literatur Rat, und so fand die durch ähnliche Hindernisse erschwerte Entwicklung der russischen Wertlehre hierzulande reges Interesse.[304]

Die akademischen Beiträge russischer Autoren zur Wertlehre in den deutschen wirtschaftswissenschaftlichen Zeitschriften in der zweiten Hälfte der zwanziger Jahre und Anfang der dreißiger Jahre vermieden den pseudophilosophischen und ideologischen Streit um Wertbegründung und Mehrwert-Aneignung. Verteidigungen der Arbeitswertlehre waren auch nicht darunter. Es ging den Autoren vielmehr um die materiellen, psychologischen und physiologischen Grundlagen der Wertlehre, ihre statistisch-mathematische Formulierung sowie die Meßbarkeit bzw. Skalierbarkeit des Nutzens und Grenznutzens.[305] Zu den wichtigsten diesbezüglichen Beiträgen gehörte eine Kritik des

---

sein Buch schrieb und wie es zu dem Vorwort von Tugan-Baranowsky kam, schildert Woytinsky in seinen Memoiren *Stormy Passage* (1961), S. 9.

[303] Zu Dietzel siehe Carsten Kasprzok, *Der Sozialökonom Heinrich Dietzel. Ein deutscher Klassiker*, Marburg 2004.

[304] Vgl. besonders Hans-Jürgen Seraphim, *Neuere russische Wert- und Kapitalzinstheorien* (1925), der die modernen Vertreter der russischen Nationalökonomie – wie oben ausgeführt – im wesentlichen nach ihrer Stellung zur Wertlehre in Marxisten und andere gliederte.

[305] Vgl. W. Gelesnoff, „Über das Naturale und das Wertmäßige in den wirtschaftlichen Erscheinungen", in: *ASS* 54 (1925); M. Bouniatian, „Das Webersche Gesetz und die Wertlehre", in: *ZfgSt* 86 (1929). Zu Bouniatians mathematischen Formalisierungen vgl. die Erwiderung des Statistikers Wilhelm Winkler, in *ZfgSt* 86 (1929). Winkler hatte zuvor Bouniatians *La loi de variation de la valeur et les mouvements généraux des prix*,

Böhm-Bawerkschen Wertbegriffs aus der Feder des später berühmt gewordenen, damaligen Kiewer Professors Eugen Slutsky,[306] der übrigens bis 1905 in München studiert hatte, sowie die in der Wiener *Zeitschrift für Nationalökonomie* erschienenen Arbeiten des im jugoslawischen Exil lebenden Alexander Bilimovič, der als Anhänger einer ordinalen Nutzentheorie hervortrat.[307] Schließlich ging es um die schon bei Struve aufgeworfene und in Deutschland durch den Schweden Gustav Cassel bekanntgemachte Frage, ob man nicht die Wertlehre ganz außer acht lassen und gleich an der Preistheorie ansetzen sollte, unter Umgehung aller psychologischen, physiologischen und ethischen Wert- und Nutzenbetrachtungen.[308] Auch international zukunftsweisend waren in diesem Zusammenhang vor allem die Analysen von Angebots- und Nachfragefunktionen durch den späteren Nobelpreisträger Wassily Leontief[309] und den späteren Vizepräsidenten der *Econometric Society* Jacob

---

Paris 1927, kritisch besprochen in: *ZfgSt* 85 (1928), S. 408-411, und damit die Replik des empfindlichen, im Pariser Exil lebenden Russen heraufbeschworen.

[306] Bei Erscheinen des Aufsatzes war Slutsky bereits nach Moskau gewechselt. Eugen Slutsky, „Zur Kritik des Böhm-Bawerkschen Wertbegriffs und seiner Lehre von der Meßbarkeit des Wertes", in: *SJB* 51 (1927). Slutsky hatte bereits 1915 in einer wegen ihrer rein mathematischen Darstellung unbeachtet gebliebenen Arbeit, die auf italienisch erschienen war, das Gesetz von der abnehmenden Grenzrate der Substitution und die Zerlegung der Wirkung von Preisveränderungen in einen Substitutions- und einen Realeinkommenseffekt formuliert, also lange bevor Hicks und Allen diese Dinge 1939 in der Fachwelt populär machten. Vgl. z.B. Monika Streissler, *Theorie des Haushalts*, Stuttgart 1974, S. 48 ff.

[307] Vgl. A. Bilimovič, „Irving Fisher's statistische Methode für die Bemessung des Grenznutzens", in: *ZfN* 1 (1930), S. 114-128; „Grenzkosten und Preis", in: *ZfN* 1 (1930), S. 368-386; „Kritische und positive Bemerkungen zur Geldwerttheorie" (2 Teile), in: *ZfN* 2 (1931), S. 353-375 und S. 695-732; „Versuch der Bemessung des Grenznutzens", in: *ZfN* 4 (1933), S. 161-187. Vgl. dazu auch Seraphim (1925), S. 103ff. Seraphim scheint mit der auf Pareto zurückgehenden ordinalen Nutzentheorie nicht vertraut zu sein.

[308] Vgl. auch die Beiträge Stackelbergs: „Zwei kritische Bemerkungen zur Preistheorie Gustav Cassels", in: *ZfN* 4 (1933), S. 456-472, sowie seine Dissertation zur Kostentheorie: „Grundlagen einer reinen Kostentheorie" (2 Teile), in: *ZfN* 3 (1932), S. 333-367 und S. 552-590.

[309] Vgl. Leontief, „Ein Versuch zur statistischen Analyse von Angebot und Nachfrage", in: *WA* 30 (1929), 1*-53*; „Studien zur Elastizität des Angebotes", in: *WA* 35 (1932), S. 66-115. Vgl. dazu Beckmann (2000), S. 77: „*Leontief* kam als Nachfolger von *Schoenwaldt*, er übernahm aber nicht dessen Verkehrsreferat, sondern widmete sich der Ableitung statistischer Nachfragekurven. *Leontief* hatte dieses Aufgabengebiet selber gewählt: 'The subject of derivation of statistical demand curves was chosen by me rather than

Marschak,[310] die sie beide nach ihrer Übersiedlung in die USA dort mit großem Erfolg fortführten – Arbeiten, die in Deutschland erst nach 1945 stärker beachtet wurden.

3.2.3.4 Konjunktur-, Geld- und Kredittheorie

„Seit Ausbruch des Krieges entstand bei uns – wie überall", so beschrieb Gelesnoff 1927 den Stand der Wirtschaftstheorie in Rußland, „ein erhöhtes Interesse an den Fragen der wirtschaftlichen Konjunktur, des Geldumlaufs und des Kredits".[311] Ähnlich war in dieser Hinsicht die Situation der Wirtschaftswissenschaft in Deutschland, die sich nach dem Kriege angesichts der Großen Inflation intensiv mit geld- und kredittheoretischen Problemen beschäftigte und sich bemühte, den in diesen Fragen vorhandenen ausländischen Wissensvorsprung aufzuarbeiten. Es ist wohl nie über Geldfragen mehr geschrieben worden als in Deutschland zu Anfang der zwanziger Jahre.[312] So fanden auch russische Beiträge zu diesen Themen ihren Weg in die deutschen Fachzeitschriften bzw. auf den deutschen Buchmarkt, wobei bis 1925 die aktuellen währungspolitischen Probleme dominierten, die in Deutschland wie in Rußland das Wirtschaftsleben nachhaltig bestimmt hatten: Kriegs- und Nachkriegsinflation, Geldwirtschaft und Naturalwirtschaft im Kriegskommunismus,[313] Währungsreform und monetäre Stabilisierung.[314]

---

suggested by Löwe or anybody else' [so Leontief in einem Brief an Beckmann vom 3. Mai 1993]".

[310] Vgl. Marschak, *Elastizität der Nachfrage*, Tübingen 1931; dazu die Rezension von Leontief, in: *ASS* 66 (1931), S. 420-423, und (des gebürtigen Polen) Henry A. Schultz, in: *WA* 37 (1931), S. 28*-30*.

[311] Gelesnoff (1927), S. 175.

[312] Vgl. zur deutschen Diskussion Janssen (2000), S. 301-334, hier S. 302.

[313] Vgl. dazu Abschnitt 3.2.2.2: *Wirtschaftsrechnung und Sozialismus*.

[314] Vgl. vor allem Jurowsky, *Die Währungsprobleme Sowjetrußlands* (1925), dazu die Rezension Prokopowitschs (1927); außerdem: H.-J. Seraphim, *Die russische Währungsreform des Jahres 1924*, Leipzig 1925; dazu die Rezension von W. Gelesnoff, in: *WA* 23 (1926), S. 127**-130**; M. v. Bernatzky, *Der Zusammenbruch der russischen Währung und die Aussichten auf ihre Wiederherstellung*, München-Leipzig 1924; Magnus Feitelberg, *Das Papiergeldwesen in Räterußland*, Berlin 1920; dazu die Rezensionen von Elster bzw. Lederer in: *JbNuSt* 117 (1921), S. 182f., bzw. *ASS* 49 (1922), S. 252f. Das Thema war auch für die neu entstandenen, ehemals zu Rußland gehörenden Staaten von hohem Interesse. Typisch ist der Beitrag des Balten Alexander N. Sack, „Probleme der

In den frühen zwanziger Jahren fand die deutsche geldtheoretische Diskussion vielfach noch im Zeichen der Kontroverse um Georg F. Knapps *Staatliche Theorie des Geldes* statt: Hat das Geld Wert an sich oder leitet es seinen Wert von der staatlichen Autorität ab, resultiert die Inflation aus einer Vermehrung des Geldes oder ist die Geldvermehrung nur Folge realwirtschaftlicher Vorgänge?[315] Geprägt von der geldtheoretischen Perspektive der Knapp-Schule berichtete Karl Elster noch in den dreißiger Jahren über die Währungspolitik der Sowjetunion.[316] Von der typisch deutschen Diskussion um das Wesen und den Wert des Geldes künden – trotz aller Modernität – auch noch die Beiträge von Altmeister Bortkiewicz.[317]

Entschieden fortentwickelt zeigte sich die deutsche Geldtheorie dann aber bei Jakob Marschak, einem seiner ehemaligen russischen Studenten in Berlin. Mit Marschaks Untersuchung der von Irving Fisher formulierten Quantitätstheorie ist der neue Ton der geldtheoretischen Analyse angeschlagen,[318] der für die Weimarer Jahre wie für die Zeit der NEP in Sowjetrußland bestimmend war und sowohl auf die spätere keynesianische als auch auf die neoklassische Entwicklung verweist. In den Mittelpunkt rückten sowohl die Untersuchung der Wirkungen des vermehrten Geldangebots und – wie man da-

Geldreform in den baltischen Staaten", in: *WA* 20 (1924), S. 218-230, oder der von Oswald Lehnich, *Währung und Wirtschaft in Polen, Litauen, Lettland und Estland*, Berlin 1923; dazu die Rezension von Georg v. Schanz, in: *FA* 41 (1924), S. 251f.

[315] Vgl. G.F. Knapp, *Staatliche Theorie des Geldes*, 3. Auflage, München-Leipzig 1921 (1. Auflage 1905); Herbert Döhring, *Die Geldtheorien seit Knapp. Ein dogmenhistorischer Versuch*, 2. Auflage, Greifswald 1922 (1. Auflage 1921); Howard S. Ellis, *German Monetary Theory 1905-1933*, Cambridge/Mass. 1934.

[316] Vgl. K. Elster, *Vom Rubel zum Tscherwonjez. Zur Geschichte der Sowjet-Währung*, Jena 1930; (zum Vergleich: ders., *Von der Mark zur Reichsmark*, Jena 1928); *Der Rubel beim Aufbau des Sozialismus,* Jena 1933. Zur Rolle Elsters innerhalb der Knapp-Schule in Deutschland vgl. Janssen (2000), S. 78ff.

[317] Bortkiewicz, „Das währungspolitische Konzept Otto Heyns", in: *SJB* 42 (1918), S. 735-752; „Der subjektive Geldwert", in: *SJB* 44 (1920), S. 153-190; „Neue Schriften über die Natur und die Zukunft des Geldes", I u. II, in: *SJB* 45 (1921), S. 621-647 und S. 957-1000; „Das Wesen, die Grenzen und die Wirkungen des Bankkredits", in: *WA* 17 (1922), S. 70-89; sowie unmittelbar nach Erscheinen von Knapps *Staatlicher Theorie*: „Die geldtheoretischen und währungspolitischen Konsequenzen des Nominalismus", in: *SJB* 30 (1906), S. 1311-1344.

[318] Marschak, „Die Verkehrsgleichung", in: *ASS* 52 (1924), S. 344-384. Es handelt sich um die bei Emil Lederer und Alfred Weber geschriebene Dissertation.

mals sagte – des „zusätzlichen Kredits"[319] im Investitions- und Konsumgütersektor bzw. auf die Konjunktur als auch die tiefere Analyse der Bestimmungsgründe der Geldnachfrage, der Motive der Kassenhaltung, wie sie in Deutschland neben Marschak früh Ludwig Mises (im Sinne der subjektiven Wertlehre) oder der Kieler Hans Neisser wegweisend erörtert haben.[320] Charakteristisch für Marschaks Arbeiten waren von Anfang an die Berücksichtigung mangelnder Information und der Unsicherheit in den Verhaltensannahmen sowie die Einbettung der Geldnachfrage in eine Analyse der Vermögenshaltung.[321]

Mitte der zwanziger Jahre führte in Rußland die unterschiedliche Preisentwicklung für landwirtschaftliche und industrielle Waren, nach einem Ausdruck von Trotzky „die Schere" genannt, zu einer intensiven theoretischen und politischen Debatte, die auch diesseits der sowjetischen Grenzen beachtet wurde.[322] Das Bild der Schere leitet sich ab von der graphischen Darstellung der Preisentwicklung von Industrie- und landwirtschaftlichen Waren: „Die Linie der industriellen Preise geht in die Höhe, während diejenige der landwirtschaftlichen sinkt, d.h. die Schere öffnet sich."[323]

Die russischen Kollegen um Nikolaj D. Kondratieff, die bis 1925/26 großen Einfluß auf die russische Agrar- und Finanzpolitik hatten,[324] analysierten

---

[319] Gemeint ist der Kredit, der die angesammelten Ersparnisse übersteigt. Vgl. dazu J.A. Schumpeter, „Das Sozialprodukt und die Rechenpfennige. Glossen und Beiträge zur Geldtheorie von heute", in: *ASS* 44 (1917/18), S. 627-715; Emil Lederer, „Ort und Grenze des zusätzlichen Kredits", in: *ASS* 63 (1930), S. 513-522.

[320] Mises, *Theorie des Geldes und der Umlaufsmittel*, 2. Auflage, Wien 1924 (1. Auflage 1912); Neisser, *Der Tauschwert des Geldes*, Jena 1928.

[321] Vgl. auch folgende spätere Beiträge Marschaks: „Volksvermögen und Kassenbedarf", in: *ASS* 68 (1933), S. 385-419; „Größenordnungen des deutschen Geldsystems" (zusammen mit W. Lederer), in: *ASS* 67 (1932), S. 385-402, und: „Vom Größensystem der Geldwirtschaft", in: *ASS* 69 (1933), S. 492-512.

[322] Vgl. Pollock (1929), S. 135ff., hier S. 140; Wagenführ (1929), S. 10f. und S. 85; außerdem H.-J. Seraphim, „Das Scherenproblem in Sowjetrußland", in: *WA* 22 (1925), S. 61-81.

[323] Pollock (1929), S. 140.

[324] Vgl. dazu Barnett (1998), S. 47 ff. Leider gibt Barnett, der Kondratieffs Analysen sehr gut vor ihrem russischen politischen Hintergrund zu beleuchten weiß, kaum theoriegeschichtliche Hinweise auf die betreffende deutsche bzw. kontinentaleuropäische Literatur oder etwa auf die Arbeiten Wagemanns und dessen Berliner Konjunkturinstituts. Auch die deutschen oder französischen Übersetzungen der russischen Beiträge werden von Barnett in der Regel nicht erwähnt, etwa "Kondratiev's most sophisticated development of the long cycle concept" (Barnett (1998), S. 121) von 1928. Dieser Auf-

das Scherenproblem im Rahmen der Verkehrsgleichung bzw. der Quantitätstheorie[325] – so wie es ihre westlichen Kollegen bei der Analyse der Großen Inflation in der Folge des Ersten Weltkrieges auch taten.[326]

Die quantitätstheoretische Analyse des Scherenproblems trug den russischen Ökonomen eine Auseinandersetzung mit Leo Trotzky ein. Dieser hatte auf dem 12. Parteitag im April 1923 einen Bericht vorgelegt, in dem er die gute Ernte und die zu hohen Kosten in der Industrie für die Schere verantwortlich machte. Der Führer der Roten Armee erklärte, daß er das Problem der ungleichgewichtigen sektoralen Entwicklung zugunsten der Industrie gelöst sehen wolle.[327] Kondratieff widersprach dem im September 1923. Nach seiner Meinung war die Aufblähung der Geldmenge für das steigende Preisniveau verantwortlich. Dieses wirke sich stärker bei industriellen Gütern aus, weil die Industrie relativ leicht Kredite bekam (primär vom ‚zusätzlichen Kredit' profitierte) und damit den inflationären Impuls auslöse. Viele Unternehmen konnten bei der Preisgestaltung zudem – anders als die Landwirtschaft – quasi monopolistisch agieren. Kondratieff schlug deshalb neben anderen Maßnahmen – wie einer offensiven Exportpolitik für Getreide –

---

satz erschien 1928 im *ASS* auf deutsch, übersetzt von A .v. Schelting. Hier ist Barnett offenbar Garvys in diesem Falle schlechtem Gedächtnis aufgesessen, der geschrieben hatte: "not translated and therefore largely unknown outside the Soviet Union." Vgl. George Garvy, "Kondratieff, N. D.", in: *IESS*, Vol. VIII (1968), S. 443-444, hier S. 444.

[325] Vgl. Barnett (1998), S. 54ff., und Wagenführ (1929) sowie die dort angegebene Literatur. Auf deutsch erschienen: N.D. Kondratieff: „Die Preisdynamik der industriellen und landwirtschaftlichen Waren (Zum Problem der relativen Dynamik und Konjunktur)", übersetzt von A. v. Schelting, in: *ASS* 60 (1928), S. 1-85 (Original in: *Woprosy Konjunktury* IV (1928), S. 1-85); A.A. Sokoloff, „Die Geldvermehrung und die ‚Preisscheren'" (übersetzt von A. Gerschenkron), in: *ASS* 64 (1930), S. 433-452. Weitere russische Beiträge zur Quantitätstheorie in deutschen Fachzeitschriften stammten von A.A. Sokoloff, „Zwei Beiträge zur Theorie der Umlaufsgeschwindigkeit des Geldes", in: *ASS* 57 (1927), S. 143-166 und S. 627-656; O. Anderson, „Ist die Quantitätstheorie statistisch nachweisbar?", in: *ZfN* 2 (1931), S. 523-578. Der Aufsatz Sokoloffs geht auf eine von ihm in Rußland bereits 1905 publizierte Studie zurück, in der er die Umlaufsgeschwindigkeit einen selbständigen Einfluß auf die Veränderungen des Preisniveaus abspricht. Vgl. Gelesnoff (1927), S. 180f.

[326] Vgl. die von Gustav Cassel im Auftrag des Völkerbunds vorgelegten Denkschriften *Das Geldproblem der Welt*, 2 Bände, München 1921 und 1922. Beispielhaft für Deutschland: Walter Eucken, *Kritische Betrachtungen zum deutschen Geldproblem*, Jena 1923.

[327] Vgl. Barnett (1998), S. 57.

eine restriktivere Praxis der Kreditvergabe für die Industrie vor und konnte sich zunächst damit durchsetzen.[328]

In der zweiten Hälfte der zwanziger Jahre bekam die Diskussion um die vermeintlich disproportionale Entwicklung von landwirtschaftlichem und industriellem Sektor unter dem Schlagwort ‚Warenhunger' eine politische Wendung. Konsumgüter blieben in Sowjetrußland dauerhaft knapp, und die marxistische Analyse sah darin den Ausdruck einer nachhinkenden industriellen Entwicklung, die nicht länger hinzunehmen sei. Der für die Aufstellung des Landwirtschaftsplanes verantwortliche Kondratieff verwies wiederum auf die Expansion des Industriekredits als Ursache der Krise – allerdings mit etwas anderer Begründung: Die Kreditexpansion habe zu einer erhöhten Produktion von Investitions- statt von Konsumgütern geführt, und den gestiegenen Einkommen ständen nun zu wenige Konsumgüter gegenüber, was zu deren Preiserhöhung führe. Eine weitere verstärkte Kreditvergabe an die Industrie sei abzulehnen und würde das Problem nur verschärfen.[329] Wiederum trat Kondratieff gegen die sich nun allerdings durchsetzende Doktrin vom Primat der Industrie auf, woraufhin Trotzky im Dezember 1925 scharf

---

[328] Vgl. N.D. Kondratiev, „Powyschenie towarnych zen", in: *Ekonomitscheskaja shisn*, No. 217, 26. September 1923, hier wiedergegeben nach Barnett (1998), S. 57.

[329] Vgl. N.D. Kondratiev, „Sowremennoje sostojanie narodnochosjajstwennoj konjunktury w swete vsaimootnoschenij industrii i selskogo chosjajstwa", in: Sozialistitscheskoje chosjaistwo, no. 6 (1925), hier wiedergegeben nach Barnett (1998), S. 60f. Barnett rückt Kondratieffs Analyse in die Nähe der monetären Konjunkturtheorien Hawtreys und Hayeks. Wir halten das für eine unnötige Verengung der Sicht. Kondratieffs Konjunkturtheorie beruht – wie häufig bei empirisch-induktiv arbeitenden Forschern – auf Elementen verschiedener Theorien. Beeinflußt haben ihn insbesondere die sogenannten Überinvestitionstheorien, und zwar – im Sinne Haberlers – sowohl die monetären (Wicksell, Mises, Hayek, Röpke, Hawtrey, Robbins) als auch die nicht-monetären (Tugan-Baranowsky, Spiethoff, Cassel, Aftalion, Bouniatian); vgl. Haberler (1955), S. 40ff., 76ff., 88ff. Vgl. in diesem Zusammenhang auch die bei Hagemann, "The Development of Business-Cycle Theory in the German Language Area 1900-1930" (1999), S. 116, erwähnte Bemerkung Hayeks, er stünde den Theorien Spiethoffs und Cassels (und damit auch der Tugan-Baranowskys) in mancher Hinsicht näher als den monetären Theorien. Wenden wir uns aber vom relativ ‚kurzfristigen' Problem des ‚Warenhungers' den langen Wellen zu, sollte Kondratieffs Lehre im Zusammenhang der damals vorherrschenden Theorien wirtschaftlicher Entwicklung verstanden werden – also im Kontext von Marx, Tugan-Baranowsky, Schumpeter, Spiethoff, Sombart und anderen. Vgl. dazu Francisco Louçã, "Nikolai Kondratiev and the Early Consensus and Dissensions about History and Statistics", in: *HoPE* 33 (1999), S. 169-205, bes. S. 173-192.

gegen solche Theorien der „ökonomischen Entwaffnung des Proletariats" zugunsten der Landwirtschaft polemisierte.[330]

Wissenschaftlich ging es in den zahlreichen Beiträgen um monetäre und/ oder realwirtschaftliche Erklärungsversuche der aufgetretenen Phänomene, politisch aber immer auch um das geplante und tatsächliche Entwicklungstempo in den verschiedenen Sektoren der russischen Wirtschaft, um die für Landwirtschaft oder (Schwer-)Industrie zu setzenden Prioritäten. „Das Niveau und das gegenseitige Verhältnis der Preise dieser Waren in jeder gegebenen Periode kennzeichnet in gewissem Maße die Lage der beiden wichtigsten Zweige der gesellschaftlichen Produktion: der Industrie und der Landwirtschaft", schrieb Kondratieff kurz vor der Schließung seines Instituts. Daher berge die Erörterung des Problems ein nicht geringes Interesse, „und zwar nicht allein theoretischer, sondern auch praktischer Natur".[331] Die politischen Vorgaben aber waren, als Kondratieff diese Zeilen in Deutschland veröffentlichte, bereits beschlossene Sache, und eine kritische, öffentliche Diskussion des Primats der Schwerindustrie war nicht länger erwünscht.

Beim ‚Scherenproblem' und ‚Warenhunger' ging es um ‚Macht oder ökonomisches Gesetz?' in einem doppelten Sinne: War der sozialistische Planer bei der Preisgestaltung für unterschiedliche Waren, letztlich bei der Festlegung des Tempos der Industrialisierung, autonom, oder mußte er sich aus der Marktwirtschaft bekannten bzw. noch zu erforschenden Wirtschaftsgesetzen beugen? Zugespitzt: Der Befürworter einer schnellen Industrialisierung war ein guter sozialistischer Ökonom und der von Preiserhöhungen bei Agrarprodukten ein bürgerlicher Ökonom, schlimmer noch, ein Anwalt der *Kulaken*![332]

Die Probleme von ‚Preisschere' und ‚Warenhunger' wie auch die neu entflammte Diskussion um die Quantitätstheorie, besonders über die Frage nach den kurz- und längerfristigen Wirkungen von Geldmengen- bzw. Krediterhöhungen auf die güterwirtschaftliche Entwicklung, führten in Rußland nahtlos zu einer konjunktur- und entwicklungstheoretischen Debatte, die auch das deutsche Publikum sehr interessierte. Hatte doch auch hierzulande die Kon-

---

[330] Barnett (1998), S. 62.
[331] Kondratieff (1928), S. 1.
[332] Vgl. dazu Barnett (1998), S. 85: "In December 1929 the Politburo approved all-out collectivisation of agriculture which led very quickly to the 'liquidation of the *kulaks* as a class'. NEP was finally over. As Stalin commented on 27 december 1929, a fundamentally new method closing the scissors was found."

junkturtheorie einen ihrer wichtigsten Ausgangspunkte in der modernen Geld- und Kredittheorie genommen und Mises bereits 1912 mit seiner *Theorie des Geldes und der Umlaufsmittel* die Grundlagen der österreichischen monetären Konjunkturtheorie gelegt.[333] Auch Schumpeter erkannte schon vor dem Ersten Weltkrieg im Kredit einen „gewaltigen Hebel der wirtschaftlichen Entwicklung" und band seine Konjunkturtheorie in eine *Theorie der wirtschaftlichen Entwicklung* ein.[334]

Außerhalb der Geldlehre führte in Deutschland aber noch ein weiterer Weg zur Konjunkturforschung, der mit Blick auf Rußland ebenfalls von Bedeutung ist. Im 19. Jahrhundert hatten die Kathedersozialisten und Sozialpolitiker aus der Historischen Schule in der ihnen eigenen typischen Vermischung von ethischer und wissenschaftlicher Betrachtung die Grausamkeiten des Kapitalismus anhand der immer wieder auftretenden Wirtschaftskrisen und ihrer sozialen Auswirkungen farbig geschildert und nach allen möglichen Ursachen systematisiert.[335] Kapitalismuskritik und Krisentheorien waren in Deutschland eine enge Verbindung eingegangen, und die wirtschaftliche Konjunktur war insbesondere von Sombart und Spiethoff als ein Phänomen des „Wirtschaftssystems" bzw. des „Wirtschaftsstils" im (Hoch-)Kapitalismus herausgearbeitet worden.[336] Schon Marx hatte diesen Weg gewiesen, indem er die immer wieder auftretenden Krisen mit einer von ihm behaupteten gesetzmäßigen zyklischen Entwicklung des Kapitalismus verband – ein Ansatz, der in Deutschland Anfang des 20. Jahrhunderts neben Schumpeter,

---

[333] Vgl. Ludwig Mises, *Theorie des Geldes und der Umlaufsmittel*, 2. neubearbeitete Auflage, München-Leipzig 1924 (1. Auflage 1912). Dazu auch: Fritz Burchardt, „Entwicklungsgeschichte der monetären Konjunkturtheorie", in: *WA* 28 (1928), S. 77-153, und neuerdings: Carsten Pallas, *Ludwig von Mises als Pionier der modernen Geld- und Konjunkturtheorie. Eine Studie zu den monetären Grundlagen der Austrian Economics*, Marburg 2004.

[334] Schumpeter (1917/18), S. 707; ähnlich schon in seinem früheren Buch *Theorie der wirtschaftlichen Entwicklung. Eine Untersuchung über Unternehmergewinn, Kapital, Kredit, Zins und den Konjunkturzyklus*, Wien 1911.

[335] Vgl. dazu Janssen (2000), S. 334 und die dort angegebene Literatur. Aus russischer Feder: M. Tugan-Baranowsky: „Die sozialen Wirkungen der Handelskrisen in England", in: *ASS* 13 (1899), S. 1-40.

[336] Vgl. Arthur Spiethoff, „Krisen", in: *HdStW*, 4. Auflage, Band 6 (1925), S. 8-91. Werner Sombart, *Der moderne Kapitalismus. Band III: Das Wirtschaftsleben im Zeitalter des Hochkapitalismus. Zweiter Halbband: Die Bewegungsformen des wirtschaftlichen Prozesses*, München und Leipzig 1927, S. 551-593; dazu Schumpeter, „Sombarts Dritter Band", in: *SJB* 51 (1927), S. 349-369.

Sombart und Spiethoff u.a. auch von Lederer und Löwe sowie vielen ihrer Mitarbeiter in Heidelberg bzw. Kiel aufgegriffen wurde.[337] Auf diese Entwicklung der Konjunkturtheorie in Deutschland hatte zu Anfang des 20. Jahrhunderts auch ein Russe wesentlichen Einfluß genommen – nämlich Michail von Tugan-Baranowsky, der einem größeren Publikum hierzulande durch den Doyen der deutschen Konjunkturforschung Arthur Spiethoff bekanntgemacht worden war.[338] Auch Tugan-Baranowsky hatte seine Konjunkturtheorie im Anschluß an Marx entwickelt, die Vorstellung von der Zwangsläufigkeit der Krisen und des Untergangs des Kapitalismus aber abgelehnt.[339] Sein Landsmann Mentor Bouniatian, der 1907 in München promoviert hatte und auf den angeblich die Unterscheidung zwischen endogenen und exogenen Konjunkturtheorien zurückgeht,[340] modifizierte die Überproduktions- bzw. Überinvestitionstheorie Tugan-Baranowskys.[341] Auch ihm zufolge wird in der Depression durch die Ansammlung von Leihkapital schließ-

---

[337] Vgl. Lowe (1989).

[338] A. Spiethoff, „Vorbemerkungen zu einer Theorie der Überproduktion", in: *SJB* 26 (1902), S. 721-759; „Die Krisentheorien von M. von Tugan-Baranowsky und Ludwig Pohle", in: *SJB* 27 (1903), S. 679-708.

[339] Es sei allerdings ein Regulator, eine planmäßige Organisation der gesamten Produktion erforderlich. Vgl. Tugan-Baranowsky (1901), S. 1ff. und S. 197ff. Näheres zu Tugan-Baranowskys Einfluß auf die Entwicklung der deutschen Konjunkturtheorie bietet der Beitrag von Ulf Beckmann in *Deutsche und russische Ökonomen im Dialog* (2004).

[340] So Stavenhagen (1964), S. 518. Vgl. Mentor Bouniatian, *Studien zu Theorie und Geschichte der Wirtschaftskrisen*, Band I: *Wirtschaftskrisen und Ueberkapitalisation. Eine Untersuchung über die Erscheinungsformen und Ursachen der periodischen Wirtschaftskrisen*, München 1908; Band II: *Geschichte der Handelskrisen in England im Zusammenhang mit der Entwicklung des englischen Wirtschaftslebens 1640-1840*, München 1908.

[341] Neben der eben genannten Dissertation vgl. vor allem Bouniatian, *Ekonomitscheskie Krisiy*, Moskau 1915; *Les crises économiques*, Paris 1922; „Industrielle Schwankungen, Bankkredite und Warenpreise", in: *ASS* 58 (1927), S. 449-477; „Die vermeintlichen Kreditkreierungen und die Konjunkturschwankungen", in: *JbNuSt* 136 (1932), S. 337-364. Vgl. auch die Kritiken Lederers in: *ASS* 32 (1911), S. 148-154, und *ASS* 50 (1923), S. 255-257; sowie die Momberts in: *SJB* 47 (1923), S. 322-323, und Åkermans in: *ZfN* 2 (1931), S. 466-469. Auch im Pariser Exil blieb Bouniatian ein aufmerksamer Beobachter der deutschen Lehre. Das belegen nicht nur die genannten Aufsätze, sondern auch seine zahlreichen Rezensionen, etwa zu: „K. Zimmermann, Das Krisenproblem in der neueren nationalökonomischen Theorie", in: *ASS* 59 (1928), S. 209-210; „E. Wagemann, Konjunkturlehre", in: *ASS* 61 (1929), S. 658ff.; „E. Wagemann, Einführung in die Konjunkturlehre", in: *ASS* 63 (1930), S. 428ff.

lich eine Überkapitalisierung und Überinvestition bei den dauerhaften Kapitalgütern im Vergleich zum Konsumgütersektor ausgelöst.[342]

War schon vor der Oktoberrevolution das Interesse an der russischen Konjunkturtheorie gegeben, so ließ dies in den zwanziger Jahren – „angesichts des Eifers, mit dem heute", so Hayek am Ende des Jahrzehnts, „in Rußland die Konjunkturprobleme studiert werden"[343] – nicht nach. Denn auch in Deutschland hatte sich die Konjunkturtheorie inzwischen von einer einstmals randständigen Disziplin zur Königswissenschaft oder – wie Löwe sagte – zu einer „Modewissenschaft" gemausert.[344]

So öffneten sich die deutschen Zeitschriften den Mitarbeitern des Moskauer Instituts (*siehe Tabelle 5 auf S. 135*) und an russischen konjunkturtheoretischen Arbeiten zwischen 1925 und 1930 erschienen also neben den schon erwähnten Beiträgen von A.A. Sokoloff und von N.D. Kondratieff[345] selbst J.P. Ghertschuks kleine Kontroverse mit dem Kieler Gerhard Colm zur Wertermittlung in den Produktionsstatistiken,[346] D.I. Oparins theoretische Analyse von Abweichungen vom gleichgewichtigen Wachstumspfad und Beiträge Wainsteins zur Planung in der UdSSR und zur Agrarkonjunktur.[347]

---

[342] Allerdings versucht er, seine später ausgeführte Theorie der relativen Preis- und der daraus resultierenden Einkommensverschiebungen streng auf der subjektiven Wertlehre aufzubauen. Vgl. Wagenführ (1929), S. 48ff. Zur Rezeption Bouniatians in Rußland vgl. ebd., S. 53ff.

[343] Hayek, „Rezension zu R. Wagenführ (1929)", in: *JbNuSt* 133 (1930), S. 128.

[344] Adolf Löwe, „Wie ist Konjunkturtheorie überhaupt möglich?", in: *WA* 24 (1926), S. 165-197, hier S. 165. Zur Entwicklung der Konjunkturtheorie in Deutschland im ersten Drittel des 20. Jahrhunderts vgl. Hagemann, "The Development of Business-Cycle Theory in the German Language Area 1900-1930" (1999) und Janssen (2000), S. 301ff., bes. S. 338. Eine Übersicht gibt auch Emil Lederer, „Konjunktur und Krisen", in: *GdS*, 4. Abteilung, 1. Teil: *Spezielle Elemente der modernen kapitalistischen Wirtschaft*, Tübingen 1925, S. 354-413.

[345] Außerdem erschien von Kondratieff zur gleichen Thematik noch der schon erwähnte Aufsatz in den *AdBw* von 1927 sowie seine Rezension zu „S.A. Perwuschin, Die wirtschaftliche Konjunktur", in: *WA* 24 (1926), S. 13**-17**; im Gegenzug, S.A. Perwuschins Rezension zu „Kondratieff/Oparin, Die langen Konjunkturzyklen" (1928), in: *WA* 31 (1930), S. 40-44.

[346] Vgl. G. Colm, „Bemerkungen zu dem vorstehenden Aufsatz von Ghertschuk", in: *WA* 28 (1928), S. 236-242; „Das ‚Mehrwert'-Verfahren in den Produktionsstatistiken", in: *WA* 20 (1924), S. 204-217; vgl. auch die Anmerkung von Leontief (1925), S. 340.

[347] Oparin (1930); Wainstein (1927); ders., „Die Wirtschaftsplanung der Union der Sowjetrepubliken für 1926/7", in: *WA* 25 (1927), S. 27*-43*. Von Wainstein erschienen

Der russische und in weiten Teilen auch sozialistische Einfluß auf die Entwicklung der deutschen Konjunkturtheorie war auch bei der im Juni 1926 gegründeten und von dem baltendeutschen Ökonomen und Statistiker Eugen Altschul geleiteten *Frankfurter Gesellschaft für Konjunkturforschung*[348] deutlich spürbar. Ähnliches galt für die im April 1926 entstandene Kieler *Abteilung für Statistische Weltwirtschaftskunde und Internationale Konjunkturforschung (Astwik)* unter Adolf Löwe. In den von Altschul, der selber einige wichtige theoretische Beiträge zur empirischen Konjunkturforschung geliefert hatte,[349] herausgegebenen *Veröffentlichungen der Frankfurter Gesellschaft für Konjunkturforschung* erschienen zwischen 1929 und 1934 eine ganze Reihe russischer bzw. sozialistischer Beiträge, u.a. von Oskar Anderson, Oscar Lange, Simon Kuznets und Wladimir Woytinsky.[350] Der inhaltliche Schwerpunkt und das wegweisend Neue der Schriften lag in der theoretischen Diskussion der Anwendung moderner mathematischer und statistischer Methoden in der Konjunkturforschung, wie sie etwa seit 1920 auch im Moskauer Institut Brauch waren.[351] Ähnliches hatten sich der Kieler Adolf

---

1929 außerdem noch seine bereits erwähnten Beiträge zur landwirtschaftlichen Konjunktur in den *AdBw* und im Sonderheft 12 der *VzK*.

[348] Die Gesellschaft war auf Initiative des Frankfurter Geldtheoretikers und Bankiers Ludwig A. Hahn gegründet worden, der Altschul nach Frankfurt geholt hatte. Der Lette Eugen Altschul hatte bis 1905 in Rußland gelebt und vor dem Ersten Weltkrieg das Lehrbuch von W. Gelesnoff ins Deutsche übersetzt (*Grundzüge der Volkswirtschaftlehre*, Leipzig 1918). Vgl. Bernd Kulla, „Eugen Altschul", in: *Biographisches Handbuch der deutschsprachigen wirtschaftswissenschaftlichen Emigration* (1999), Bd. 1, S. 4-6. Auch in dem im Januar 1927 eröffneten Wiener Institut unter Leitung von F.A. Hayek und später von Oskar Morgenstern arbeitete mit Alexander Gerschenkron ab 1937 ein Russe.

[349] Vgl. Altschul, „Konjunkturtheorie und Konjunkturstatistik", in: *ASS* 55 (1926); ders., „Mathematik in der Wirtschaftsdynamik", in: *ASS* 63 (1930).

[350] Vgl. O. Anderson, *Zur Problematik der empirisch-statistischen Konjunkturforschung* (= Heft 1), Bonn 1929; ders., *Die Korrelationsrechnung in der Konjunkturforschung* (= Heft 4), Bonn 1929; S. Kuznets, *Wesen und Bedeutung des Trends* (= Heft 6), Bonn 1930; W. Woytinsky, *Internationale Hebung der Preise als Ausweg aus der Krise* (= N.F., Heft 1), Leipzig 1931; O. Lange, *Die Preisdispersion als Mittel zur statistischen Messung wirtschaftlicher Gleichgewichtsstörungen* (= N.F., Heft 4), Leipzig 1932. Des weiteren finden sich unter den Autoren folgende bekannte Namen: die Deutschen Hans Peter, Paul Mombert, Fritz Neumark, der gebürtige Pole Henry Schultz und der US-Amerikaner Ezekiel Mordechai.

[351] Dieses Anliegen verband Altschul auch mit der deutschen Übersetzung von Wesley C. Mitchells Hauptwerk *Business Cycles*. Nachdem Altschul emigrieren mußte, sollte die Herausgeberschaft der *Veröffentlichungen der Frankfurter Gesellschaft* an Erich

Löwe und seine Mitstreiter – Colm, Neisser, Burchardt, Hahn, Kähler, zeitweilig auch die Russen Marschak und Leontief – vorgenommen. Löwe war im *Statistischen Reichsamt* tätig gewesen, bevor er nach Kiel an das dortige *Institut für Weltwirtschaft* kam. Er berief sich wissenschaftlich unter anderem auf Karl Marx und auf Rosa Luxemburg und verfolgte einen unterkonsumtionstheoretischen Ansatz.[352] Das *Weltwirtschaftliche Archiv* stand russischen Autoren offen, und Hahn, selbst an Fragen der statistischen Konjunkturforschung arbeitend,[353] hatte die Beiträge Oparins und Perwuschins ins Deutsche übersetzt.

Spätestens mit dem Erscheinen des Aufsatzes „Die langen Wellen der Konjunktur" 1926 im *ASS* ist aus deutscher Sicht die russische Konjunkturforschung vor allem mit einem Namen verbunden, dem seines Verfassers Nikolaj D. Kondratieff, der zugleich Gründer und Leiter des Moskauer Insti-

---

Preiser übergehen, der mit einer Arbeit zur Marxschen Krisentheorie promoviert hatte (vgl. Erich Preiser, „Das Wesen der Marxschen Krisentheorie", in: *Wirtschaft und Gesellschaft. Beiträge zur Oekonomik und Soziologie der Gegenwart. Festschrift für Franz Oppenheimer zu seinem 60. Geburtstag*. Frankfurt a. M. 1924, S. 249-275). Aus dem Exil in Minneapolis, University of Minnesota, schrieb Altschul 1934: „Lieber Freund Preiser (…) In Fortfuehrung dieser Gedanken, moechte ich Ihnen heute vorschlagen, meine Erbschaft bei der Schriftenreihe zu uebernehmen. Am liebsten waere mir, Sie machten das zusammen mit Dr. Soudek, vorausgesetzt, daß das akzeptabel ist. Da mein Name international, aber auch in Deutschland noch eine gewisse Zugkraft hat, sollte mein Namen der Reihe erhalten bleiben, ich meine als 'Trade Mark'. Ich bin gerne bereit, Sie in jeder Hinsicht zu unterstuetzen. Sie koennten in kuerzester Zeit, hier was schoenes schaffen. Viele Erwaegungen haben mich zu diesem Schritt bewogen. (…) Buske (dem Verleger, H.J.) habe ich in dem gleichen Sinne geschrieben und waere Ihnen dankbar, wenn sie sich mit ihm in Verbindung setzen wuerden. Nach wie vor bin ich gerne bereit, Herrn Buske nach Kraeften zu unterstuetzen." Nachlaß Erich Preiser (im Besitz von Gert Preiser), Brief von Eugen Altschul vom 30. April 1934.
[352] Vgl. Löwe (1926). Siehe die ausführliche Darstellung von Beckmann (2000), insb. Kap. 5.2. Auch der Heidelberger Lederer, der Hamburger Heimann, die Frankfurter Altschul und Preiser sowie Woytinsky waren der Unterkonsumtionstheorie zugetan.
[353] Vgl. Walter Hahn, *Die statistische Analyse der Konjunkturschwingungen*, Jena 1929. Vgl. dazu die Rezension von O. Anderson, in: *ZfN* 1 (1930), S. 632f. Hahn will seine Arbeit als ein echtes Produkt der Kieler Forschungsgruppe verstanden wissen (Vorwort); sein Personenregister belegt den großen russischen Einfluß: Von den rund siebzig aufgeführten Personen stammen gut die Hälfte aus dem Ausland und davon wiederum knapp ein Drittel aus Rußland, nämlich: Anderson, Altschul, Bortkiewicz, Jastremski, A. Kaufmann, Kondratieff, Kuznets, Oparin, Slutsky, Tschuproff jun. und Wainstein.

Tabelle 5:
Die Beiträge der Mitarbeiter des Moskauer Instituts für Konjunkturforschung in deutschen wirtschaftswissenschaftlichen Zeitschriften 1925-1930

Ghertschuk, Ja.P.			Die Ermittlung der Werterhöhung in den Produktionsstatistiken. Ihr theoretischer und praktischer Sinn, in: *WA* 28 (1928)
Ignatieff, M.W.			Die Wechselbeziehungen zwischen Geldumlauf, Warenumsatz und Preisbewegungen, in: *VzK*, Sonderheft 12 (1929)
Kondratieff, Nikolaj D.	Die langen Wellen der Konjunktur, in: *ASS* 56 (1926)	Das Problem der Prognose, insbesondere der sozialwirtschaftlichen (2 Teile), in: *AdBw* 1 (1927)	Die Preisdynamik der industriellen und landwirtschaftlichen Waren (Zum Problem der relativen Dynamik und Konjunktur), in: *ASS* 60 (1928)
Oparin, D.I.			Das theoretische Schema der gleichmäßig fortschreitenden Wirtschaft als Grundlage einer Analyse ökonomischer Entscheidungsprozesse (2 Teile), in: *WA* 32 (1930)
Perwuschin, S.A.			Versuch einer Theorie der wirtschaftlichen Konjunkturen, auf die Konjunkturentwicklung der Vorkriegszeit in Rußland angewandt, in: *VzK*, Sonderheft 12 (1929)
Schirkowitsch, Iwan N.			Ideengeschichte der Agrarwissenschaft in Rußland, in: *WA* 27 (1928)
Slutsky, Eugen		Zur Kritik des Böhm-Bawerkschen Wertbegriffs und seiner Lehre von der Meßbarkeit des Wertes, in: *SJB* 51 (1927)	
Sokoloff, A.A.		Zwei Beiträge zur Theorie der Umlaufsgeschwindigkeit des Geldes (2 Teile), in: *ASS* 57 (1927)	Die Geldvermehrung und die ‚Preisscheren', in: *ASS* 64 (1930)
Wainstein, Albert L.	Die Wirtschaftsplanung der Union der Sowjetrepubliken für 1926/7, in: *WA* 25 (1927)	Die sog. Bauern-Spezialindizes der UdSSR als Anzeiger der landwirtschaftlichen Konjunktur, in: *AdBw* 1 (1927)	Meteorologische und wirtschaftliche Zyklen. Probleme der Wirtschaftsprognose, in: *VzK*, Sonderheft 12 (1929)

tuts für Konjunkturforschung war.[354] Das damit unmittelbar erwachte Interesse an Kondratieff förderte zwei weitere zeitnahe Übersetzungen von wichtigen Arbeiten des Russen. So erschienen 1927 in den neugegründeten *Annalen der Betriebswirtschaft (AdBw)* ein Beitrag zum Problem der Planung und Vorhersage und 1928 – wiederum im *ASS* – eine längere Abhandlung zur Präzisierung seiner konjunktur- und wachstumstheoretischen Positionen, etwa zu den Fragen von Statik und Dynamik.[355] Bald nahm die Debatte um die Existenz der „langen Wellen" in der Wirtschaft und um die Validität der im Moskauer Konjunkturinstitut angewandten statistischen Methoden relativ breiten Raum in der deutschen Konjunkturliteratur ein, insbesondere im Umfeld der an statistisch-empirischen Arbeiten stark interessierten Institute in Berlin, Kiel und Frankfurt. Wagemanns Lehrbücher verweisen bei vielen Gelegenheiten auf die Arbeiten seiner russischen Kollegen, und in seiner *Konjunkturlehre* finden sich weit mehr russischen Namen als in den gängigen zeitgenössischen Lehrbüchern zur Dogmengeschichte.[356] Der Statistiker und Ökonom Rolf Wagenführ, Mitarbeiter des Berliner Instituts, hatte sich in Moskau vor Ort informiert und berichtete dem deutschen Publikum über die dortigen Schulen und Kontroversen in der Konjunkturforschung, etwa über die 1926 in Moskau geführte große kritische Debatte um Kondratieffs „lange Wellen".[357] Auch Wladimir Woytinskys Arbeit über das „Rätsel der langen

---

[354] Kondratieff, „Die langen Wellen der Konjunktur", in: *ASS* 56 (1926), S. 577-609. (Original in: *Woprosy Konjunktury* I (1925), S. 28-79); ders., "The Conjuncture Institute at Moscow", in: *QJE* 39 (1925), S. 320-324.

[355] Nikolaj D Kondratieff, „Das Problem der Prognose, in Sonderheit der sozialwirtschaftlichen" (1927) (Original: „Problema prevideniya", in: *Woprosy Konjunktury* II (1926), S. 1-42); „Die Preisdynamik der industriellen und landwirtschaftlichen Waren (Zum Problem der relativen Dynamik und Konjunktur)" (1928). Zum Begriff der ,Statik' und ,Dynamik' bei Kondratieff vgl. auch ders., "The Static and Dynamic View of Economics", in: *QJE* 39 (1925), S. 575-583; sowie Gelesnoff (1927), S. 179. Zur ähnlichen Verwendung der Begriffe bei Frisch und später auch bei Schumpeter vgl. Barnett (1998), S. 141.

[356] Ernst Wagemann, *Konjunkturlehre. Eine Grundlegung zur Lehre vom Rhythmus der Wirtschaft*, Berlin 1928, vor allem S. 8 und der Abschnitt „Die langen Wellen der Wirtschaft", S. 69-75; vorher schon ders., „Die langen Wellen der Konjunktur", in: *VzK* 3 (1928), Heft 1, Teil A, S. 27-30; auch: *Einführung in die Konjunkturlehre* (1929).

[357] Vgl. Rolf Wagenführ, *Die Konjunkturtheorie in Rußland* (1929), S. 79-89; sowie N.D. Kondratieff/D.I. Oparin (Hg.), *Die langen Konjunkturzyklen. Berichte und Kritik des Wirtschaftsinstituts Moskau*, Moskau 1928 (r); dazu die Rezension S.A. Perwuschins, in: *WA* 32 (1930), S. 40-44. Oparin konfrontierte Kondratieff mit einer Reihe von schlagenden Einwänden (Louçã 1999, S. 190), so daß Kondratieffs Lehre von den

Wellen" aus dem Jahre 1931 belegt das Interesse an dem von Kondratieff popularisierten Phänomen,[358] und selbst in den *Grundlagen einer universalistischen Krisenlehre* Walter Heinrichs fehlte der Hinweis auf Kondratieff nicht, wenn auch natürlich, wie bei einem Spann-Schüler nicht anders zu erwarten, „die Verabsolutierung des Quantitativen und Mechanischen" bei dem Russen streng getadelt wird.[359]

Zum Bekanntwerden Kondratieffs beim nicht-russischen Publikum hat auch Wesley C. Mitchell nicht unwesentlich beigetragen. Mitchell, Leiter des *NBER* in New York, war seinerzeit einer der international renommiertesten Persönlichkeiten auf dem Gebiete der empirischen Konjunkturforschung. Er und Kondratieff hatten sich 1924/25 persönlich kennengelernt, und der Amerikaner widmete den langen Wellen in seinem Hauptwerk von 1927 einen eigenen Abschnitt. Er gelangte allerdings zu dem Ergebnis, daß es keinen „Beweis für regelmäßige Wiederkehr" solcher Wellen gebe.[360]

Die Rezeption Kondratieffs verlief in Deutschland zwischen 1926 und 1933 intensiver und differenzierter als in der angloamerikanisch geprägten Wirtschaftswissenschaft – wohl schon deshalb, weil mehrere seiner wichtig-

---

langen Wellen in gewisser Hinsicht tot geboren war. Kondratieff (1926), S. 592, hatte selbst eingeräumt, daß das vorliegende Material nicht ausreiche, „um mit voller Sicherheit das Zyklische dieser Wellen behaupten zu können". Immerhin hielt er es für genügend, um den zyklischen Charakter „für sehr wahrscheinlich zu erklären". Das Kieler *WA* griff das durch die Meinungsverschiedenheit geschürte Interesse an Oparin auf und druckte eine Übersetzung W. Hahns von: D.I. Oparin, „Das theoretische Schema der gleichmäßig fortschreitenden Wirtschaft als Grundlage einer Analyse wirtschaftlicher Entscheidungsprozesse", 2 Teile, in: *WA* 32 (1930), S. 105-134 und S. 406-445.

[358] Wladimir Woytinsky, „Das Rätsel der langen Wellen", in: *SJB* 55 (1931), S. 577-618; später auch noch Léon H. Dupriez, „Einwirkungen der langen Wellen auf die Entwicklung der Wirtschaft", in: *WA* 42, S. 1-12, der sich u.a. auf Cassel, Kondratieff und Woytinsky bezog. Woytinsky wiederum setzte sich zwar mit Cassel, Kitchin und anderen auseinander, erwähnte aber seinen damals bereits verhafteten Landsmann Kondratieff mit keinem Wort.

[359] Walter Heinrich, *Grundlagen einer universalistischen Krisenlehre*, Jena 1928, S. 160f. Für Heinrich sind die langen Wellen letztlich „eindeutiger historischer Materialismus im Gewande der Konjunkturtheorie", und er fährt fort: „Übrigens ist kein Zweig der modernen Konjunkturforschung frei von marxistischen Einschlägen." Zur Spann-Schule vgl. Janssen (2000), S. 81ff.

[360] Vgl. Wesley C. Mitchell, *Business Cycles: The Problem and its Setting*, New York 1927; deutsch: *Der Konjunkturzyklus. Problem und Problemstellung*. Nach der vom Verfasser durchgesehenen und ergänzten Originalausgabe, herausgegeben von Dr. Eugen Altschul, Leipzig 1931, hier S. 222. Zu den Kontakten zwischen Mitchell und Kondratieff vgl. Barnett (1999), S. 92ff.

sten Beiträge relativ früh auf deutsch vorlagen. Ausgehend von der deutschen Übersetzung seiner „Langen Wellen" gewann Kondratieff weltweite Beachtung, und sein bekanntestes Werk wurde dann auch in andere Sprachen übersetzt.[361] Zeichen seiner wachsenden internationalen Anerkennung war die durch Schumpeter geförderte Wahl in die neugegründete *Econometric Society* als einziges russisches Mitglied, neben solch erlauchten Namen wie R. Frisch, W.C. Mitchell, J.A. Schumpeter, I. Fisher oder G. Haberler.[362] Überhaupt ist bemerkenswert, wie Louçã sagt, daß die Mehrheit gerade der Ökonomen, "involved at the core of the project for developing the new approach of econometrics (Frisch, Tinbergen, Schumpeter)", so tief von Kondratieff beeindruckt war.[363] Schumpeter war es dann auch, der 1939 die langen Wellen, also die Zyklen von 45 bis 60 Jahren Dauer, auf ewig mit dem Namen des Russen verbunden hat, indem er sie „Kondratieffs" taufte.[364]

In den späten dreißiger Jahren, nach der Weltwirtschaftskrise und mit dem Siegeszug des Keynesianismus, ließ das Interesse an Kondratieff – mit der großen Ausnahme Schumpeter – aber bereits wieder nach.[365] Haberler beispielsweise war der Meinung, daß jeder lange Zyklus seine individuelle Ge-

---

[361] Die amerikanische, nochmals gekürzte Übersetzung erfolgte anhand der deutschen Fassung durch den deutschen Emigranten Wolfgang F. Stolper unter dem Titel "The Long Waves in Economic Life", in: *RESta* 17 (1935), S. 105-115. Erst 1943 erfolgte dann in den USA eine ausführliche Darstellung durch Garvy, die sich auf das ungekürzte Original bezog. Vgl. George Garvy, "Kondratieff's Theory of Long Cycles", in: *RESta* 25 (1943), S. 203-220.

[362] Louçã (1999), S. 172f. Er merkt an: "The difficulty or impossibility of corresponding with Kondratiev nevertheless implied that his name was sometimes referred to (e.g. in the September 1934 list of the Fellows) and sometimes omitted (e.g. from the October 1933 list), while sometimes there was a reference to the fact that he was a member 'if living' (Schumpeter Archive)."

[363] Louçã (1999), S. 192.

[364] J. Schumpeter, *Business Cycles*, 2 Vols., New York 1939, vol. 1, S. 164. Nach Louçã (1999), S. 193, wurde Schumpeter "the main western defender of the theory of long cycles". Er hat den Konjunkturzyklus anhand sich überlagernder kurz-, mittel- und langfristiger Wellen typisiert – den ‚Kitchins', den ‚Juglars' und den ‚Kondratieffs'. Vgl. dazu u.a. Knut Borchardt, „Konjunkturtheorie in der Konjunkturgeschichte", in: *Vierteljahrschrift für Sozial- und Wirtschaftsgeschichte* 72 (1985), S. 537-555, hier S. 547f. Schumpeters Deutung, das wird heute häufig nicht mehr erwähnt, ist schon bei Kondratieff (1926), S. 573, angelegt: Dessen Konjunkturzyklus umfaßt neben den langen Zyklen auch 7-11jährige und noch kürzere mit durchschnittlich etwa 3 1/2 Jahren Dauer, im letzteren Fall verweist er sogar auf J. Kitchin, "Cycles and Trends in Economic Factors", in: *RESta* 5 (1923), S. 10-16.

[365] Vgl. Louçã (1999), S. 195.

stalt habe, eine allgemeine Theorie nicht möglich sei.[366] Ihm war Kondratieff dann auch nur noch eine Randbemerkung wert.[367] Im Zuge der *Perestroika* und vor allem nach der offiziellen Rehabilitierung Kondratieffs 1987 begann man sich in der Sowjetunion wieder stärker für den Pionier der russischen Konjunkturforschung zu interessieren, und auch im Westen kam es zu einer gewissen ‚Renaissance'. Ausdruck dessen sind die 1998 in London erschienene vierbändige Ausgabe seiner Hauptwerke und eine ganze Reihe neuer Beiträge zu Person und Werk.[368]

Kondratieff, schon seit 1905 Mitglied der Sozialrevolutionären Partei und dafür mehrere Monate im Gefängnis, war einer der engsten Schüler Tugan-Baranowskys in St. Petersburg, was seinen kometenhaften Aufstieg in Rußland förderte.[369] Er schloß 1915 sein Studium ab, blieb an der Universität und wurde im Oktober 1917, mit 25 Jahren, Minister der Provisorischen Regierung Alexander F. Kerensky (1881-1970), zuständig für die Versorgung der Bevölkerung mit Nahrungsmitteln. Nach der Oktoberrevolution im Januar 1918 entlassen, ging er nach Moskau und arbeitete dort an Prokopowitschs Genossenschafts-Institut, dann an der *Timirjasew-*(damals *Petrowsky-*)*Aka-*

---

[366] Haberler (1955), S. 262 (im Original 1937, S. 308); vorher schon Friedrich Lutz, *Das Konjunkturproblem in der Nationalökonomie*, Jena 1932, S. 135 und S. 164.

[367] Haberler (1955), S. 261, stellt Kondratieff als – lediglich – *einen* Vertreter der Lehre von den langen Wellen in eine Reihe mit Woytinsky.

[368] Vgl. *The Works of Nikolai D. Kondratiev*. Edited by Natalia Makasheva, Warren Samuels, and Vincent Barnett, London 1998; Barnett (1998); sowie den Band 31 der Vierteljahresschrift HoPE (1999) mit den Beiträgen: Warren J. Samuels, "Kondratiev: Introduction", S. 133-136; Judy L. Klein, "The Rise of 'Non-October' Econometrics: Kondratiev and Slutsky at the Moscow Conjuncture Institute", S. 137-168, und Louçã (1999), S. 169-205. Selbst in der deutschen Illustrierten *Stern*, die sonst eher für Urlaubstips und Diätpläne bekannt ist, wurde jüngst auf Kondratieffs bahnbrechende Leistung hingewiesen: „Was kommt nach dem Absturz? Wer den Mega-Markt der Zukunft kennt, kann reich werden – wie Bill Gates. Die Theorie eines Russen hilft dabei", in: *Stern* 14, vom 27. März 2003, S. 136. Außerdem: Leo A. Nefiodow, *Der sechste Kondratieff. Wege zur Produktivität und Vollbeschäftigung im Zeitalter der Information*, 5. Auflage, St. Augustin 2001 (1. Auflage 1996).

[369] Kondratieff publizierte 1923 in St. Petersburg eine biographische Skizze über seinen damals politisch bereits verfemten Lehrer (abgedruckt in englischer Übersetzung als: "The Life of Tugan-Baranowsky", in: *The Collected Works of Nikolai D. Kondratiev*, Vol. 4 (1998)). Die darin geäußerten Sympathien für Tugan, der zuletzt dem nationalistischen ukrainischen Petljura-Regime gedient hatte, spielten dann auch 1930 eine belastende Rolle in der Begründung der Anklage gegen Kondratieff. Vgl. Jasny (1972), S. 158-178, hier S. 159. Zu Leben und Werk Kondratrieffs vgl. vor allem Barnett (1998), hier S. 8ff., S. 21ff. und S. 28ff.

demie, wo er Tschajanow kennenlernte. Innerhalb dessen Agrar-Institut gründeten Tschajanow und Kondratieff 1919 eine Abteilung für landwirtschaftliche Konjunkturforschung, aus der dann im Oktober 1920 das Institut für Konjunkturforschung mit zunächst fünf Mitarbeitern hervorging.[370] Der Charakter des Instituts änderte sich, als mit den monetären Reformen des Jahres 1922 eine immer engere Beziehung zu den Volkskommissariaten für Finanzen (*NKFin*) und Landwirtschaft (*NKSem*) entstand, insbesondere zu den Schlüsselfiguren im *NKFin* L.N. Jurowsky und G.J. Sokolnikow.[371] Ende 1922 bot Sokolnikow Kondratieff an, das Institut ins *NKFin* zu übernehmen, wo es unvergleichlich bessere Möglichkeiten habe, direkten politischen Einfluß auf die Gestaltung der Sowjetwirtschaft auszuüben, zumal Kondratieff auch der Hauptverantwortliche für den ersten Fünfjahresplan in der Land- und Forstwirtschaft wurde.[372] Das Institut florierte und war bei der Übernahme ins *NKFin* Anfang 1923 bereits eine international geachtete Einrichtung mit über 50 Mitarbeitern und zwei von ihm herausgegebenen Zeitschriften.[373] Stellvertretender Direktor wurde zunächst I.N. Leontiev, dann A.L. Wainstein, außerdem hatten E. Slutsky (seit 1926) und Nikolaj N. Schaposchnikow hervorgehobene Positionen inne.[374] Mit der Ablösung

---

[370] Vgl. Barnett (1998), S. 8f.

[371] Grigory J. Sokolnikow (1888-1939), seit 1921 stellvertretender, dann verantwortlicher Volkskommissar im *NKFin* von Juli 1923 bis Januar 1926, danach bis 1928 bei der zentralen Planungsbehörde *Gosplan*, ist einer der wenigen russischen Ökonomen jener Zeit, die Schumpeter (1954/94), S. 1158, positiv beurteilt. Sokolnikow wurde 1936 aus der Partei ausgestoßen und 1937 wegen trotzkistischer Neigungen zu 10 Jahren Haft verurteilt. Er starb 1939 im Gefängnis.

[372] Vgl. dazu Barnett (1998), S. 146ff. Diese Tätigkeit vollzog sich allerdings im Rahmen des *NKSem*, und das Institut selbst war nur indirekt, über die Person Kondratieffs, involviert. Seine engsten Mitarbeiter bei der Planerstellung waren N.P. Makarow und N.P. Oganowsky.

[373] Louçã (1999), S. 170; Barnett (1998), S. 9f., und Jasny (1972), S. 163. Von Mitte 1922 bis 1928 erschien monatlich das eher statistisch ausgerichtete Journal *Ekonomichesky Bjulleten' Kon'junkturnogo Instituta* (Ökonomisches Bulletin des Konjunktur-Instituts), und von 1925 bis 1929 jährlich die theoretische Zeitschrift *Woprosy Konjunktury* (Fragen der Konjunktur). Herausgeber beider Organe war Kondratieff, beim *Bulletin* assistierte ihm Wainstein.

[374] Vgl. Barnett (1998), S. 11; zu Slutskys Rolle im Konjunkturinstitut und seinem Verhältnis zu Kondratieff vgl. Klein (1999). Schaposchnikow (1878-1939), den Gelesnoff (1927), S. 172, zur ‚mathematischen Schule' rechnet, war ab 1906 Privatdozent und von 1913 bis 1927 Professor in Moskau, von 1923 bis 1928 auch stellvertretender Leiter der Sektion Geld und Kredit im *NKFin*, außerdem wissenschaftlicher Konsultant im Kon-

Sokolnikows als Leiter des *NKFin* im Januar 1926 begann auch Kondratieffs Stern unaufhaltsam zu sinken. Der von Jurowsky, Sokolnikow und Kondratieff vertretene marktwirtschaftliche Sozialismus war unauflöslich mit der NEP verbunden und geriet wie diese Ende der zwanziger Jahre politisch in Mißkredit. Am 2. Mai 1928 wurde Kondratieff nach heftigen Angriffen als Leiter des Instituts entlassen, weil er – so der Vorwurf – feindliche Ideologie in die sowjetische Politik eingeschleust habe.[375] Die Entbindung weiterer Mitglieder des Instituts von ihren Funktionen, etwa die Wainsteins, Ignatieffs und Schaposchnikows, folgten spätestens mit der Übernahme des Instituts durch die *Zentrale Statistische Verwaltung* (*ZSU*) im Juli 1928, woraufhin es nun bis Ende 1929 einen langsamen Tod starb.[376] Kondratieff lehrte 1929 noch für einige Zeit an der Timirjasew-Akademie, doch seine Tage in Freiheit waren gezählt. Im Dezember 1929 beschloß das Politbüro der KPdSU endgültig die Zwangskollektivierung der Landwirtschaft, die Kondratieff immer hatte verhindern wollen, und die ‚Clique um Kondratieff und Tschajanow'[377] wurde zum bevorzugten Angriffsziel der marxistischen Agrarökonomen. Grigory Sinowjew, später selbst ein Opfer des stalinistischen Terrors, nannte den Kondratieff-Plan ein „Manifest der *Kulaken*-Partei".[378] Am 19. Juni 1930 wurde Kondratieff verhaftet, eingekerkert und 1938 schließlich erschossen.[379]

Kondratieff hatte seine wissenschaftliche Karriere 1919 mit der Arbeit über die langen Wellen der Konjunktur begonnen, die allerdings weniger einen Konjunktur- als einen wirtschaftlichen Entwicklungszyklus von insgesamt etwa 60 Jahren darstellen. 1922 veröffentlichte er dann in Rußland eine erste Studie zum Thema, die prompt eine harsche Kritik Trotzkys hervor-

---

junkturinstitut. Er wurde 1930 kurzzeitig verhaftet, arbeitete dann von 1931 bis 1936 als Ingenieur und ab 1937 im Forschungsinstitut für Finanzen. Vgl. Barnett (1998), S. 11 und S. 179ff.; Schulze (2001), S. 137f.

[375] Vgl. Barnett (1998), S. 189f.; Jasny (1972), S. 164. Wortführer der Angriffe waren Miljutin und Ushansky. Dabei wurden Kondratieff auch seine guten Auslandskontakte vorgeworfen.

[376] Barnett (1998), S. 190. Das endgültige Schließungsdatum bleibt unklar; auf S. 20 spricht Barnett noch von 1930.

[377] Dabei gab es in dieser Frage entscheidende Unterschiede zwischen beiden. Während Kondratieff für den privaten, kapitalistischen Großbetrieb votierte, trat Tschajanow für eine genossenschaftliche Lösung auf Basis der bäuerlichen Familienwirtschaft ein.

[378] Vgl. Harry Maier (1996), S. 240.

[379] Barnett (1998), S. 190ff.

rief.[380] Der Streit zwischen den beiden hatte viele Facetten, doch politisch ging es um nicht weniger als die von Trotzky erwartete Weltrevolution infolge des angeblich unmittelbar bevorstehenden Zusammenbruchs des Kapitalismus in Deutschland und in anderen Ländern.[381] Trotzky wollte nicht wahrhaben, daß die langen Wellen ein endogenes zyklisches Phänomen der kapitalistischen Wirtschaft sind; er hielt sie für Auswirkungen exogener Schocks. Für Kondratieff hingegen waren die langen Wellen nicht das Ergebnis exogener Faktoren, etwa spontan auftretender neuer Goldfunde, sondern das Resultat eines endogenen Prozesses: Sie entsprängen dem Wesen der Entwicklung der kapitalistischen Wirtschaft.[382] Sie haben ihren Ursprung in den Lebenszyklen des langfristigen Anlagekapitals, so legen es spätere Arbeiten Kondratieffs nahe.[383] Deshalb glaubte Kondratieff entgegen seinen marxistischen Kritikern auch nicht, „daß der Abschwung von 1914/20 die ‚Periode des allgemeinen Verfalls und des Untergangs des Kapitalismus' eingeleitet habe", sondern er erwartete einen neuen wirtschaftlichen Aufschwung.[384]

Kondratieff, das hatte er mit seinen deutschen Kollegen Spiethoff und Wagemann gemein, lieferte mehr eine detaillierte empirische Untersuchung und Analyse der langen Wellen als deren theoretische Erklärung.[385] Das trifft insbesondere auch auf die deutsche Fassung seines Hauptwerkes von 1926 zu, wo er am Ende des Textes entschuldigend ausführt, daß es „in der vorlie-

---

[380] Kondratieff, *Die Weltwirtschaft und ihre Konjunkturen während und nach dem Kriege*, Moskau 1922 (r); vgl. Louçã (1999), S. 181; Barnett (1998), S. 105ff.; Jasny (1972), S. 160f.
[381] Vgl. Louçã (1999), S. 181ff.; Klein (1999), S. 144ff.
[382] Kondratieff (1926), S. 593 und S. 599. Die deutsche Übersetzung nennt die Namen seiner diesbezüglichen Kritiker – etwa den Trotzkys – nicht, es heißt dort unpersönlich „man".
[383] Auch diese Theorie blieb skizzenhaft. Vgl. etwa Kondratieff (1928); Barnett (1998), S. 127ff. Schon Garvy (1968), S. 444, wies darauf hin, daß Kondratieff vorher andere Ursachen favorisiert hatte, ohne jedoch auch hier zu einer geschlossenen Theorie zu gelangen.
[384] H. Maier (1996), S. 241, und weiter: „Für Stalin war ohnehin ein Konzept, nach dem im Kapitalismus auf eine Depression Prosperität folgen könnte, von vornherein kontraproduktiv"; vgl. außerdem Klein (1999), S. 144ff.
[385] Das räumt selbst Barnett (1998), S. 127, ein, der ansonsten seinen ‚Helden' gegen jede Kritik in Schutz nimmt: "It is well known that Kondratiev provided a much more detailed empirical investigation of long cycles than he did a theoretical explanation for them."

genden Skizze" auch gar nicht beabsichtigt gewesen sei, „mit dem Aufbau einer eigentlichen Theorie zu beginnen".[386] Entsprechend wurden Kondratieffs lange Wellen von den prinzipiellen Gegnern der empirischen Konjunkturstatistik als typisches Produkt einer mechanistischen, manchmal gar als Ausfluß einer materialistisch-marxistischen Weltanschauung in Bausch und Bogen verworfen.[387]

Eine weniger pauschale Kritik setzte an den verwendeten empirisch-statistischen Methoden an, etwa an der Technik der gleitenden 9-Jahres-Mittelwerte.[388] Kondratieff wollte auf diesem Wege den Einfluß der ‚mittleren' Konjunkturzyklen (Schumpeters „Juglars") ausschalten, deren durchschnittliche Länge er mit etwa neun Jahren annahm.[389] Sein Moskauer Kollege Slutsky zeigte etwas später, daß solche Methoden durchaus geeignet sein können, die Zyklen erst zu generieren, deren Vorhandensein sie eigentlich beweisen wollen.[390] Der Hauptvorwurf der Kondratieff-Kritiker zielte auf die Validität des empirischen Materials hinsichtlich der behaupteten langen Wellen. Deren Existenz wurde von Anfang an mit guten Argumenten bestritten – auch von Mitarbeitern des Moskauer Konjunkturinstituts,[391] und ein Beweis für ihre Existenz steht bis heute aus.[392]

---

[386] Kondratieff (1926), S. 599. Es folgen dann noch 10 Seiten Tabellen.

[387] Vgl. etwa Heinrich (1928), S. 160f.

[388] Zur Kritik Oparins und anderer vgl. Barnett (1998), S. 118ff. und S. 130ff., sowie Louçã (1999), S. 190f. Bedenken äußerte auch Wagemann, *Konjunkturlehre* (1928), S. 69f.

[389] Vgl. Kondratieff (1926), S. 577.

[390] Vgl. E. Slutsky, "The Summation of Random Causes as the Source of Cyclic Processes", in: *Econometrica* 5 (1937), S. 105-146, Original in: *Woprosy Konjunktury* (Fragen der Konjunktur) III (1927); sowie Barnett (1998), S. 120. Diesen Gedanken machte sich schon Garvy (1943) und (1968), S. 444, zu eigen: "the waves identifies by Kondratieff are, in part at least, the result of the specific techniques of statistical analysis used". Wieviel Kondratieff zu dieser Zeit von den Arbeiten seines Kollegen Slutsky am Konjunkturinstitut wußte, bleibt Spekulation. Dafür, daß er davon wußte, spricht folgende Äußerung: „Trotzdem die statistisch-mathematische Bearbeitung der ausgewählten Reihen so verwickelt ist, können die aufgefundenen Zyklen doch nicht als zufälliges Ergebnis der angewandten Methoden gelten." So Kondratieff (1926), S. 588.

[391] Vgl. dazu Wagenführ (1929), S. 79-89; Barnett (1998), S. 105ff. und S. 130ff.; Louçã (1999), S. 190f.; Kondratieff/Oparin (1928); Perwuschin (1930). Wagemann, „Die langen Wellen der Konjunktur" (1928), S. 27ff., glaubte für Deutschland lange Wellen bei den Wertreihen, nicht aber bei den Mengenreihen nachweisen zu können, aber: „Nach dem gegenwärtigen Stand der Forschung scheint eine volle Erklärung für die Erscheinung der langen Wellen der Wertbewegung nicht möglich."

Das Moskauer Institut gilt als ein typisches Gewächs der NEP, als man zwischen 1921 und 1928 in der russischen Wirtschaftspolitik einen Weg zwischen markt-stimulierter Wirtschaftslenkung und Sozialismus suchte.[393] Es verstand sich als ein Organ, das der russischen Wirtschaft, vor allem *NKFin*, *NKSem* und – trotz aller Rivalität – auch der zentralen Planungsbehörde *Gosplan*, im Sinne der Politikberatung konjunkturstatistische und -theoretische Analysen des Datenmaterials liefern wollte. Darin unterschied sich Kondratieffs Arbeit wenig von der des Berliner Konjunkturinstituts.[394] Wagemann glaubte unter dem Eindruck der deutschen Kriegswirtschaft und dann der Wirtschaftskrisen im Anschluß an den Ersten Weltkrieg zunehmend an die Möglichkeit und Notwendigkeit staatlicher Wirtschaftsplanung und -lenkung. So verwundert es nicht, daß Kondratieffs Institut früh Kontakte zum deutschen *Statistischen Reichsamt* unter Ernst Wagemann unterhielt.[395] Das von Wagemann 1925 in Berlin gegründete und in Personalunion mit dem *Statistischen Reichsamt* geführte *Institut für Konjunkturforschung* (*IfK*)[396] setzte die guten Beziehungen fort und zeigte bis etwa Ende der zwanziger Jahre ein besonderes Interesse an der Arbeit der russischen Kollegen. So gab Wagemann 1929 im Rahmen der *Vierteljahreshefte zur Konjunkturforschung* das Sonderheft *Russische Arbeiten zur Wirtschaftsforschung* mit Beiträgen von A.L. Wainstein, S.A. Perwuschin und M.W. Ignatieff heraus.[397] Zudem

---

[392] Vgl. Barnett (1998), S. 138ff.

[393] Vgl. Klein (1999), S. 140: Die NEP "danced a fine line between developing the productive forces of a market-stimulated economy and constructing socialist social relations'".

[394] Vgl. Tooze, *Statistics and the German State* (2001), S. 131: "Wagemann viewed the Bolshewik experiment as one particularly radical response to the crisis of liberalism. In the era of NEP Wagemann and his institute saw direct parallels between the efforts of Soviet economists to create a coherent framework for national economic planning and their own projects in Germany."

[395] Vgl. Klein (1999), S. 14; Kondratieff, "The Conjuncture Institute at Moscow" (1925), S. 324, erwähnt an dieser Stelle außerdem Kontakte zum Agrar-Institut in Rom, zur *ILO* in Genf und zum *IfW* in Kiel.

[396] Vgl. Janssen (2000), S. 339ff., zu den in den zwanziger Jahren gegründeten Konjunkturforschungsinstituten in Berlin, Kiel und Wien und ihren Methoden.

[397] Vgl. Wainstein, „Meteorologische und wirtschaftliche Zyklen. Probleme der Wirtschaftsprognose", S. 5-43; Perwuschin, „Versuch einer Theorie der wirtschaftlichen Konjunkturen, auf die Konjunkturentwicklung der Vorkriegszeit in Rußland angewandt", S. 44-78; und Ignatieff, „Die Wechselbeziehungen zwischen Geldumlauf, Warenumsatz und Preisbewegung. (Die Verkehrsgleichung in den Wirtschaftsverhältnissen Sowjetrußlands", S. 79-98; alle in: *Russische Arbeiten zur Wirtschaftsforschung* (1929).

hatte er mit Rolf Wagenführ, Naum Jasny, Georg Garvy und Nathan Leites eine Reihe von exzellenten Rußland-Spezialisten im eigenen Haus. Während des Ersten Weltkrieges verlangte die deutsche Kriegswirtschaft nach einer breiteren statistischen Informationsbasis, und entsprechend hatte das *Statistische Reichsamt* seine Tätigkeit erweitert. Aus der Notwendigkeit von Planung und Wirtschaftssteuerung heraus entstand also auch das Berliner Konjunkturinstitut. Vorbilder waren das amerikanische *National Bureau of Economic Research (NBER)* und das *Harvard Committee on Economic Research*, aber auch das fünf Jahre zuvor von Kondratieff errichtete Moskauer Institut.[398] Wagemann wollte der ökonomischen Forschung in Deutschland eine neue methodische Ausrichtung geben, deren Grundlage Empirie und Induktion im Verbund mit einer strengen mathematischen Ausdrucksform sein sollte. Gerade auf dem Gebiet der mathematischen Wirtschaftsstatistik hatten „die Russen" seiner Meinung nach, „eine Reihe sehr bedeutender selbständiger Leistungen aufzuweisen".[399] Seine empirischen Zeitreihenanalysen diverser Konjunkturindikatoren und ihrer statistischen Zusammenhänge gipfelten in der ehrgeizigen Konstruktion eines komplexen Konjunktur-Meßinstruments nach dem Vorbild des berühmten Harvard-Barometers.[400] Auch

---

[398] Vgl. Ernst Wagemann, *Konjunkturlehre*, Berlin 1928, S. 8ff. Wagemann charakterisierte die Arbeit des Moskauer Instituts in Abgrenzung zum „amerikanischen Typus" wie folgt: „Der ‚Konjunkturdienst' (...) unterscheidet sich schon äußerlich, organisatorisch von dem amerikanischen dadurch, daß er aufs engste mit der staatlichen Wirtschaftsführung verknüpft ist; bildet er doch einen wichtigen Bestandteil für die Aufstellung des Gosplan, des volkswirtschaftlichen Etats, der neben dem fiskalischen alljährlich die Richtlinien für die wirtschaftspolitischen Maßnahmen der Regierung abgibt. Als besonderes Kennzeichen für die Arbeitsziele der russischen Konjunkturforschung ist hervorzuheben, daß sie sich besonders eindringlich mit den großen Fragen der allgemeinen Wirtschaftsentwicklung beschäftigt."
[399] Wagemann (1928), S. 9. Er nennt als solche Leistungsträger: Tschuproff, Tschetwerikoff, Jastremsky, Kondratieff, Ignatieff, Slutsky, Romanowski, Bobroff, Oparin und Wainstein. Vgl. dazu auch folgendes Zitat Leontiefs: „In einem Lande, in dem die Wirtschaftspolitik das Wirtschaftsleben nicht nur mehr oder weniger stark beeinflußt, sondern auf eine allumfassende Regulierung und ‚Planierung' der gesamten Güterzirkulation und Güterverteilung Anspruch macht, und wo ihr zu diesem Zweck so mächtige Mittel wie eine sozialisierte Großindustrie, ein beinahe gänzlich verstaatlichter Großhandel, das ganze Kreditwesen und endlich ein Monopol des Außenhandels zur Verfügung stehen, müssen die Aufgaben der Wirtschaftsstatistik außerordentlich umfangreich sein." Leontief jun. (1925), S. 338.
[400] Vgl. z.B. Warren M. Persons, "Construction of a Business-Barometer. Based upon Annual Data", in: *AER* 6 (1916), S. 739-769.

in Moskau arbeiteten die Ökonomen an Methoden, die die „Anwendung der vom Harvardbüro ausgearbeiteten Prinzipien auf die gegenwärtigen Verhältnisse der Sowjetwirtschaft (...) ermöglichen" sollten.[401] Zwischen 1923 und 1925 errechnete das Konjunkturinstitut Moskau sogar einen „Generalindex der Konjunktur", der sich ähnlich wie das spätere Barometersystem des Berliner Instituts als eine Zusammenfassung mehrerer Gruppenindizes darstellte. Nach brieflichen Angaben Wainsteins, so berichtete der *IfK*-Mitarbeiter Rolf Wagenführ in seiner Studie über die *Konjunkturtheorie in Rußland*, wurde der Index ab Mitte 1925 nicht mehr errechnet, weil Aufwand und Ergebnis in keinem sinnvollen Verhältnis zueinander standen.[402]

Für Kondratieff war die wissenschaftliche Konjunkturdiagnose Ausgangspunkt jeder Prognose und Planfeststellung. „Er lehnte jede Form volkswirtschaftlicher Planung ab, die sich in Gegensatz zu den Gesetzen des Marktes stellte",[403] und wehrte sich gegen eine Haltung, die vorrangig aus politischen Opportunitäten und Zielen die Plankennziffern ableiten wollte. Dazu seien vielmehr Kenntnisse über die Zusammenhänge und Interdependenzen einzelner ökonomischer Reihen und Aggregate unerläßlich. Seiner Meinung nach mußten zunächst die spontanen Entwicklungsmöglichkeiten der Wirtschaft analysiert werden, um dann nach Wegen der Beeinflussung im Sinne der politischen Ziele zu suchen. So ergäben sich die Perspektiven bzw. Zielsetzungen des Plans weder als simpler Ausdruck marktkonformer Entwicklungstendenzen noch als Resultat unseres Wunschdenkens, sondern als Ausdruck wünschenswerter Ergebnisse innerhalb des Rahmens der ökonomischen Möglichkeiten.[404] „Wir wissen allzu gut", schrieb der für den sowjetischen

---

[401] Ignatieff (1929), S. 79ff.; außerdem D.I. Oparin, „Ökonomische Analyse des Harvardbarometers", in: *Planwirtschaft* I (1925) (r), und die bei Wagenführ (1929), S. 118ff. angegebene Literatur.

[402] Vgl. dazu Wagenführ (1929), S. 110ff. und die dort angegebene Literatur. Zum Barometer des Berliner Instituts vgl. Wagemann (1928), S. 126ff. Wainstein arbeitete außerdem an einem Index zur Anzeige der landwirtschaftlichen Konjunktur. Vgl. Albert L. Wainstein, „Die sog. Bauern-Spezialindizes der UdSSR als Anzeiger der landwirtschaftlichen Konjunktur", in: *AdBw* 1 (1927), S. 378-397.

[403] H. Maier (1996), S. 238.

[404] Vgl. Barnett (1998), S. 144. Louçã (1999), S. 187, verweist in diesem Zusammenhang auf die Schrift L. Abalkins, *The Scientific Heritage of N. Kondratiev and Contemporaneity: Report to the International Scientific Conference to the 100th Birth Anniversary of N. Kondratiev*, Moskau 1992. Abalkin zeigt, daß Kondratieff die Begriffe „genetisch" und „teleologisch" im Zusammenhang der Planungsdebatte anstelle von „endogen" und „exogen" benutzte. Planung sollte genetisch und nicht teleologisch sein. Für

Fünfjahresplan in der Landwirtschaft verantwortliche Kondratieff, „daß der Verlauf des gesellschaftlichen und wirtschaftlichen Lebens im Grunde von elementaren Kräften bestimmt wird und daß die Geschichte den Weisungen der Wissenschaft nicht Folge leistet".[405]

Während der Periode der NEP gingen also Methoden der Planwirtschaft und der Konjunkturforschung eine Verbindung miteinander ein. Allerdings war diese nicht von Dauer. Die Konjunkturtheorie studierte die Eigengesetzlichkeit der wirtschaftlichen Dynamik, die es eben zu erkennen und zu beachten galt, wenn man sie für sich nutzen bzw. steuern wollte. „Für Kondratjew", so führt Harry Maier aus, „war volkswirtschaftliche Planung identisch mit Prognose, die keinerlei direktiven Charakter haben durfte". Für ihn waren Markt und Preis sogar Voraussetzungen des Planes, weil man sonst jede Möglichkeit verliert, wirtschaftliche Erscheinungen zu messen.[406] Hier berührten und trennten sich zugleich Konjunkturlehre und planwirtschaftliche Forschung, die eben keine Theorie war, sondern eine, wie Bilimovič sagte, „teleologische Konstruktion".[407] Ende der zwanziger Jahre galt es in Sowjetrußland nur noch, einen Plan zu projektieren und möglichst vollständig zu exekutieren. Nun hatte das Studium der Marktgesetze keinen rechten Sinn mehr, wollte man doch die Marktwirtschaft und ihre Gesetze überwinden und durch eigene Gesetze, nämlich die Vorgaben der Planungsbehörden, ersetzen.[408]

In eine ähnliche Richtung – allerdings unter ganz anderen politischen Vorgaben – entwickelte sich auch die deutsche Volkswirtschaftslehre, als sich Anfang der dreißiger Jahre der wissenschaftliche Focus zunächst von der Konjunkturtheorie zu einer neuen Theorie der Beschäftigungs- und Konjunkturpolitik verschob. Entgegen dem hergebrachten ‚Laissez-Faire', das einen selbsttätigen Aufschwung aus der Depression ohne die Notwendigkeit staatlicher Interventionen annahm, setzte die entstehende neue Wirtschaftslehre

---

Louçã verdeutlicht diese terminologische Verschiebung, daß Kondratieff jeden Voluntarismus in der Planung ablehnte.

[405] Kondratieff (1927), S. 43.
[406] H. Maier (1996), S. 239 und S. 238.
[407] Alexander Bilimovič, „Rolf Wagenführ: Konjunkturtheorie in Rußland", in: *ZfN* 1 (1930), hier S. 624.
[408] Vgl. dazu Wagenführ (1929), S. 59-100; Karl Pribram, *A History of Economic Reasoning* (1986), S. 396ff.; A. Zauberman, "Economic Thought in the Soviet Union", in: *REStu*, Vol. XV (1948/49), S. 1-12, und Vol. XVI (1949/50), S. 102-116 und S. 189-200.

eine lenkende und führende Funktion der staatlichen Wirtschaftspolitik voraus.[409] Unter denen, deren Beiträge in Deutschland halfen, einen Weg aus der Großen Depression zu weisen, waren neben den genannten Konjunkturforschern um Löwe und Wagemann wiederum zahlreiche Russen, meist Emigranten. Mit der Forderung nach staatlichen Interventionen hatten viele der oft sozialistisch eingestellten Exil-Russen weniger Probleme als manche ihrer im Geiste der Klassik erzogenen deutschen Kollegen. Die Liste der in den vorherigen Abschnitten zu den deutsch-russischen Beziehungen in der Wirtschaftswissenschaft immer wieder erwähnten Namen – Altschul, Burchardt, Colm, Heimann, Lederer, Löwe, Marschak, Neisser, Preiser, Wagemann, Woytinsky – liest sich wie ein ‚Who's who' der später so genannten ‚Keynesianer vor Keynes' in Deutschland[410] und weist damit auf die Vorwegnahme einzelner Elemente der ab 1936 aufkommenden keynesianischen Theorie und Beschäftigungspolitik bereits zu Zeiten der Weltwirtschaftskrise in Deutschland hin. Mit Marschak und Woytinsky[411] gehörten zwei Exil-Russen zum inneren Kreis und zu den Taktgebern dieser Entwicklung. Altschul, Garvy, Leites, Leontief und Mitnitzky zählten am Rande dazu.

Zusammenfassend läßt sich sagen, daß die Zentren deutscher Konjunkturforschung in den zwanziger Jahren, nämlich Berlin, Kiel und Frankfurt am Main, die sich vornehmlich mit modernen empirischen und statistischen Verfahren der Wirtschaftsbeobachtung und -prognose auseinandersetzten, die russische Entwicklung aufmerksam registrierten und von ihr besonders durch russische Mitarbeiter befruchtet und inspiriert worden sind. Nach 1933 brach diese Entwicklung allerdings inhaltlich wie personell jäh ab: Die *Astwik* in Kiel wurde zerschlagen und die *Frankfurter Gesellschaft für Konjunkturforschung* aufgelöst. Viele dort tätige Konjunkturforscher, darunter auch die

---

[409] Vgl. Janssen (2000), S. 404ff. und S. 441ff.

[410] Vgl. Garvy (1976) sowie Wilhelm Grotkopp, *Die große Krise*, Düsseldorf 1950; Gottfried Bombach et al. (Hg.), *Der Keynesianismus II. Die beschäftigungspolitische Diskussion vor Keynes in Deutschland*, Berlin-Heidelberg-New York 1976, und *Der Keynesianismus III. Die geld- und beschäftigungstheoretische Diskussion in Deutschland zur Zeit von Keynes*, Berlin-Heidelberg-New York 1981.

[411] Der russische Jude Woytinsky hatte dann wegen seiner Vorschläge für ein kreditfinanziertes Arbeitsbeschaffungsprogramm das zweifelhafte Vergnügen, vom damaligen Reichsorganisationsleiter der NSDAP Gregor Strasser in dessen Reichstagsrede vom 10. Mai 1932, als dieser das entsprechende nationalsozialistische Programm erstmals vorstellte, gelobt zu werden: „Woytinsky", sagte Strasser, „den ich persönlich nicht kenne, und von dem ich nicht weiß, ob er jung oder alt ist." Vgl. den Nachdruck der Rede, in: *Der Keynesianismus II* (1976), S. 247-260, hier S. 249.

meisten der zeitweilig in Deutschland beheimateten Russen, verließen das Land, und die Kontakte nach Rußland verödeten.

Mit der Machtergreifung der Nationalsozialisten 1933, spätestens mit der Verkündung des Vierjahresplan von 1936, wurde dann auch in Deutschland das Primat der politischen Ziele gegenüber den endogenen Prozessen der Wirtschaftsentwicklung klar formuliert. Die gewünschte große Aufrüstung schien in einer sich selbst überlassenen Marktwirtschaft nicht möglich zu sein, und so forderte Hitler auf dem Reichsparteitag im September 1936, daß man nunmehr selbstverständlich „die Zügellosigkeit der freien Wirtschaft (...) zugunsten einer planmäßigen Leitung und eines planmäßigen Einsatzes" beenden müsse.[412] Eine voraussetzungsfreie wissenschaftliche Wirtschaftslehre gab es in Deutschland fortan öffentlich kaum noch, und das weitere berufliche und persönliche Schicksal vieler deutscher Ökonomen gestaltete sich unter Hitler nun ähnlich wie das vieler russischer Kollegen nach der Oktoberrevolution.

---

[412] Vgl. dazu Janssen (2000), S. 491ff. Hitlers Rede vom 9. September 1936 ist hier zitiert nach Janssen (2000), S. 495. Ein typisches Zeugnis von der neuen wirtschaftspolitischen Doktrin in Deutschland gab damals der im *Statistischen Reichsamt* zwar abgelöste, aber im Amt des Leiters des Berliner *Instituts für Konjunkturforschung* verbliebene Ernst Wagemann: *Wirtschaftspolitische Strategie. Von den obersten Grundsätzen wirtschaftlicher Staatskunst*, Berlin 1937.

KAPITEL 4
Fazit

Die Durchsicht der deutschen ökonomischen Fachzeitschriften zwischen 1910 und 1933 hat eine vergleichsweise sehr hohe Anzahl in unserem Sinne russischer Beiträge zutage gefördert. Allein diese Tatsache sorgt für ein lohnendes Forschungsfeld, ist aber auch an sich erklärungsbedürftig. Wir haben folgende Begründungen zu geben versucht:

- Der deutsche Einfluß auf die internationale Entwicklung der Wirtschafts- und Sozialwissenschaften war vor einem Jahrhundert zumindest bis zum Ersten Weltkrieg wesentlich größer als heutzutage. Das galt insbesondere für den skandinavischen, aber auch für den südost- und osteuropäischen Raum, so für Rußland. Für die nord- und südost- bzw. osteuropäischen Länder waren deutsche Zeitschriften gleichsam der Marktplatz, auf dem sie sich einem internationalen Publikum präsentieren konnten.

- Seit der Zeit Peters des Großen gab es einen zumindest phasenweise sehr engen Austausch zwischen Rußland und Deutschland auch auf dem Gebiet der Ökonomie. Das betraf nicht nur inhaltliche Einflüsse, etwa den deutscher Fachbücher oder den des deutschen Historismus auf die russische Lehre, sondern auch die engen personellen Kontakte: Viele bedeutende russische Ökonomen waren deutschstämmig, und viele deutsche Professoren lehrten an russischen Hochschulen; viele russische Hochschullehrer hatten einen Teil ihres Studiums in Deutschland absolviert und/oder während längerer Aufenthalte den Gedankenaustausch mit ihren deutschen Kollegen gesucht.

- Die politische Unfreiheit im Zarenreich sowie die Umwälzungen nach den revolutionären Ereignissen 1905 und 1917 führten immer wieder, besonders aber zu Anfang der zwanziger Jahre, zu einer großen Zunahme russischer Emigranten in Deutschland. Darunter befanden sich auch viele junge Ökonomen, von denen manche in Deutschland blieben und dort wissenschaftlich (weiter)arbeiteten.

- In Deutschland gab es nach der Novemberrevolution 1918 ein gesteigertes politisches wie wirtschaftswissenschaftliches Interesse an allen Fragen des Marxismus und des Bolschewismus sowie an den Erfahrungen mit der Planwirtschaft in der UdSSR.

- Wissenschaftsgeschichtlich befand sich die deutsche Nationalökonomie – ähnlich wie die russische – in einer Umbruchzeit. Der bis zum Ersten Weltkrieg dominierende Historismus verlor an Strahlkraft, besetzte aber noch Spitzenplätze in den Institutionen. Meist junge, methodisch an Klassik und Neoklassik orientierte Ökonomen beherrschten nun zunehmend das Feld, darunter politisch Liberale wie Eucken, Röpke, Hahn oder Rüstow, aber auch Sozialisten wie Lederer, Löwe, Colm, Neisser und Heimann. Dieses wissenschaftspolitische Interregnum machte die deutsche Nationalökonomie offen und aufnahmefähig für andere Ideen, insbesondere für empirisch fundierte Theorien.

- Auch die russische Ökonomie fand den Anschluß an die moderne neoklassische Entwicklung erst relativ spät. Sie blieb noch lange Zeit einer marxistisch verfremdeten klassischen Nationalökonomie sowie aus Deutschland stammenden historistischen Ansätzen treu. Wie in Deutschland war die Skepsis gegenüber einer weitgehend empiriefreien, modellanalytischen und apolitischen reinen Theorie groß, und man favorisierte Ansätze, die darauf abzielten, induktive und deduktive Methoden miteinander zu versöhnen.

Die Untersuchung der zeitlichen Verteilung der russischen Beiträge ergab, daß – gut zu verstehen – in Kriegszeiten am wenigsten publiziert wurde. Anfang der zwanziger Jahre wurde dann das Vorkriegsniveau wieder erreicht und schließlich überschritten. Etwas überraschend ist ab Mitte der zwanziger Jahre bis 1933 nochmals eine sich verstärkende Zunahme der russischen Publikationstätigkeit in den deutschen Fachzeitschriften zu verzeichnen. Nach 1934 nahm der Strom russischer Publikationen zwar schnell wieder ab, versiegte aber bis 1939 keineswegs vollständig.

Diese Entwicklung ist insofern etwas untypisch, als Deutschland – wie eine Untersuchung Bo Sandelins für Skandinavien belegt[1] – nach dem verlorenen Ersten Weltkrieg und dem Niedergang der Historischen Schule seinen Vorzugsplatz als Publikationsort für Ausländer schnell einbüßte. Statt dessen wurden die USA zum Hauptanziehungs- und Referenzpunkt. Für Rußland

---

[1] Sandelin, "The De-Germanization of Swedish Economics" (2001).

zeigt sich dieser Trend erst mit dem Ende der Weimarer Republik, als die Mehrzahl der russischen Emigranten – wie viele ihrer deutschen Kollegen auch – Deutschland meist in Richtung Frankreich, England oder USA verließ: Leontief ging bereits Anfang der dreißiger Jahre, es folgten danach u.a. Altschul, Baran, Brutzkus, Frank, Gerschenkron, Garvy, Gurwitsch, Jasny, Leites, Marschak, Mitnitzky, von Schelting, Schiffrin, Totomianz und Woytinsky.

Die thematische Analyse der russischen Publikationen in den deutschen wirtschaftswissenschaftlichen Zeitschriften ergab folgendes Bild:

– Im zeitlichen Verlauf war methodisch von 1910 bis 1930 eine Verschiebung von den deskriptiven, sozialpolitischen und wirtschaftsgeschichtlichen Beiträgen, wie sie noch Historismus und Kathedersozialismus favorisiert hatten, zu stärker wirtschaftstheoretischen Arbeiten festzustellen. Das korrespondierte mit der Entwicklung der Nationalökonomie in Deutschland.

– Methodisch war auch ein beträchtliches Interesse an russischen Beiträgen zur Statistik und an der mathematischen und der empirisch fundierten Wirtschaftstheorie zu verzeichnen.

– Insgesamt waren agrarökonomische Themen am stärksten vertreten. Auch hier gab es eine enge Zusammenarbeit deutscher und russischer Ökonomen und dabei insbesondere methodisch ähnliche Ansätze zeit- und raumgebundener Theoriebildung. In den zwanziger Jahren wurde verstärkt eine Reihe theoretischer Fragestellungen erörtert, etwa die nach dem ‚richtigen' bäuerlichen Wirtschaftssystem, der optimalen Betriebsgröße, dem vorteilhaftesten Standort usw.

– Weiterhin spiegelten (nicht nur) die russischen Publikationen ein großes, allgemeines Interesse an allen Fragen des Bolschewismus wider. Zunächst dominierte eine relativ subjektive Augenzeugen- und Reiseliteratur, dann folgten empirisch gesichertere Analysen der planwirtschaftlichen Versuche in der Sowjetunion.

– Eine bemerkenswerte, wenn auch nicht die – vielleicht erwartete – beherrschende Rolle spielten auch Beiträge zur Werttheorie und zur Verteilungstheorie.

– Ab Mitte der zwanziger Jahre dominierten geld- und konjunkturtheoretische Beiträge, oft verknüpft mit lohn- und beschäftigungspolitischen wie kreislauf- und entwicklungstheoretischen Fragestellungen. Diese Themen waren damals in Deutschland wie in Rußland in Mode, und hier kam es zu einer engen Zusammenarbeit von meist jungen, theoretisch und statistisch-mathematisch gut geschulten russischen Emigranten und deutschen Ökonomen, die die ausgetretenen Pfade der Historischen Schule schon verlassen hatten.

Im Ergebnis ist festzuhalten, daß wir keineswegs einen einseitigen Wissenstransfer von West nach Ost bzw. einen einseitigen, allein auf russischer Seite auszumachenden Lerneffekt zu konstatieren haben, sondern daß insbesondere auf den Gebieten der Agrarökonomie, der statistischen und empirischen Wirtschaftsforschung im Vorfeld der sich entwickelnden Ökonometrie sowie auf dem Felde der Geld- und Konjunkturtheorie die russischen Beiträge äußert befruchtend auf die deutsche Nationalökonomie gewirkt haben.

Aufgrund der politischen Entwicklung in Deutschland, der nationalsozialistischen Machtübernahme, fand diese Kooperation ein gewaltsames Ende. Sowohl die jungen deutschen – zumeist jüdischen und sozialistischen – Theoretiker als auch ihre russischen Kollegen mußten das Land verlassen bzw. hatten an den gleichgeschalteten wissenschaftlichen Institutionen keine Möglichkeiten mehr zur Forschung. Was unter anderen politischen Umständen noch möglich gewesen wäre, bleibt Spekulation. Bezeichnenderweise ist dann die weitere, nicht unerhebliche und nun weltweite Wirkung dieser ursprünglich russischen Ökonomen auf die Fortentwicklung der modernen Wirtschaftswissenschaft zum Bestandteil der deutschen Exilforschung geworden und wird hierzulande als Teil des Braindrain aus Deutschland vereinnahmt. So enthält das *Biographisches Handbuch der deutschsprachigen wirtschaftswissenschaftlichen Emigration nach 1933* Beiträge über Altschul, Brutzkus, Garvy, Gerschenkron, Jasny, Leites, Marschak, Mitnitzky und Woytinsky.[2]

---

[2] Vgl. Hagemann/Krohn, *Biographisches Handbuch der deutschsprachigen wirtschaftswissenschaftlichen Emigration nach 1933* (1999). Ähnlich zählt Hans Ulrich Eßlinger, *Entwicklungsökonomisches Denken in Großbritannien. Zum Beitrag der deutschsprachigen wirtschaftswissenschaftlichen Emigration nach 1933*, Marburg 1999, sowohl Paul Rosenstein-Rodan, geboren in Krakau, als auch Alexander Gerschenkron und Mark Mitnitzky zur deutschsprachigen Emigration.

Anhang

1 Abkürzungen und Erläuterungen

AdBw	*Annalen der Betriebswirtschaft*
ADGB	*Allgemeiner Deutscher Gewerkschaftsbund*
AER	*The American Economic Review*
AER, PaP	*The American Economic Review, Papers and Proceedings*
ASS	*Archiv für Sozialwissenschaft und Sozialpolitik*
Astwik	*Abteilung für Statistische Weltwirtschaftskunde und Internationale Konjunkturforschung*
DGSO	*Deutsche Gesellschaft zum Studium Osteuropas*
DNVP	*Deutschnationale Volkspartei*
EJ	*The Economic Journal*
FA	*Finanzarchiv*
FAZ	*Frankfurter Allgemeine Zeitung*
Fed	*Federal Reserve System*
GdS	*Grundriß der Sozialökonomik*
Gosplan	*Gosudarstwennaja Planowaja Komissija* [Staatsplankommission beim Rat für Arbeit und Verteidigung]
HdStW	*Handwörterbuch der Staatswissenschaften*
HdSW	*Handwörterbuch der Sozialwissenschaften*
HoPE	*History of Politcal Economy*
HWWA	*Hamburgisches Welt-Wirtschafts-Archiv*
IESS	*International Encyclopedia of the Social Sciences*
IfK	*Institut für Konjunkturforschung, Berlin*
IfW	*Institut für Weltwirtschaft, Kiel*
ILO	*International Labour Organization, Genf*
JBNuSt	*Jahrbücher für Nationalökonomie und Statistik*

JPE	The Journal of Political Economy
Kadetten	Konstitutionnye Demokraty (Kadety) [Partei der konstitutionellen Demokraten]
MdW	Magazin der Wirtschaft
MEW	Marx-Engels-Werke
NBER	National Bureau of Economic Research
NEP	Nowaja Ekonomitscheskaja Politika [Neue Ökonomische Politik]
NKFin	Narodnyj Komissariat Finansow [Volkskommissariat für Finanzen]
NKSem	Narodnyj Komissariat Semledelija [Volkskommissariat für Landwirtschaft]
QJE	The Quarterly Journal of Economics
(r)	Beitrag erschien in russischer Sprache
RESta	The Review of Economics Statistics
REStu	The Review of Economic Studies
RWI	Russisches Wissenschaftliches Institut, Berlin
SchrdVfS	Schriften des Vereins für Socialpolitik
SJB	Schmollers Jahrbuch für Gesetzgebung, Verwaltung und Volkswirtschaft im Deutschen Reiche
taz	Die Tageszeitung
TH	Technische Hochschule
VfS	Verein für Socialpolitik
VzK	Vierteljahreshefte zur Konjunkturforschung
WA	Weltwirtschaftliches Archiv
WBP	Werktätigen-Bauernpartei
ZfgG	Zeitschrift für das gesamte Genossenschaftswesen
ZfgSt	Zeitschrift für die gesamte Staatswissenschaft
ZfN	Zeitschrift für Nationalökonomie
ZSU	Zentralnoe Statistitscheskoje Uprawlenie [Zentrale Statistische Verwaltung]

2 Biobibliographischer Anhang: Russische Autoren und ihre Beiträge in deutschen wirtschaftswissenschaftlichen Zeitschriften von 1910 bis 1933[1]

Anonymus:

Artikel: „Der ‚Alljüdische Arbeiterbund' zur Zeit der russischen Revolution 1905-1907, I und II", in: *ASS* 36 und 37 (1913).

Aghte, Adolf (1883 bis nach 1943), geb. in Riga. Ökonom. Studium in Dorpat und Leipzig (1905-08 bei Karl Bücher). 1908 Promotion. Ab 1920 Statistisches Reichsamt Berlin, zuletzt Oberregierungsrat.

Artikel: „Zur Kritik des Herrn Tobien über ‚Ursprung und Lage der Landarbeiter in Livland'", in: *ZfgSt* 66 (1910).

Altschul, Eugen (1887-1959), geb. in Libau/Lettland, gest. in Kansas City. Ökonom, Statistiker. Seit 1905 in Deutschland. Studium: Physik, Philosophie, Volkswirtschaftslehre, 1912 Promotion Freiburg. 1913-26 Privatwirtschaft. 1925 Leiter der Frankfurter Gesellschaft für Konjunkturforschung. 1927 Lehrauftrag, 1930 Privatdozent Univ. Frankfurt. 1933 London, Dezember 1933 USA, NBER bis 1939, daneben bis 1942 Gastprof. an der Univ. Minnesota, 1946 Prof. in Kansas-City, 1952/53 Gastprof. in Montreal.

Artikel: „Die logische Struktur des historischen Materialismus" (Diss.), in: *ASS* 37 (1913); „Konjunkturtheorie und Konjunkturstatistik", in: *ASS* 55 (1926); „Die Mathematik in der Wirtschaftsdynamik", in: *ASS* 63 (1930).

Rezensionen zu: „Forcher, Die statistische Methode als selbständige Wissenschaft", in: ASS 39 (1915); „W. Hofmann, Kriegsgewinnverschleierung bei Aktiengesellschaften", in: *ASS* 49 (1922).

---

[1] Die Angaben zu einigen wenigen, für unsere Auswertung nicht mitgezählten, aber aus anderen Gründen dennoch wichtige Autoren und Beiträge haben wir in eckige Klammern gesetzt.

Anderson, Oskar (1887-1960), geb. in Minsk, gest. in München. Statistiker, Ökonom. 1907-15 Assistent A.A. Tschuproffs in St. Petersburg, 1917 in Kiew bei E. Slutsky. 1920 Emigration nach Budapest, Arbeit als Lehrer. 1924-33 Prof. in Varna. 1933-35 Rockefeller-Stipendiat in Großbritannien und Deutschland. 1935 Prof. in Sofia. Ab 1940 im bulgarischen Regierungsauftrag in Deutschland. 1942 Prof. in Kiel, ab 1947 Prof. in München.

Artikel: „Ist die Quantitätstheorie statistisch nachweisbar?", in: *ZfN* 2 (1931); „Ladislaus v. Bortkiewicz", in: *ZfN* 3 (1932).

Rezensionen zu: „S. Kohn, Grundlagen der Theorie der statistischen Methode", „W. Hahn, Die statistische Analyse der Konjunkturschwingungen (1929)", beide in: *ZfN* 1 (1930); „E. Wagemann, Konjunkturlehre", in: *ZfN* 3 (1932); „R. Gater, Die Konjunkturprognose des Harvard-Institutes"; „E. Kohlweiler, Statistik im Dienste der Technik", beide in: *ZfN* 4 (1933).

Ballod, Karl (1864-1931), geb. in Kokenhusen//Livland, gest. in Riga. Statistiker, Theologe. Studium: 1884-87 Theologie in Dorpat, 1891/92 Geographie in Jena, Dr. phil. 1893-95 protestantischer Geistlicher im Ural. Studium: 1895-96 und 1896-99 Statistik und Volkswirtschaftslehre in München bzw. Berlin. 1899 Privatdozent Berlin, 1905 Prof. in Berlin. Tätigkeit im Preußischen Statistischen Landesamt. Ab 1920 Prof. in Riga.

Artikel: „Wieviel Menschen kann die Erde ernähren?", in: *SJB* 36 (1912).

Rezensionen zu: „D. Lewin, Das Brantweinmonopol in Rußland", in: *SJB* 38 (1914); „O. Hoetzsch, Rußland (1913)", in: *SJB* 39 (1915).

[**Baran, Paul A.** (1910-1964), geb. in Nikolajew/Ukraine, gest. in San Francisco. Ökonom. Gymnasium in Dresden. Studium in Moskau und Berlin. Promotion 1932 bei Emil Lederer in Berlin. Assistent von F. Pollock am Institut für Sozialforschung, Frankfurt am Main. Emigration: 1933-35 in Moskau und in Wilna, 1938 in London, ab 1939 in den USA. 1944 US Strategic Banking Survey (unter J.K. Galbraith), 1946-49 Federal Reserve System, New York. Ab 1949 Prof. in Stanford.]

Bilimovič, Alexander D. (1876-1964), geb. in Rußland, gest. in USA. Ökonom. Studium in Kiew, Schüler D.I. Pichnos. 1909-17 Prof. in Kiew. Im Bürgerkrieg Landwirtschaftsminister des weißrussischen Generals Denikin. Emigration: bis 1945 Prof. in Ljubljana (Jugoslawien), später in den USA. Veröffentlichte bis 1943 in deutschen Fachzeitschriften.

Artikel: „Die Preislehre von Prof. Dr. Othmar Spann", in: *SJB* 54 (1930); „Irving Fisher's statistische Methode für die Bemessung des Grenznutzens; Grenzkosten und Preis", beide in: *ZfN* 1 (1930); „Kritische und positive Bemerkungen zur Geldwerttheorie (2 Teile)", in: *ZfN* 2 (1931); „Antwort", in:

ZfN 3 (1932); „Versuch der Bemessung des Grenznutzens"; „Meine Antwort an Herrn Prof. Karel Engliš", beide in: *ZfN* 4 (1933).

Rezensionen zu: „O. Engländer, Theorie der Volkswirtschaft"; „K. Werner, Oppenheimers System des liberalen Sozialismus"; „R. Wagenführ, Die Konjunkturtheorie in Rußland (1929)", alle in: *ZfN* 1 (1930); „P. Haensel, Die Wirtschaftspolitik Sowjetrußlands (1930)", in: *ZfN* 2 (1931); „L. Mises/A. Spiethoff (Hg.), Probleme der Wertlehre"; „O. Engländer, Theorie der Volkswirtschaft II"; „G. Haberler, Der Sinn der Indexzahlen"; „K. Engliš, Begründung der Teleologie als Form des empirischen Erkennens", alle in: *ZfN* 3 (1932); "J. M. Keynes, A Treatise on Money"; „M. Saitzew, Eine lange Welle der Arbeitslosigkeit", beide in: *ZfN* 4 (1933).

Bogdanow, Alexander A. (1873-1928), geb. in Sokolka, gest. in Moskau. Mediziner, Ökonom, Philosoph, Revolutionär. 1899 Promotion in Medizin in Charkov. 1905-07 ZK der Bolschewiki, 1909 Streit mit Lenin. 1917 Lehrauftrag für Ökonomie in Moskau. 1926 Gründer des Instituts für Bluttransfusion Moskau. 1928 Tod durch medizinischen Selbstversuch.

Artikel: „Um die allgemeine Organisationslehre. Erwiderung auf Plenge", in: *WA* 26 (1927).

Bogolepow, Aleksandr A. (1885-1980), geb. in Rußland, gest. in USA. Philosoph, Historiker, Rechtswissenschaftler. 1915-17 Rechtsberater im russischen Finanzministerium. Prof. in St. Petersburg, letzter frei gewählter Dekan. 1922 ausgewiesen, November 1922 in Berlin, ab 1923 Dozent am RWI Berlin, bis 1941 Lehrauftrag an der Univ. Berlin, 1945 in West-Berlin, 1951 in den USA.

Artikel: „Die Konzessionen Sowjetrußlands", in: *ZfgSt* 91 (1931).

Rezension zu: „B. Mirkin-Getzewitsch: Die rechtstheoretischen Grundlagen des Sowjetstaates (1929)", in: *ZfgSt* 91 (1931).

Bortkiewicz, Ladislaus v. (1868-1931), geb. in St. Petersburg, gest. in Berlin. Statistiker und Ökonom. Studium u.a. in St. Petersburg, Straßburg und Göttingen, Schüler von W. Lexis und G.F. Knapp, 1895-97 Privatdozent in Straßburg, 1897-1901 in St. Petersburg, ab 1901 Prof. in Berlin.

Artikel: „Zur Verteidigung des Gesetzes der kleinen Zahlen"; „Mathematische Statistiken zur preußischen Wahlrechtsreform", beide in: *JbNuSt* 94; „Eine geometrische Fundierung der Lehre vom Standort der Industrien", in: *ASS* 30 (1910); „Das währungspolitische Konzept Otto Heyns", in: *SJB* 42 (1918); „Der subjektive Geldwert"; „Gibt es Deportgeschäfte?"; „Zum Problem der Lohnbemessung", alle in: *SJB* 44 (1920); „Neue Schriften über die Natur und die Zukunft des Geldes, I und II", in: *SJB* 45 (1921); „Entgegnung", in: *SJB* 46 (1922); „Das Wesen, die Grenzen und die Wirkungen des Bankkredits", in: *WA* 17 (1922).

Rezensionen zu: „K. Wicksell, Vorlesungen über Nationalökonomie", in: *SJB* 38 (1914); „E.J. Gumbel, Berechnung des Bevölkerungstandes durch Interpolation", in: *JbNuSt* 107 (1916); „K. Muhs, Begriff und Funktion des Kapitals", in: *SJB* 44 (1920); "W.H. Steiner, Some Aspects of Banking Theory"; „K. Järvinen, Der Zahlungsverkehr im Außenhandel Finnlands", beide in: *JbNuSt* 118 (1922); „H. Kaeferlein, Der Bankkredit und seine Sicherungen", in: *WA* 17 (1922); „E. Baldy, Les banques d'aiffaires en France depuis 1900", in: *JbNuSt* 120 (1923); „O. Kühne: Untersuchungen über die Wert- und Preisrechnung des Marx'schen Systems. Eine dogmenkritische Auseinandersetzung mit L. v. Bortkiewicz"; "I. Fisher, The making of index numbers", beide in: *ASS* 51 (1924); "J.M. Chapman, Fiscal functions of the federal reserve banks", in: *JbNuSt* 122 (1924); „Erwiderung (zu O. Kühne)", in: *ASS* 53 (1925); „O. Leichter, Die Wirtschaftsrechnung in der sozialistischen Gesellschaft"; „G. v. Lukács, Geschichte und Klassenbewußtsein"; „E. Unsheim, Geburtenbeschränkung und Sozialismus", alle in: *JbNuSt* 124 (1926); „J. Müller, Grundriß der deutschen Statistik", in: *WA* 24 (1926); "S.S. Katzenellenbaum, Russian currency and banking 1914-1924"; „Le système monétaire de la suisse. (Publications du Bureau de statistique de la Banque nationale suisse)", in: *JbNuSt* 126 (1927); „W. Winkler, Die statistischen Verhältniszahlen", Leipzig-Wien (1923), in: *ASS* 57 (1927); „J. Müller, Theorie und Technik der Statistik", in: *WA* 29 (1929); „J. Müller, Deutsche Kulturstatistik", in: *WA* 32 (1930); "S.P. Florence, The statistical method in economics and political science", in: *WA* 33 (1931).

Bouniatian, Mentor A. (1877-1969), geb. in Rußland, gest. in Montmorency bei Paris. Ökonom. Studium in München (bei Lujo Brentano), 1907 Promotion in München, dann Prof. im Russischen Reich. 1919 diplomatischer Vertreter Armeniens in Versailles, blieb in Frankreich, Prof. in Paris.

Artikel: „Industrielle Schwankungen. Bankkredite und Warenpreise", in: *ASS* 58 (1927); „Das Webersche Gesetz und die Wertlehre", in: *ZfgSt* 86 (1929); „Die vermeintlichen Kreditkreierungen und die Konjunkturschwankungen", in: *JbNuSt* 136 (1932).

Rezensionen zu: „B. Moll, Die modernen Geldtheorien und Währungssysteme", in: *ASS* 57 (1927); „C. Rosch, Kreditinflation und Wirtschaftskrisen"; „W. Weigmann, Kritischer Beitrag zur Theorie des internationalen Handels"; „K. Zimmermann, Das Krisenproblem in der neueren nationalökonomischen Theorie", alle in: *ASS* 59 (1928); „E. Wagemann, Konjunkturlehre", in: *ASS* 61 (1929); „ders., Einführung in die Konjunkturlehre", in: *ASS* 63 (1930).

Brückner, Alexander (1856-1939), geb. in Tarnopol/Ukraine, gest. in Berlin. Slawist. 1878 Privatdozent in Lemberg, ab 1881 Prof. in Berlin.

Artikel: „Die neueste Literatur über Rußland", in: *WA* 9 (1917); „Rußlands Drang zu den Meeren", in: *WA* 10 (1917); „Neue deutsche Polenliteratur", in: *WA* 13 (1918).

Rezensionen zu: „Russisches Wirtschaftsleben seit der Herrschaft des Bolschewismus", hg. von W. Kaplun-Kogan (1919), in: *WA* 15 (1920); „E. Schmidt (Hg.), Die deutschen Bauern in Südrußland"; „G. Bonwetsch, Geschichte der deutschen Kolonien an der Wolga", alle in: *WA* 15 (1920).

Brutzkus, Boris (1874-1938), geb. in Polangen/Litauen, gest. in Jerusalem. Agrarökonom. Kindheit in Moskau, ab 1891 in Warschau. Studium 1892-94 Medizin in Warschau, 1894-98 Agrarökonomie. 1898 Rückkehr nach Rußland, 1898-1906 Tätigkeiten u.a. als Agrarökonom bei jüdischen Organisationen in St. Petersburg, 1905-29 Mitglied der Jüdischen Volkspartei unter Simon Dubnow. 1908-22 Dozent und ab 1917 Prof. am Institut für Agrarökonomie an der Univ. St. Petersburg, 1920 Dekan. 1922 verhaftet und ausgewiesen. November 1922 Ankunft in Berlin, 1923-33 Prof. am RWI Berlin, 1933 in England an der Univ. Birmingham, ab 1935 in Jerusalem, Prof. an der Hebräischen Univ.

Artikel: „Die russische Agrarrevolution", in: *ZfgSt* 78 (1924); „Die wirtschaftliche und soziale Lage der Juden in Rußland vor und nach der Revolution", in: *ASS* 61 (1929); „Neuere Bücher über die Sowjetwirtschaft", in: *ASS* 65 (1931); „Rußlands Getreideausfuhr. Ihre wirtschaftlichen und sozialen Grundlagen und ihre Aussichten", in: *WA* 38 (1933).

Rezensionen zu: „M. Krischanowski, Die Planwirtschaftsarbeit in der Sowjetunion (1927)", in: *ASS* 60 (1928); „N.L. Mecheriakov: The peasantry and the revolution"; „Das Sowjetdorf in Zahlen und Diagrammen 1917-1927", beide in: *ASS* 62 (1929); „K. Kautsky, Der Bolschewismus in der Sackgasse"; „Welt vor dem Abgrund, hg. von I. Iljin", beide in: *ASS* 66 (1931); „A. Ruppin, Soziologie der Juden", in: *ASS* 68 (1933).

Bubnoff, Nicolai v. (1880-1962), geb. in St. Petersburg, gest. in Heidelberg. Philosoph, Slawist. Sohn des kaiserlichen Staatsrates Dr. med. N. v. Bubnoff. Studium: St. Petersburg 1898-1902, 1903 Leipzig, ab 1904 Heidelberg, 1907 Freiburg. 1908 Promotion in Heidelberg, 1911 Habilitation. 1914-15 als ‚Russe' interniert, 1921 eingebürgert. 1924-1951 Prof. in Heidelberg, ab 1932 Direktor des neugegründeten Slawischen Seminars.

Artikel: „Der Begriff der Nation und die Idee der Völkergemeinschaft", in: *ASS* 51 (1924); „Der Geist des volkstümlichen russischen Sozialismus", in:

ASS 55 (1926); „Rußland-Literatur", in: *ZfgSt* 90 (1931); „Rußland-Literatur", in: *ZfgSt* 92 (1932).

Rezensionen zu: „P. Kopal, Das Slaventum und der deutsche Geist", in: *ASS* 47 (1920); „E. Gundolf et al., Nietzsche als Richter unserer Zeit", in: *ASS* 50 (1923); „C. Janentzky, Mystik und Rationalismus", in: *ASS* 51 (1924); „P. Natorp, Fjodor Dostojewskis Bedeutung für die gegenwärtige Kulturkrisis", in: *ASS* 52 (1924); „K. Joël, Kant als Vollender des Humanismus; H. Plessner, Grenzen der Gemeinschaft"; „P. Tillich, Das System der Wissenschaften nach Gegenständen und Methoden"; „A. Schwoner, Wertphilosophie eines Outsiders", alle in: *ASS* 53 (1925); „H. v. Rimscha, Der russische Bürgerkrieg und die russische Emigration 1917-1921", in: *ASS* 54 (1925); „N. Berdjajew, Der Sinn der Geschichte"; „H. Ehrenberg, Disputation. Drei Bücher vom deutschen Idealismus (1923-25)", beide in: *ASS* 55 (1926); „H. Plessner (Hg.), Philosophischer Anzeiger", in: *ASS* 56 (1926); „K. Rothenbücher, Über das Wesen des Geschichtlichen und die gesellschaftlichen Gebilde", in: *ASS* 57 (1927); „F. v. Schelling, Schriften zur Gesellschaftsphilosophie", in: *ZfgSt* 83 (1927); „P. Sorokin: Die Soziologie der Revolution", in: *ZfgSt* 85 (1928); „H. v. Rimscha, Rußland jenseits der Grenzen 1921 bis 1926", in: *ASS* 60 (1928); „B. Pfister, Die Entwicklung zum Idealtypus"; „H. Hecht, Nationalökonomie als Geisteswissenschaft"; „F. Lewy, Die soziologische Methode", alle in: *ZfgSt* 86 (1929); „H. Sée, Science et philosophie de l'histoire," in: *ASS* 66 (1931); „K. Thalheimer, Einführung in den dialektischen Materialismus", in: *ASS* 67 (1932); „W. Gurian, Der Bolschewismus"; „J. Kraft, Die ‚Wiedergeburt' des Naturrechts"; „ders., Von Husserl zu Heidegger", beide in: *ASS* 68 (1933).

Bulgakow, Sergej N. (1871-1944), geb. in Liwny, gest. in Paris. Ökonom, Priester. Abbruch Geistliches Seminar 1887. Studium: ab 1889 Ökonomie in Moskau u.a. bei Tschuproff sen. Marxist. 1898 Stipendium Deutschland-Reise, Treffen mit K. Kautsky, A. Bebel und M. Adler. 1901 Prof. für Ökonomie in Kiew, dann in Moskau. 1905 Rückkehr in die Kirche. 1918 Priesterwürde. Monarchist. 1922 in Jalta verhaftet, ausgewiesen. 1923-25 Prag, 1925-39 Prof. für Theologie in Paris.

Artikel: „Die naturphilosophischen Grundlagen der Wirtschaftstheorie", in: *ASS* 36 (1913).

Eckardt, Hans v. (1890-1957), geb. in Riga, gest. in Heidelberg. Ökonom, Soziologe, Zeitungswissenschaftler. Studium in Moskau, Berlin, Heidelberg; von der Univ. Moskau aus politischen Gründen relegiert. Korrespondent in Deutschland. 1914 deutsche Staatsbürgerschaft. 1915 Kriegsfreiwilliger. 1919 Promotion in Heidelberg bei Alfred Weber, 1920-26 Osteuropa-Referent HWWA, Hamburg, 1925 Habilitation in Hamburg, 1927-33 Prof. und Leiter des Instituts für Zeitungswesen in Heidelberg. 1933 aus politischen Gründen entlassen, ab 1946 wieder Prof. in Heidelberg.

Artikel: „Der Kreislauf der Wirtschaftspolitik des russischen Kommunismus (2 Teile)", in: *WA* 17 (1922); „Zur Ideologie des russischen Kommunismus", in: *WA* 18 (1922); „Rußlands auswärtige Politik 1917-1923", in: *WA* 19 (1923); „Schicksal und Bedeutung der Industrie in der russischen Revolution", in: *ASS* 51 (1924); „Zur neueren Literatur über Rußland", in: *ASS* 54 (1925); „Die Kontinuität der russischen Wirtschaftspolitik von Alt-Moskau bis zur Union der S.S.R.", in: *ASS* 55 (1926); „Zur Problematik des Nationalitätenbegriffs", in: *ASS* 58 (1927); „Neue Rußland-Literatur", in: *JbNuSt* 128 (1928).

Rezensionen zu: „P. Petroff, Der wirtschaftliche Wiederaufbau der Union der Sozialistischen Sowjet-Republiken", in: *WA* 22 (1925); „R. Asmis, Als Wirtschaftspionier in Russisch-Asien"; „E. Obst, Russische Skizzen", beide in: *WA* 24 (1926); „P. Ljacenko, Geschichte der russischen Volkswirtschaft", in: *WA* 35 (1932).

Finn-Enotajewsky, Alexander J. (1872-1943). Ökonom, Publizist. Seit den 1890er Jahren Sozialdemokrat. 1903-14 Bolschewist, danach Menschewist. Nach der Revolution von 1905 stark engagiert in agrarpolitischen Fragen, nach der Oktoberrevolution 1917 Prof. in St. Petersburg und Publizist für *Nowaja shisn*. 1931 im Menschewiki-Prozeß zu 10 Jahren Haft verurteilt, weitere Verurteilungen, 1943 in der Haft verstorben.

Artikel: „Die Grundlinien der wirtschaftlichen Entwicklung Rußlands (1861-1917)", in: *ASS* 64 (1930).

Frank, Semjon (1877-1950), geb. in Moskau, gest. in London. Stammt aus einer alten Rabbiner-Familie. Philosoph, Ökonom. 1894-98 Studium in Moskau, Kreis um Struve, 1899 wegen marxistischer Propaganda relegiert, danach Studien in Berlin und München, 1901 Promotion in Kasan. 1912 Konversion zur orthodoxen Kirche. 1917-22 Prof. in Saratow, Rektor der Universität. 1922 ausgewiesen, ab 1923 Prof. für Philosophie am RWI in Berlin. 1937 in Frankreich, 1945 nach Großbritannien.

Artikel: „Zur Phänomenologie der sozialen Erscheinung", in: *ASS* 59 (1928).

Gelesnoff, Wladimir J. (1869-1933). Ökonom. Studium in Kiew. Prof. in Kiew, dann in Moskau, Agrar-Institut. Seine *Grundzüge der Volkswirtschaftslehre* (1902, deutsch 1918) waren im Zarenreich zeitweilig verboten. Ab Ende der zwanziger Jahre wegen seiner agrarökonomischen Positionen politischen Repressionen ausgesetzt.

Artikel: „Die ökonomische Gedankenwelt des Aristoteles", in: *ASS* 50 (1923); „Über das Naturale und das Wertmäßige in den wirtschaftlichen Erscheinungen", in: *ASS* 54 (1925); [„Rußland", in: *Die Wirtschaftstheorie der Gegenwart* (1927)].

Rezension zu: „H.-J. Seraphim, Die russische Währungsreform des Jahres 1924", in: *WA* 23 (1926).

Generalvertretung der UdSSR im Auslande, Berlin

Artikel: „Das Staatsbudget der Sowjet-Union für 1927 und die Vorjahre"; „Die Hauptzweige des russischen Wirtschaftslebens", beide in: *FA* 44 (1927).

[**Gerschenkron, Alexander** (1904-1978), geb. in Odessa, gest. in Cambridge/Mass., USA. 1920 Emigration nach Wien. 1924-28 Studium in Wien. 1937 Mitarbeiter des Instituts für Konjunkturforschung in Wien. 1938 erneute Emigration über die Schweiz in die USA. 1938-44 Lecturer in Berkeley; 1948-1974 Prof. an der Harvard Univ.

Artikel: „Alexander Tschajanows Theorie des landwirtschaftlichen Genossenschaftswesens, 2 Teile", in: *Vjh.schrift f. Genossenschaftswesen* 8 (1930/31), S. 151-166 und S. 238-245.

Übersetzung: „A.A. Sokoloff, Die Geldvermehrung und die ‚Preisscheren'", in: *ASS* 64 (1930).]

Ghertschuk, Jakow P., Ökonom. Mitarbeiter in der Abt. Industrie, Arbeit, Handel und Transport am Konjunkturinstitut Moskau. Nach 1930 Verhaftung und Repressalien, nach dem Ende der Stalin-Ära wieder wissenschaftliche Veröffentlichungen.

Artikel: „Die Ermittlung der Werterhöhung in den Produktionsstatistiken. Ihr theoretischer und praktischer Sinn", in: *WA* 28 (1928).

Rezension zu: "M. Miller, The Economic Development of Russia 1905-1914", in: *WA* 26 (1927).

Gitermann, Valentin (1900-1965), geb. in Uman/Ukraine, gest. in Zürich. Historiker. 1906 Emigration mit der Familie in die Schweiz. Studium in Zürich, Berlin, Warschau, Dr. phil., Lehrer und Dozent in Zürich.

Artikel: „Die geschichtsphilosophischen Anschauungen Bismarcks", in: *ASS* 51 (1924); „Kulischers Russische Wirtschaftsgeschichte", in: *ASS* 56 (1926); „Kliutschewskys ‚Russische Geschichte' (2 Bde. 1924/25)", in: *ASS* 57 (1927); „Neuere Literatur zur Geschichte der Schweiz", in: *ASS* 59 (1928).

Rezensionen zu: „A. Brückner, Die Slaven"; „V. Figner, Nacht über Rußland", beide in: *ASS* 57 (1927); „Gewalt und Gewaltlosigkeit. Handbuch des aktiven Pazifismus, hg. von Kobler", in: *ASS* 63; „K. Stählin, Geschichte Rußlands von den Anfängen bis zur Gegenwart", in: *ASS* 66 (1931).

Goldstein, Joseph M. (1869 bis nach 1938), geb. in Odessa. Ökonom, Chemiker. 1888-93 Studium der Chemie TH Karlsruhe, hörte dort auch Ökonomie bei Heinrich Herkner. 1895 ökonomische Diss. in München bei Lujo Brentano. Weitere Studien in England und Frankreich. 1898 Habilitation Zürich. 1901 Rückkehr nach Rußland, 1903 Prof. in Moskau.

Artikel: „Der gegenwärtige Stand der Kartellbewegung in Rußland", in: *JbNuSt* 95 (1910).

Gurwitsch, Aron (1901-1973) geb. in Wilna/Litauen, gest. in Zürich. Philosoph. Studium in Berlin, Freiburg (bei Edmund Husserl) und Frankfurt am Main (Max Scheler), Abschluß der Promotion bei Moritz Geiger in Göttingen. 1933 Emigration nach Paris, 1940 in die USA: 1940-42 Lecturer an der Johns Hopkins Univ., 1943 Instructor für Physik an der Harvard Univ., 1948-59 Prof. für Mathematik und Philosophie an der Brandeis Univ., 1958/59 Prof. Univ. Köln; ab 1959 Prof. an der New School for Social Research, New York; 1968 Gastprof. Univ. Mainz.

Artikel: „Zur Bedeutung der Prädestinationslehre für die Ausbildung des ‚kapitalistischen Geistes'", in: *ASS* 68 (1933).

Rezension zu: „B. Groethuysen, Die Entstehung der bürgerlichen Welt- und Lebensanschauung in Frankreich", in: *ASS* 68 (1933).

Haensel, Paul (russ. **Genzel**) (1878-1950), geb. in Moskau (?), gest. in den USA (?). Finanzwissenschaftler. Studium in Moskau. 1904 Privatdozent, 1908-28 Prof. in Moskau; 1910-16 Dekan an der Handelshochschule Moskau. 1916/17 im Direktorium der russischen Staatsbank. Ab 1921 Vorsitzender der finanzwissenschaftlichen Sektion des Instituts für Wirtschaftsforschung in Moskau. Seit 1926 im Ausland: 1928 Univ. London, 1929 Univ. Chicago, 1929/30 Univ. Graz, danach USA, ab 1931 Prof. in Evanston, Illinois.

Rezensionen zu: „P. Mikeladze, Studie über die bundesstaatlichen Finanzorganisation", in: *FA* 44 (1927); „G. Dobbert, Die Zentralisation in der Finanzverfassung der U.d.S.S.R.", in: *FA* 47 (1930); „Comte Kokovtzoff, Le bolchévisme à l'oeuvre", in: *ZfgSt* 92 (1932); „B. Brutzkus, Der Fünfjahresplan und seine Erfüllung"; „W. Gurian, Der Bolschewismus", beide in: *ZfgSt* 93 (1932); „M. Hoffmann, Die agrarische Überbevölkerung Rußlands", in: *ZfgSt* 94 (1933).

Hurwicz, Elias (1884-1973), geb. in Rogatschow/Rußland, gest. in Berlin. Soziologe in Berlin.

Rezensionen zu: „W. Kaplun-Kogan (Hg.), Russisches Wirtschaftsleben seit der Herrschaft der Bolschewiki"; „H. Vorst, Das bolschewistische Rußland", „A. Paquet, Im kommunistischen Rußland"; „A. Paquet, Der Geist der russischen Revolution"; „Björnsen, Vom deutschen Wesen", alle in: *SJB* 43 (1919).

[**Ignatieff, M.W.**, Ökonom. Dozent an der Univ. Moskau, Mitarbeiter Kondratieffs am Institut für Konjunkturforschung. Ab 1930 Repressalien ausgesetzt.

Artikel: „Die Wechselbeziehungen zwischen Geldumlauf, Warenumsatz und Preisbewegung (Die Verkehrsgleichung in den Wirtschaftsverhältnissen Sowjetrußlands.)", in: *Russische Arbeiten zur Wirtschaftsforschung* (= *VzK*, Sonderheft 12) (1929).]

Ischboldin (al Bak-ri), **Boris S.**, (1899 bis nach 1971), geb. in Rußland, gest. in den USA. Ökonomisches Studium in Moskau, Berlin (bei Werner Sombart). 1930 Promotion in Köln, dann u.a. in Belgrad (1931) und 1934-39 in Paris, zuletzt Prof. in St. Louis/Miss., USA. Veröffentlichte bis 1939 in deutschen Fachzeitschriften.

Artikel: „Der wirtschaftliche Neopanslawismus und seine Bedeutung für Deutschland", in: *WA* 33 (1931); „Das Problem des wirtschaftlichen regionalen Zusammenschlusses der innereuropäischen Staatenwelt und seine Bedeutung für Deutschland", in: *WA* 35 (1932).

Rezensionen zu: „E. Fuchs, Die russische Industrieorganisation"; „A. Hollmann, Agrarverfassung und Landwirtschaft Jugoslawiens", beide in: *ZfN* 4 (1933).

Jasny, Naum (1883-1967), geb. in Charkow, gest. in Wheaton/Maryland, USA. Agrarökonom. Studium u.a. in St. Petersburg und Berlin. Menschewist. 1920 Tiflis, 1921 Wien, 1922 Berlin, 1925-27 sowjetische Handelsvertretung Hamburg und *Wirtschaftsdienst*, ab 1929 Berlin: Institut für Konjunkturforschung, 1931 Institut für landwirtschaftliche Marktforschung. 1933 Emigration in die USA, u.a. US-Department of Agriculture, Office of Foreign Agricultural Relations.

Artikel: „Die ‚Wheat Studies' des kalifornischen ‚Food Research Institutes'", in: *WA* 30 (1929).

Rezensionen zu: „V. Timoshenko, Wheat Prices and the World Wheat Market", in: *WA* 31 (1930); „F.M. Surface, The Grain Trade during the World War", in: *WA* 32 (1930); „W.W. Swanson/P.C. Armstrong, Wheat", in: *WA* 33

(1931); „V. Timoshenko: Agricultural Russia and the Wheat Problem", in: *WA* 38 (1933).

Jugow, Aaron A., Ökonom. Nach 1917 Leiter Mosselprom Moskau. Menschewist. Exil in Deutschland, Mitglied der Auslandsdelegation in Berlin, später Paris.

Rezensionen zu: „P. Haensel, Die Wirtschaftspolitik Sowjetrußlands", in: *ASS* 64 (1930); „G. Grinko, Der 5-Jahrplan"; „L. Kritsman, Die heroische Periode der Großen Russischen Revolution"; „K. Mainz, Die Auswirkungen des Außenhandelsmonopols der UdSSR auf die deutsch-sowjet-russischen Wirtschaftsbeziehungen", alle in: *ASS* 65 (1931); „A. Gurland, Das Heute der proletarischen Aktion"; „M. Farbmann, Der Fünfjahresplan", beide in: *ASS* 66 (1931).

Jurowsky, Leonid N. (1884-1938), geb. in Odessa. Ökonom. Studium u.a. bei Peter Struve und in München bei Lujo Brentano. Prof. in Leningrad, bis 1930 Prof. am Agrar-Institut Moskau. 1922-24 Leiter der Valutaverwaltung. 1926-29 Mitglied des Kollegiums des Volkskommissariats für Finanzen. 1930 verhaftet, 1931 im Prozeß gegen die ‚Arbeiter-Bauern-Partei' verurteilt, 1938 erschossen. 1987 rehabilitiert.

Rezension zu: „K. Schweickert, Die Baumwollindustrie Russisch-Polens", in: *WA* 3 (1914).

Kliwansky, S., Ökonom. Dr., Moskau.

Artikel: „Zur Kritik der Nationalökonomie", in: *ASS* 39 (1915).

Ko(h)n, Stanislaus, gest. vor 1933. Statistiker und Ökonom. Beeinflußt durch Peter Struve und A. Tschuproff jun.

Rezension: zu: „A. Markoff, Das Kreditwesen in Rußland", in: *ASS* 57 (1927).

Kondratieff, Nikolaj D. (1892-1938), geb. in Galuyewskaja/Kostroma. Ökonom. 1910 Studium in St. Petersburg u.a. bei Tugan-Baranowsky. 1915 Dozent in St. Petersburg. Oktober 1917 bis Januar 1918 Minister für Versorgung mit Nahrungsmitteln. 1905 bis Januar 1920 Mitglied der Sozialrevolutionären Partei. 1918 Agrar-Institut Moskau. 1920-28 Gründer und Leiter des Konjunkturinstituts Moskau. 1924/25 Reise nach Westeuropa und in die USA. 1923-26 verantwortlich für den ersten Fünfjahresplan in der Land- und Forstwirtschaft. Ab 1928 Repressionen ausgesetzt, im Mai als Leiter des Konjunkturinstituts abgelöst, 1930 verhaftet und verbannt, am 17. September 1938 erschossen.

Artikel: „Die langen Wellen der Konjunktur", in: *ASS* 56 (1926); „Die Preisdynamik der industriellen und landwirtschaftlichen Waren (Zum Problem der relativen Dynamik und Konjunktur)", in: *ASS* 60 (1928); [„Das Problem der Prognose, insbesondere der sozialwirtschaftlichen (2 Teile)", in: *AdBw* 1 (1927), S. 41- 64 und 221-252].

Rezension zu: „S.A. Perwuschin: Die wirtschaftliche Konjunktur", in: *WA* 24 (1926).

Krawtschenko, Nikolaus. Ökonom. Privatdozent in Odessa.

Artikel: „J.A. Blanqui – der erste Verkünder der Idee des Arbeiterschutzes", in: *JbNuSt* 95 (1910).

Kulischer, Josef (1878-1933), geb. in Kiew, gest. in St. Petersburg. Ökonom, Wirtschaftshistoriker. Bis 1896 deutschsprachiges Gymnasium, danach Studium in St. Petersburg, Berlin (bei G. Schmoller), Halle (bei J. Conrad) und Wien (bei K. Th. Inama-Sternegg). 1900 Diplom in St. Petersburg, ab 1903 Lehrauftrag in St. Petersburg, 1908 Magister, 1915 Habilitation, bis 1933 Prof. in St. Petersburg.

Artikel: „Die Meistbegünstigung in den Handelsverträgen im Wandel der Zeiten", in: *ZfgSt* 89 (1930); „Die kapitalistischen Unternehmer in Rußland (insb. die Bauern als Unternehmer) in den Anfangsstadien des Kapitalismus", in: *ASS* 65 (1931); „Die Leibeigenschaft in Rußland und die Agrarverfassung Preußens im 18. Jahrhundert. Eine vergleichende Studie", in: *JbNuSt* 137 (1932); „Das Aufkommen der landwirtschaftlichen Maschinen um die Wende des 18. und in der ersten Hälfte des 19. Jahrhunderts", in: *JbNuSt* 138 (1933).

Rezensionen zu: „C. Brinkmann, Wirtschafts- und Sozialgeschichte"; „R. Häpke, Wirtschaftsgeschichte, 2. Aufl., I. Teil", beide in: *ASS* 63 (1930); „A. Voigt, Handwerk und Handel in der späteren Zunftzeit", in: *ASS* 64 (1930); „E. Wege, Die Zünfte als Träger wirtschaftlicher Kollektivmaßnahmen", in: *ASS* 65 (1931); „K. Neidlinger, Studien zur Geschichte der deutschen Effektenspekulation"; „H. Sieveking, Die Gestaltung der Handelspolitik in den wichtigsten Ländern"; „A. Weitnauer, Venezianischer Handel der Fugger", alle in: *ZfgSt* 91 (1931); „H. Cunow, Allgemeine Wirtschaftsgeschichte; R. Wilbrandt, Geschichte der Volkswirtschaft (2. Aufl.)", beide in: *ASS* 68 (1933); „H. Rosenthal, Die agrarischen Unruhen im ausgehenden Mittelalter", in: *ASS* 69 (1933); „K. Kaser, Eisenverarbeitung und Eisenhandel", in: *ZfgSt* 94 (1933).

Lando, Wladimir. Ökonom. Prof. in Kiew, Leiter der volkswirtschaftlichen Abteilung der Zuckerindustrie.

Artikel: „Die wirtschaftsgeographischen Verhältnisse der Rübenzuckerindustrie in den Vereinigten Staaten von Amerika", in: *WA* 27 (1928).
Rezension zu: "F. Maxwell, Economic Aspects of Cane Sugar Production", in: *WA* 28 (1928).

Leites, Konstantin (eigentlich Kusel) S. (1882-1956), geb. in Mstislawl (heute Belorußland), gest. in New York. Vater von Nathan Leites. Ökonom. 1900 Abitur in Rußland, lebte dann in Finnland (damals zum Russischen Reich gehörig). 1908 Promotion (Dis.: *Die Streiks in Rußland*) in Zürich. Kam mit der Familie 1912 wohl im Zuge der Verhandlungen um einen neuen deutsch-russischen Handelsvertrag nach Berlin und kehrte als Anhänger des jüdischen ‚Bundes' und Gegner der Bolschewiki nach der Oktoberrevolution nicht nach Rußland zurück. Lebte zunächst in Kopenhagen, später in Berlin. Emigrierte 1933 nach Frankreich, 1941 in die USA.

Artikel: „Russische Literatur über die Erneuerung des deutsch-russischen Handelsvertrages", in: *WA* 2 (1913); „Russische handelspolitische Strömungen und Vorbereitungsarbeiten zur Erneuerung des deutsch-russischen Handelsvertrages", in: *WA* 3 (1914).

Leites, Nathan C. (1912-1987), geb. in St. Petersburg, gest. in Avignon. Sohn von Konstantin Leites. Ökonom, Politologe. Kam Anfang der 1920er Jahre nach Deutschland: 1929 Studium in Heidelberg bei Emil Lederer und Jakob Marschak, 1931 folgte er Lederer nach Berlin, Assistent am Institut für Konjunkturforschung in Berlin. 1934 Emigration nach Frankreich. 1935 Promotion in Lausanne. 1936 Univ. Chicago, 1947 Rand Corporation.

Artikel: „Bemerkungen zu Carl Schmitts ‚Legalität und Legitimität' (mit O. Kirchheimer)", in: *ASS* 68 (1933).

Leontief, Wassily W., jun. (1906-1999), geb. in St. Petersburg, gest. in New York. Ökonom. 1921-25 Studium in Leningrad, 1925-27 Studium in Berlin (bei Sombart und Bortkiewicz), 1927-28 in Kiel (u.a. bei Löwe), 1929 Promotion in Berlin. 1929 China. 1930/31 Mitarbeiter der *Astwik* in Kiel. 1931 in die USA, 1933-75 Prof. an der Harvard Univ. 1973 Nobelpreis.

Artikel: „Die Bilanz der russischen Volkswirtschaft. Eine methodologische Untersuchung (2 Teile)", in: *WA* 22 (1925); „Über die Theorie und Statistik der Konzentration", in: *JbNuSt* 126 (1927); „Die Wirtschaft als Kreislauf" (Diss.), in: *ASS* 60 (1928); „Ein Versuch zur statistischen Analyse von Angebot und Nachfrage", in: *WA* 30 (1929); „Studien zur Elastizität des Angebotes", in: *WA* 35 (1932).

Rezensionen zu: „G. Studensky, Grundriß der Agrarökonomik"; „ders., Die Rente der Bauernwirtschaft und die Prinzipien ihrer Besteuerung", beide in:

WA 24 (1926); „P. Petroff, Die wirtschaftliche Entwicklung der Sowjetunion", in: *WA* 25 (1927); „J. Marschak, Elastizität der Nachfrage", in: *ASS* 66 (1931).

Leontief, Wassily W., sen., Vater von Leontief jun. Ökonom. Prof. in St. Petersburg, 1925 Berlin, 1930-39 Lehrauftrag für russische Wirtschaft, Univ. Berlin. Publikationen in deutschen Fachzeitschriften bis 1941.

Artikel: „Vom Staatsbudget zum einheitlichen Finanzplan. Sowjetrussische Finanzprobleme", in: *WA* 33 (1931).

Rezensionen zu: „P. Haensel, Die Finanz- und Steuerverfassung der Union der sozialistischen Sowjetrepubliken", in: *WA* 30 (1929); „G. Dobbert, Das einheitliche Staatsbudget der U.d.S.S.R.", in: *WA* 32 (1930); „H. Nagler, Die Finanzen und die Währung der Sowjet-Union", in: *WA* 37; „G. Dobbert (Hg.), Die Rote Wirtschaft", in: *WA* 38 (1933).

Luther, Arthur (1876-1955), geb. in Orel, gest. in Baden-Baden. Slawist. Studium in Moskau und Berlin. 1903 Lehrer und Dozent in Moskau. 1910-12 Studium in Deutschland, blieb ab 1914 in Deutschland, bis 1944 Bibliothekar in Leipzig, 1946-51 Lehrauftrag für russische Literatur in Marburg.

Artikel: „Aus der Frühzeit des Bolschewismus", in: *SJB* 43 (1919); „Der Bolschewismus als internationale Erscheinung", in: *WA* 15 (1920).

Rezensionen zu:„F. Gerlich, Der Kommunismus als Lehre vom tausendjährigen Reich", in: *WA* 16 (1920/21); „W. Mautner, Der Bolschewismus", in: *WA* 18 (1922).

Marschak, Jakob (1898-1977), geb. in Kiew, gest. in Los Angeles. Ökonom. 1915 Studium in Kiew bei Eugen Slutsky. 1918 Arbeitsminister der Terek-Sowjetrepublik (Kaukasus). 1919 Studium in Berlin u.a. bei Bortkiewicz, 1922 Promotion in Heidelberg bei Emil Lederer, 1928-30 in Kiel, 1930-33 Privatdozent in Heidelberg. 1933 Emigration über Wien und Paris nach Oxford, 1938 in die USA, 1939 Prof. an der New School for Social Research in New York, 1943 in Chicago, 1955 an der Yale Univ., 1960 in Los Angeles.

Artikel: „Wirtschaftsrechnung und Gemeinwirtschaft", in: *ASS* 51 (1924); „Die Verkehrsgleichung"; „Der korporative und der hierarchische Gedanke im Fascismus I", beide in: *ASS* 52 (1924); „Der korporative und der hierarchische Gedanke im Fascismus II", in: *ASS* 53 (1925); „Zur Politik und Theorie der Verteilung", in: *ASS* 64 (1930); „Größenordnungen des deutschen Geldsystems" (mit W. Lederer); „Substanzverluste (3 Teile)", beide in: *ASS* 67 (1932); „Volksvermögen und Kassenbedarf"; „Literatur über den Wirtschaftskreislauf", beide in: *ASS* 68; „Vom Größensystem der Geldwirtschaft", in: *ASS* 69 (1933).

Rezensionen zu: „D. Dalin, Nach Kriegen und Revolutionen", in: *ASS* 50 (1923); „M. Pantaleoni et al., Temi, tesi problemi et quesiti di economia politica teorica et applicata"; „F. Pergolesi, Appunti su la rappresentanza corporativa nelle assemblee politiche", beide in: *ASS* 52 (1924); „G. Colm, Der Mensch im wirtschaftlichen Kreislauf"; „H. Heckmann, Die Erfassung des Wohlstands einer Bevölkerung"; „O. Pfleiderer, Die Staatswirtschaft und das Sozialprodukt", alle in: *ASS* 68 (1933); „A. Rühl, Zur Frage der internationalen Arbeitsteilung", in: *ASS* 69 (1933).

Miljukow, Pawel N. (1859-1943), geb. in Moskau, gest. in Aix-les-Bains. Politiker und Historiker. 1886 Privatdozent in Moskau. 1894 Verbannung. 1897-1905 Prof. u.a. in Sofia. Mitbegründer und Vorsitzender (seit 1907) der *Kadetten*; 1917 Außenminister der Übergangsregierung (Februar-Revolution). Emigration: 1920 London, 1921 Paris, führender Exilpolitiker.
Artikel: „Zur Geschichte des russischen Adels", in: *ASS* 41 (1916).

Mitnitzky, Mark (= **M.J. Millard**) (1908-1984), geb. in Kiew, gest. in New York. Ökonom. 1919 Emigration mit der Familie nach Deutschland. 1927-29 Studium in Berlin und Heidelberg, 1929 Assistent Emil Lederers in Heidelberg, 1930 Promotion, 1931 mit Lederer nach Berlin. 1932/33 Redaktionssekretär des *ASS*. Emigration: 1933-38 Ungarn, dann Frankreich, Spanien, USA, dort als M.J. Millard leitende Positionen im Bankgewerbe, zuletzt bei American Express.
Artikel: „Kapitalbildung und Arbeitslosigkeit" in: *ASS* 66 (1931); „Lohn und Konjunktur vor dem Kriege" (Diss.), in: *ASS* 68 (1933).
Rezensionen zu: „J. und M. Kuczynski, Der Fabrikarbeiter in der amerikanischen Wirtschaft", in: *ASS* 65 (1931); „C. Landauer, Planwirtschaft und Verkehrswirtschaft", in: *ASS* 66 (1931).

Nötzel, Karl (1870-1945), geb. in Moskau, gest. in München. Publizist, Literaturhistoriker, Übersetzer, Chemiker. 1889-93 Studium in München und Freiburg, 1893-1910 in Moskau, dann Privatgelehrter in Pasing bei München.
Artikel: „Der russische Arbeiter und die heutige Arbeiterbewegung in Rußland", in: *ASS* 44 (1918).

Nowogilow, Wiktor W. (1892-1970), geb. in Charkow. Ökonom. Studium in Kiew und Rostow, 1915 Promotion in Kiew, ab 1937 Prof. in Kiew, später in Leningrad. 1965 Leninpreisträger.
Rezension zu: „S. Katzenellenbaum, Die Lehre vom Gelde und vom Kredit, 2 Bde.", in: *WA* 31 (1930).

Oganowsky, Nikolaj P. (1874-1938). Agrarökonom, Politiker. Für die Sozialrevolutionäre Partei in der Duma. Lehrtätigkeit in Moskau, Agrar-Institut. Planungsaufgaben im *NKSem*. Mitarbeiter Kondratieffs bei der Aufstellung des ersten Fünfjahresplanes für die Landwirtschaft. Ab ca. 1930 Repressalien ausgesetzt.

Artikel: „Die Agrarfrage in Rußland seit 1905", in: *ASS* 37 (*1913*).

Rezension zu: „Wieth-Knudsen, Bauernfrage und Agrarreform in Rußland", in: *ASS* 39 (1915).

Olberg, Paul (1878-1966), geb. in Lettland, gest. in Schweden. Publizist. Menschewik. Emigrierte nach der Oktoberrevolution nach Berlin, dort Korrespondent für schwedische Zeitungen. Ab 1933 Exil in Schweden.

Artikel: „Bauerntum und Bolschewismus (Die Agrarfrage in Rußland)", in: *ASS* 48 (1921); „Sowjetrußlands Politik im Orient", in: *ASS* 50 (1923).

Rezensionen zu: „V. Totomianz, Die ländliche Genossenschaftsbewegung in Rußland", in: *ASS* 35 (1912); „Das heutige Rußland, 1917-1922. Wirtschaft und Kultur in der Darstellung russischer Forscher"; „V. Totomianz, Die Konsumvereine in Rußland", beide in: *ASS* 56 (1926).

Oparin, D.I. Ökonom, Statistiker. 1917 Promotion, Prof. in Moskau, Universität und Agrar-Institut. Mitarbeiter Kondratieffs am Konjunkturinstitut in Moskau. Ab 1930 Repressalien. Ab 1953 Leiter der Abteilung für Ökonomie und Statistik an der Technischen Hochschule für Fischerei in Moskau.

Artikel: „Das theoretische Schema der gleichmäßig fortschreitenden Wirtschaft als Grundlage einer Analyse ökonomischer Entscheidungsprozesse (2 Teile)", in: *WA* 32 (1930).

Perwuschin, S.A. Ökonom. Prof. in Moskau. Mitarbeiter Kondratieffs am Konjunkturinstitut in Moskau. Menschewik. Ab 1930 Repressalien.

Artikel: [„Versuch einer Theorie der wirtschaftlichen Konjunkturen, auf die Konjunkturentwicklung der Vorkriegszeit in Rußland angewandt", in: *Russische Arbeiten zur Wirtschaftsforschung* (= *VzK*, Sonderheft 12) (1929).]

Rezensionen zu: „A. Tschajanow, Probleme der Ernten", in: *WA* 26 (1927); „N. Kondratief/D. Oparin, Die langen Konjunkturzyklen" (1928), in: *WA* 32 (1930).

Petroff, Peter. Handelsvertretung der UdSSR in Deutschland.

Artikel: „Die Perspektiven der Kollektivierung der russischen Landwirtschaft", in: *ASS* 64 (1930).

Biobibliographischer Anhang 175

Petruschewsky, Dmitry M. (1863-1942), geb. in Kobrinovo/Ukraine, gest. in Moskau. (Alt-)Historiker. 1897-1906 Prof. in Warschau. 1906-11 in Moskau. 1914-17 in St. Petersburg, 1917-42 in Moskau, ab 1927 Mitglied der Akademie der Wissenschaften.

Artikel: „Strittige Fragen der mittelalterlichen Verfassungs- und Wirtschaftsgeschichte", in: *ZfgSt* 85 (1928); „Die Entwicklung der Grundherrschaft in England", in: *ZfgSt* 88 (1930).

Prokopowitsch, Sergej N. (1871-1955), geb. in Tsarskoe Selo, gest. in Genf. Ökonom, Politiker. Den Menschewiki nahestehend, zeitweise (1904/05) Mitglied der *Kadetten*. Bis 1899 Studium in Brüssel, Diplom. 1897 Heirat mit der Publizistin Ekaterina Kuskova. Dozent in St. Petersburg, Prof. in Moskau. 1917 Minister der Übergangsregierung (Februar-Revolution). 1922 zum Tode verurteilt, begnadigt und verbannt. Emigration: 1922-23 in Berlin (*RWI*), ab 1923 in Prag am Institut für russische Wirtschaft, später in der Schweiz.

Artikel: „Haushaltungs-Budgets Petersburger Arbeiter", in: *ASS* 30 (1910).

Rezension zu: „L. Jurowsky, Die Währungsprobleme Sowjetrußlands", in: *ZfgSt* 82 (1927).

Pumpiansky, L.M. Ökonom. St. Petersburg. 1922 ausgewiesen, im November 1922 Ankunft in Berlin.

Artikel: „Das Problem der Arbeitslosigkeit in England", in: *ASS* 33 (1911); „Die Mindestlohngesetzgebung im englischen Kohlenbergbau", in: *ASS* 35 (1912); „Die Genossenschaftsbewegung in Rußland", in: *ASS* 42 (1917).

Rezensionen zu: "Harley, The New Social Democracy"; "Hobhouse, Liberalism"; "Hyndman, A Record of an Adventurous Life"; "Kennedy, Tory Democracy", alle in: *ASS* 34 (1912); "Walling, Socialism as it is", in: *ASS* 37 (1913); „V. Totomianz, Theorie, Geschichte und Praxis der Konsumgenossenschaften"; „J. Lewin, Grundtendenzen der Entwicklung der Aktienhandelsbanken in Rußland"; „K. Schweikert, Die Baumwoll-Industrie Russisch-Polens"; „Blank, Die Landarbeiterverhältnisse in Rußland seit der Bauernbefreiung", alle in: *ASS* 38 (1914); „S. Rabinowitz, Zur Entwicklung der Arbeiterbewegung in Rußland", in: *ASS* 39 (1915); „Spectator, Wirtschaftsstatistisches Handbuch für Sowjetrußland", in: *ASS* 50 (1923).

Raich, Maria (1877-1964), geb. in Odessa, gest. in Tübingen. Ökonomin. Dr. phil. 1912 Ehe mit dem Philosophen Prof. Traugott Oesterreich, der 1933 in Tübingen zwangsemeritiert wurde.

Artikel: „Einiges über den Stand der russischen Industrie und die Lage der Fabrikarbeiterschaft", in: *ASS* 33 (1911).

Rezensionen zu: „N. Berdjajew, Die russische Intelligenz"; „S.N. Bulgakow, Eine heroische und eine religiöse Tat"; „Gerschenson, Das schöpferische Selbstbewußtsein"; „ders., Vorwort zu: Das Innenleben und die Gemeinschaftsformen"; „A. Isgojew, Von der russischen Studentenschaft"; „T. Kistjakowsky, Zur Verteidigung des Rechts"; „P. Struve, Die Intelligenz und die Revolution", alle in: *ASS* 30 (1910).

Robinson, Nehemia (1898-1964), geb. in Vistytis/Litauen, gest. in Lakewood, USA. Rechts- und Staatswissenschaftler. 1929 in Kaunas, später Anwalt in den USA.

Artikel: „Zehn Jahre litauischer Außenhandel 1919-1928", in: *WA* 30 (1929).

Rostovtzeff, Michael (1870-1952), geb. bei Kiew, gest. in New Haven, USA. Historiker, Archäologe. 1901-18 Prof. in St. Petersburg. 1918 Emigration: 1920-25 Prof. Univ. of Wisconsin, 1925-44 Yale Univ.

Artikel: „Wirtschaftliche Schwankungen im Altertum", in: *ZfgSt* 89 (1930).

Rezensionen zu: „F. Heichelheim, Wirtschaftliche Schwankungen der Zeit von Alexander bis Augustus", in: *ZfgSt* 89 (1930); „J. Hasebrock, Griechische Wirtschafts- und Gesellschaftsgeschichte", in: *ZfgSt* 92 (1932); „H. Schaal, Vom Tauschhandel zum Welthandel", in: *WA* 35 (1932).

Rubinstein, Konstantin. Ökonom. Kiew. 1924 Promotion in Kiel.

Artikel: „Zur Frage der historischen Entwicklung englischer Wirtschaftsbeziehungen. Dargestellt auf Grund der Außenhandelsbewegungen in den letzten 200 Jahren" (Diss.), in: *WA* 20 (1924).

Sack, Alexander N. (1890-1955), geb. in Moskau, gest. in New York. Jurist, Ökonom. Studium in St. Petersburg, Berlin, München und Paris. 1917-21 Privatdozent und Prof. in St. Petersburg, 1921-24 Prof. in Reval und Berater der estnischen Regierung in Finanz- und Rechtsfragen, 1927-30 Prof. in Paris, 1930 in den USA, u.a. 1930-43 Prof. in New York.

Artikel: „Probleme der Geldreform in den baltischen Staaten", in: *WA* 20 (1924); „Die Verteilung der Schulden der österreichisch-ungarischen Monarchie", in: *WA* 23 (1926).

Schelting, Alexander v. (1894-1963), geb. in Odessa, gest. in Zürich. Soziologe, Ökonom. Studium u.a. in Heidelberg, 1933 Habilitation in Heidelberg. 1934/35 Rockefeller Stipendiat, 1936-39 Prof. an der Columbia Univ. New York. 1948-56 UNESCO Paris. Ab 1953 Lehrauftrag, ab 1956 Prof. in Zürich.

Artikel: „Die logische Theorie der historischen Kulturwissenschaft von Max Weber und im besonderen sein Begriff des Idealtypus", in: *ASS* 49 (1922); „Eine Einführung in die Methodenlehre der Nationalökonomie", in: *ASS* 54 (1925); „Zum Streit um die Wissenssoziologie", in: *ASS* 62 (1929).

Rezensionen zu: „K. Sternberg, Zur Logik der Geschichtswissenschaft", in: *ASS* 57 (1927); „H. Oppenheimer, Die Logik der soziologischen Begriffsbildung", in: *ASS* 58 (1927).

Übersetzungen: „A. Tschayanoff, Zur Frage einer Theorie der nichtkapitalistischen Wirtschaftssysteme", in: *ASS* 51 (1924); „A. Schiffrin, Zur Genesis der sozialökonomischen Ideologien in der russischen Wirtschaftswissenschaft", in: *ASS* 55 (1926); „N. Kondratieff, Die Preisdynamik der industriellen und landwirtschaftlichen Waren (Zum Problem der relativen Dynamik und Konjunktur)", in: *ASS* 60 (1928).

Schiffrin, Alexander (= **Max Werner**) (1901-1951), geb. in Charkow, gest. in New York. Ökonom, Publizist, Politiker. Studium und Promotion in Charkow. Menschewik. Emigration: 1923 nach Deutschland, zunächst Heidelberg, einer der führenden sozialdemokratischen Linken in der Weimarer Republik (Pseudonym: Max Werner), Mitarbeiter der Zeitschrift *Die Gesellschaft*. 1933 in Frankreich, Exil-SPD. Ab 1940 in den USA, dort militärpolitischer Publizist.

Artikel: „Zur Genesis der sozialökonomischen Ideologien in der russischen Wirtschaftswissenschaft", in: *ASS* 55 (1926).

Schirkowitsch, Iwan N. (*1894), Ökonom. 1923-25 Assistent Tschajanows in Moskau, Dozent an der dortigen Timirjasew-Akademie, Mitarbeiter Kondratieffs und Abteilungsleiter für Agrarmärkte am Konjunkturinstitut in Moskau. 1930 verhaftet.

Artikel: „Ideengeschichte der Agrarwissenschaft in Rußland", in: *WA* 27 (1928).

Seraphim, Hans-Jürgen (1899-1962), geb. in Riga, gest. in Münster. Ökonom. Schulzeit in Riga. 1915-17 mit der Familie zu Verwandten in Sibirien deportiert, 1917 Rückkehr ins Baltikum (Dorpat, Riga). 1918 Kriegsfreiwilliger im Deutschen Heer, bis 1920 Baltische Landwehr. Studium in Königsberg und Graz, 1922 Promotion in Königsberg, 1922-27 Assistent am Osteuropa-Institut der Univ. Breslau, 1924 Habilitation in Breslau, 1927 Prof. in Rostock. Mitglied der NSDAP. Ab 1935 Univ. Leipzig, ab 1941 Prof. in Breslau, ab 1948 Prof. in Münster.

Artikel: „Die Neuregelung der Statistik in Rußland", in: *JbNuSt* 120 (1923); „Die Deutsch-russische Schule", in: *JbNuSt* 122 (1924); „Zur Organisation der russischen Industrie", in: *ASS* 53 (1925); „Das Scherenproblem in Sowjetrußland", in: *WA* 22 (1925); „Versuch einer Systematisierung der russischen Nationalökonomie", in: *ASS* 57 (1926); „Geistige und ökonomische Grundlagen des Bolschewismus", in: *SJB* 52 (1927); „Statistik und Sozialökonomie. Betrachtungen zur Methodenlehre", in: *JbNuSt* 131 (1929); „Grundsätzliches zu den Möglichkeiten einer Preis- und Lohnpolitik", in: *SJB* 55 (1931). **Rezensionen** zu: „W. Henrici, Die Kohlenwirtschaft Rußlands in und nach dem Kriege"; „Der wirtschaftliche Wiederaufbau der U.d.S.S.R., hg. von der Handelsvertretung der U.d.S.S.R.", beide in: *ASS* 53 (1925); „K. Kramar, Die russische Krisis", in: *WA* 24 (1926) sowie in: *JbNuSt* 125 (1927); „W. Hahn/ A. v. Lilienfeld-Toal, Der neue Kurs in Rußland"; „dies., Regelung des Handels und Verkehrs in Rußland",beide in: *JbNuSt* 124 (1926); „P. Wohl, Die russischen Trusts", in: *ZfgSt* 82 (1927); „J. Kulischer, Russische Wirtschaftsgeschichte, Bd.1"; „R. Claus, Die Kriegswirtschaft Rußlands bis zur bolschewistischen Revolution"; „A. Bogolepow, B. Brutzkus et al., Der Staat, das Recht und die Wirtschaft des Bolschewismus", alle in: *JbNuSt* 126 (1927); „W. Grinewitsch, Die Gewerkschaftsbewegung in Rußland", in: *SJB* 53 (1929); „Rußland (Auslandsstudien)", in: *JbNuSt* 130 (1929); „J. Choronshitzky, Lenins ökonomische Anschauungen", in: *JbNuSt* 132 (1930); „L. Drescher, Der Grund u. Boden in der gegenwärtigen Agrarverfassung Thüringens"; „F. Pollock, Die planwirtschaftlichen Versuche in der Sowjetunion", beide in: *ZfgSt* 90 (1931); „V. Zinghaus, Die Holzbearbeitungsindustrie in der Union der Sozialistischen Sowjetrepubliken", in: *ZfgSt* 91 (1931); „Eichhorn, Die Handelsbeziehungen Deutschlands zu Sowjetrußland"; "Kayden/Antisiserov, The Co-operative Movement in Russia during the War", beide in: *SJB* 55 (1931).

Seraphim, Peter-Heinz (1902-1979), geb. in Riga. Ökonom, Publizist. Studium in Breslau, 1924 Promotion, 1924-27 Assistent am Osteuropa-Institut in Breslau. 1927-30 Redakteur *Königsberger Allgemeine Zeitung.* 1930 Institut für osteuropäische Wirtschaft, Univ. Königsberg, 1935 Habilitation. Mitglied der NSDAP. 1940-45 Prof. in Greifswald, ab 1941 korrespondierendes Mitglied des Instituts zur Erforschung der Judenfrage in Frankfurt a.M. unter A. Rosenberg. 1954-67 Studienleiter der Verwaltungs- und Wirtschaftsakademie in Bochum.
Artikel: „Die Wirtschaftsbedeutung der Weichsel für Polen", in: *JbNuSt* 136 (1932).

Slutsky, Eugen (1880-1948), geb. in Nowoe, gest. in Moskau. Ökonom und Mathematiker. 1899-1902 Studium der Mathematik, Physik und Ökonomie in Kiew, aus politischen Gründen von der Univ. verwiesen. 1902-05 am Polytechnikum in München. 1905 Rückkehr nach Kiew, 1911 Promotion in Politischer Ökonomie an der Rechtswissenschaftlichen Fakultät in Kiew, 1913 Dozent für mathematische Statistik in Kiew, 1918-26 Prof. in Kiew an der Handelshochschule. Ab 1926 in Moskau: 1926-29 Mitarbeiter am Institut für Konjunkturforschung und im Zentralen Amt für Statistik, 1931-34 Meteorologisches Institut, ab 1934 Univ. Moskau, ab 1938 Prof. am Mathematischen Institut der Akademie der Wissenschaften. Nach 1927 nur noch Veröffentlichungen auf den Gebieten der Mathematik, Meteorologie und Wahrscheinlichkeitstheorie.

Artikel: „Zur Kritik des Böhm-Bawerkschen Wertbegriffs und seiner Lehre von der Meßbarkeit des Wertes", in: *SJB* 51 (1927).

Sobolew, M.N., Ökonom. Prof. in Charkow.

Rezension zu: „S. Prokopowitsch: Über die Bedingungen der industriellen Entwicklung Rußlands", in: *WA* 3 (1914).

Sodoffsky, Gustav (1860-1945), geb. in Riga, gest. in Filehne an der Netze. Finanzwissenschaftler, Archäologe, Mediziner. 1881-86 Studium am Polytechnikum in Riga, 1886 Rechtswissenschaften in St. Petersburg, 1889 Finanzwissenschaft in Paris, 1892-94 in Tübingen, 1894 Promotion in Tübingen (bei F.J. Neumann), 1904-06 Studium der Archäologie in St. Petersburg. 1906-09 Mitarbeiter der Archäologischen Instituts in St. Petersburg, 1909-18 Mitarbeiter im Finanzministerium in St. Petersburg, nebenberuflich Studium der Medizin. 1922-24 Dozent in Riga. 1939 Umsiedlung in den Warthegau.

Artikel: „Zum Stadtbegriff und zur Städtestatistik Rußlands", in: *JbNuSt* 94 (1910); „Russische Gesetze vom 6. Juni 1910 über die staatliche Besteuerung der Immobilien", in: *FA* 29 (1912).

Rezensionen zu: „P. Haensel, Die neuesten Tendenzen in der Kommunalbesteuerung"; „W. Twerdochleboff, Die Besteuerung der städtischen Immobilien im Westen, Bd. II", beide in: *FA* 27 (1910) sowie in: *JbNuSt* 95 (1910); „A. Bogolepow, Die Staatsschuld (,Zur Theorie des Staatskredits')"; „ders., Die Reichsbank", beide in: *FA* 28 (1911); „J. Kulischer, Grundriß der Nationalökonomie in allgemeinverständlicher Darstellung", in: *JbNuSt* 99 (1912); „A. Sack, Die Bauernagrarbank 1883-1910", in: *JbNuSt* 100 (1913).

Sokoloff, A.A., Ökonom. Prof. in Moskau, Mitarbeiter am Institut für Konjunkturforschung.

Artikel: „Zwei Beiträge zur Theorie der Umlaufsgeschwindigkeit des Geldes (2 Teile)", in: *ASS* 57 (1927); „Die Geldvermehrung und die ‚Preisscheren'", in: *ASS* 64 (1930).

Stackelberg, Heinrich v. (1905-1946), geb. in Kurdinowo bei Moskau, gest. in Madrid. Ökonom. Baltische Familie, ab 1914 Jalta/Krim, 1918 Flucht nach Deutschland. Studium in Köln, 1930 Promotion. Ab 1931 Mitglied der NSDAP. 1934 Habilitation und Privatdozent in Köln, 1935 Prof. in Berlin, 1941 in Bonn, 1943 Gastprof. in Madrid.

Artikel: „Grundlagen einer reinen Kostentheorie, 2 Teile", in: *ZfN* 3 (1932); „Zwei kritische Bemerkungen zur Preistheorie Gustav Cassels", in: *ZfN* 4 (1933).

Rezension zu: „E. Hathberger, Vom Wesen der Kosten", in: *ZfN* 4 (1933).

Stieda, Wilhelm (1852-1933), geb. in Riga, gest. in Leipzig. Ökonom. Promotionen 1875 in Tübingen und 1879 in Dorpat, 1876 Habilitation in Straßburg, 1878 Prof. in Dorpat, 1881 Regierungsrat im Kaiserlichen Statistischen Amt in Berlin, 1884 Prof. in Rostock, 1898 in Leipzig.

Artikel: „Die Zukunft des deutschen Wirtschaftslebens", in: *JbNuSt* 114 (1920); „Kann die russische Konkurrenz der deutschen Landwirtschaft gefährlich werden?", in: *SJB* 48 (1924); „Deutsch-baltische Literatur", in: *SJB* 51 (1927); „Zum Gedächtnis Bruno Hildebrands", in: *SJB* 55 (1931).

Rezensionen zu: „H.-J. Seraphim, Die ländliche Besiedlung West-Sibiriens durch Rußland", in: *SJB* 50 (1926); „P. Haensel, Das Steuersystem Sowjetrußlands"; „H.-J. Seraphim: Lettland, Estland, Rußland", beide in: *SJB* 51 (1927); „N. Brjuchanow, Das Staatsbudget der Sowjet-Union und der wirtschaftliche Aufbau des Landes", in: *SJB* 52 (1928); „P. Haensel, Die Finanz- und Steuerverfassung der Union der Sozialistischen Sowjetrepubliken", in: *SJB* 53 (1929); „G. Bürger, Adolph Wagner als Statistiker", in: *ZfgSt* 91 (1931); „K. Witzel, Friedrich Carl v. Moser", in: *ZfgSt* 92 (1932).

Streltzow, Roman.

Rezensionen zu: „A. Bilimovič, Die Steigerung der Warenpreise in Rußland"; „S. Prokopowitsch, Die Arbeiterbewegung in Deutschland"; „ders., Haushaltungs-Budgets Petersburger Arbeiter"; „P. Wichliajew, Die Agrarfrage vom rechtlichen Standpunkt aus"; „ders., Das Recht auf Grund und Boden"; „Iwanow-Rasumnik, Geschichte des russischen sozialen Denkens", „ders. Ueber die Intelligenz"; „Haas, Allrussische Sammlung Handelsindustrieller und Bankangaben", alle in: *ASS* 30 (1910); „S. Bernstein-Kogan, Zahl, Zusammensetzung und Lage der Petersburger Arbeiter"; „A. Izgoew, Die russische Gesellschaft und die Revolution"; „A. Sack, Der industrielle Kapitalismus in Rußland", alle in: ASS 31 (1910); „Benningsen, Neskolko dannych o sowremennoj Mongolii (Einige Daten über die gegenwärtige Mongolei)"; „Kuropatkin, Russko-Kitajskij wopros (Die russisch-chinesische Frage)"; „Rubakin, Rossija w zifrach (Rußland in Ziffern)", alle in: *ASS* 37 (1913);

„Chwostow, K woprosu o sadatschach istorii (Zur Frage der Aufgaben der Geschichtsschreibung)"; „Karejew, Teorija istoritscheskawo snanija (Theorie des geschichtlichen Wissens)"; „Krinitschane, Tschertwetj weka ‚Krimitzy'"; „Kuprijanowa, Organisacija sapadno-ewropejskich rabotschich (Organisation der west-europäischen Arbeiter)"; „M. v. Tugan-Baranowsky, In der Suche nach einer neuen Welt. Die sozialistischen Gemeinden unserer Zeit", alle in: *ASS* 38 (1914).

Struve, Peter B. v. (1870-1944), geb. in Perm, gest. in Paris. Ökonom, Politiker, Publizist. 1877-79 in Deutschland, 1895 Diplom in St. Petersburg. Zunächst Marxist, dann Revisionist und Liberaler. 1902-05 Exil in Deutschland, Mit-Herausgeber des *Oswoboshdenie* [Befreiung] in Stuttgart. 1905 Rückkehr nach Rußland, führendes Mitglied der *Kadetten*, Mitglied der Duma. 1907-17 Dozent für Ökonomie in St. Petersburg. 1917-20 auf seiten der Weißen. 1920 erneute Emigration: 1920 Prag, Paris, 1928-43 Belgrad, 1943 Flucht nach Paris. Herausgeber der Exil-Zeitschrift *Vosroshdenie* [Wiedergeburt].

Artikel: „Das Wirtschaften. Zur Grundlegung der Wirtschaftstheorie", in: *ZfN* 3 (1932).

Stryk, Gustav v. (1850-1927), geb. in Heiligensee/Livland, gest. in Dorpat. Ökonom, liberaler Agrarpolitiker. Ab 1869 Studium in Dorpat, 1870/71 in Berlin, ab 1876 Sekretär der Kaiserlichen Livländischen Gemeinnützigen und Ökonomischen Societät und anderer Verbände in Dorpat. Redakteur der *Baltischen Wochenschrift für Landwirtschaft, Gewerbefleiß und Handel*. 1926 Ehrendoktorwürde der Univ. Leipzig.

Artikel: „Die russische Landwirtschaft und der industrielle Protektionismus", in: *SJB* 37 (1913).

Studensky, Gennady A. (1898-1930). Ökonom. 1918-21 Studium in Moskau, 1923-25 Assistent Tschajanows am Agrar-Institut in Moskau, Ende der 1920er Jahre Prof. an der Landwirtschaftlichen Akademie Samara. 1930 verhaftet. Selbstmord im Gefängnis.

Artikel: „Zur Frage der Bestimmung und Messung der Intensität der Landwirtschaft", in: *ASS* 58; „Die Grundideen und Methoden der landwirtschaftlichen Geographie", in: *WA* 25 (1927); „Die ökonomische Natur der bäuerlichen Wirtschaft", in: *WA* 28 (1928); „Entwicklungslinien der landwirtschaftlichen Weltproduktion", in: *WA* 31 (1930).

Rezension zu: „N. Jasny, Die neuzeitliche Umstellung der überseeischen Getreideproduktion und ihr Einfluß auf den Weltmarkt", in: *WA* 33 (1931).

Tarle, Eugen W. (1875-1955), geb. in Kiew, gest. in Moskau. Historiker. 1896 Promotion in Kiew, nach 1917 Prof. in Leningrad, später in Moskau.

Artikel: „Deutsch-französische Wirtschaftsbeziehungen zur napoleonischen Zeit", in: *SJB* 38 (1914); „Rußland und die Kontinentalsperre", in: *ZfgSt* 94 (1933).

Tatarin-Tarnheyden, Edgar v. (1882-1966), geb. in Riga, gest. in Stuttgart. Staatsrechtler. Studium: 1899-1902 und 1904 in Dorpat, 1902-04 in St. Petersburg. 1906 in Genf. 1907-12 Rechtsanwalt in Riga. 1915-17 Studien in Schweden, 1917-19 Studium des deutschen Rechts in Marburg und Berlin. 1919 Dr. iur. in Heidelberg, 1922 Privatdozent in Marburg, 1922-45 Prof. in Rostock. 1946-54 Haftstrafe in der DDR, danach in Stuttgart.

Artikel: „Die staatsrechtliche Entwicklung des Rätegedankens in der russischen und deutschen Revolution", in: *SJB* 49 (1925); „Bolschewismus und Fascismus in ihrer staatsrechtlichen Bedeutung", in: *ZfgSt* 80 (1926); „Integrationslehre und Staatsrecht", in: *ZfgSt* 85 (1928).

Rezensionen zu: „R. Michels, Sozialismus und Fascismus als politische Strömungen in Italien", in: *ASS* 55 (1926); „J. Steffens, Die Staatsauffassung der Moderne", in: *ASS* 59 (1928).

Thal, Louis S.. Prof. in Moskau. 1922 Vortrag in Berlin.

Artikel: „Begriff und Wesen der gemeinwirtschaftlichen Rechtsordnung", in: *ASS* 52 (1924).

Timaschew, Nikolaj S. (1886-1970), geb. in St. Petersburg, gest. in New York. Soziologe und Rechtswissenschaftler. 1917 Prof. in St. Petersburg. 1922 Flucht nach Finnland. Aufenthalte in Deutschland u.a. in Berlin. 1923 Prof. in Prag, 1928 Prof. in Paris, 1936 Dozent an der Harvard Univ., 1940-57 Prof. an der Fordham Univ. in den USA.

Artikel: „Die Organisation der Gewerkschaften in Sowjetrußland", in: *ZfgSt* 83 (1927).

Rezensionen zu: „K. Kramar, Die russische Krisis", in: *ASS* 55 (1926); „O. Seeling, Der Rätegedanke und seine Verwirklichung in Sowjet-Rußland", in: *ZfgSt* 83 (1927); „Die Gewerkschaftsbewegung in Sowjetrußland, hg. v. Internationalen Arbeitsamt", in: *ASS* 60 (1928); „R. Schott (Hg.), Zeitschrift für Ostrecht", in: *WA* 27 (1928).

Tobien, Alexander v. (1854-1929), geb. in Dorpat, gest. in Riga. Ökonom, Statistiker. 1874-79 Studium in Dorpat, 1880 in Tübingen. 1888-1919 Leiter des Statistischen Amtes und der Grundsteuerabteilung der Livländischen Ritterschaft, Initiator der Grundsteuerreform 1901-20. Seit 1908 Vizepräsident der Baltischen Konstitutionellen Partei. 1920 Aufnahme in die Livländische Ritterschaft. 1924 Ehrendoktorwürde der Univ. Greifswald.

Artikel: „Ursprung und Lage der Landarbeiter in Livland, 2 Teile", in: *ZfgSt* 66 (1910).

Totomianz, Vahan F. (1875-1964), geb. in Astrachan/Armenien, gest. in Paris. Ökonom, Genossenschaftsexperte. Studium in der Schweiz, 1896 in Berlin (Ökonomie bei Schmoller und Wagner, Philosophie bei Simmel und Paulsen), in Belgien und Frankreich (bei C. Gide). 1899 Rückkehr nach St. Petersburg, 1910 Dozent in St. Petersburg, 1913 Prof. in Moskau, 1915 Prof. in Kiew, 1916 Prof. in Tiflis, 1922-25 Prof. in Prag, ab 1923 Prof. am RWI in Berlin und 1925-30 an der Handelshochschule Berlin, 1930 in Prag, 1932 in Sofia, dann in Paris.

Artikel: „Genossenschaftswesen in Sowjetrußland", in: *ASS* 56 (1926); „Die Stellungnahme der Arbeiter gegenüber der Gewinnbeteiligung und dem Co-Partnership-System", in: *SJB* 51 (1927); „Der internationale Genossenschaftskongreß in Wien am 25. bis 28. August 1930", in: *WA* 33 (1931).

Rezensionen zu: „H. Müller, Geschichte der internationalen Genossenschaftsbewegung", in: *WA* 21 (1925); „C. Fourier, Der sozietäre Reformplan"; „T. Cassau, E. Grünfeld et al., Die Genossenschaften"; „R. Weber, Konsumgenossenschaften und Klassenkampf," alle in: *ASS* 55 (1926); „R. Schloesser/ F. Klein, Neuzeitliche Werbearbeit für Konsumgenossenschaften"; „R. Wilbrandt, Die Entwicklungslinie des Sozialismus", beide in: *ASS* 56 (1926); „B. Lavergne, L'ordre coopératif", „P. Veiland-Haupt, Bauern-Genossenschaftswesen und Arbeiterkooperation in Dänemark"; „J. Warbasse, Genossenschaftliche Demokratie", alle in: *ASS* 57 (1927); „J. Gaumont, Historie Générale de la Coopération en France"; „W. Rottländer, Almanach des deutschen Genossenschaftswesens", beide in: *ASS* 59 (1928); „Holyoakes, Geschichte der Rochdaler Pioniere", in: *ASS* 62 (1929); „E. Grünfeld, Das Genossenschaftswesen", in: *WA* 30 (1929); „W. Wygodzinsky, Das Genossenschaftswesen in Deutschland", in: *WA* 32 (1930); „M. Böckenbauer, Die Genossenschaften im Wirtschaftssystem des Sowjetstaates", in: *ZfgSt* 90 (1931).

Trotzky, Leo D. (seit 1902 Deckname von **Leib Bronstein**) (1879-1940), geb. in Janowka/Cherson, gest. in Mexiko. Revolutionär und Politiker. 1899 nach Sibirien verbannt, 1902 von dort ins Ausland geflohen, 1905 in St. Petersburg, 1906 erneute Flucht aus der Verbannung, 1907-14 Publizist in Wien, 1914-16 Paris und 1917 USA, Mai 1917 Rückkehr nach Rußland. Bolschewik, Organisator der Oktoberrevolution, 1918-25 Volkskommissar für Verteidigung, 1925-27 von Stalin entmachtet, 1928 nach Kasachstan verbannt. 1929 aus der Sowjetunion ausgewiesen. 1940 in Mexiko ermordet.

Rezensionen zu: „Condition juridique de la Finlande"; „Finnland und die öffentliche Meinung Europas"; „N. Korevo, Vortrag über die finnländische Frage"; „Petition des finnländischen Landtags vom 26. Mai 1910"; „M. Russobtowsky, Eine geschichtliche Beleuchtung der finnländischen Frage"; „Der finnländische Verfassungskampf. Der Stolypinsche Gesetzentwurf I, hg. von W. Habermann"; „Der finnländische Verfassungskampf. Der Stolypinsche Gesetzentwurf II, hg. von W. Habermann", alle in: *ASS* 32 (1911).

Tschajanow, Alexander W. (1888-1937), geb. in Moskau. Ökonom. Ab 1913 Prof. in Moskau an der *Petrowsky-*(ab 1923 *Timirjasew-)Akademie*. Im Oktober 1917 für zwei Wochen stellvertretender Landwirtschaftsminister der Übergangsregierung (Februar-Revolution). 1922-28 Leiter des Agrar-Instituts. Juni 1922 bis Oktober 1923 in Deutschland und Großbritannien, im Winter 1927/28 erneut in Deutschland, 1929 Mitglied des Kollegium des Instituts für Große Betriebe. 1930 verhaftet, 1932 verurteilt, 1937 ermordet.

Artikel: „Gegenwärtiger Stand der landwirtschaftlichen Ökonomik in Rußland", in: *SJB* 46 (1922); „Die neueste Entwicklung der Agrarökonomik in Rußland", in: *ASS* 50 (1923); „Zur Frage einer Theorie der nichtkapitalistischen Wirtschaftssysteme", in: *ASS* 51 (1924); „Zur Frage der Bedeutung der Familienwirtschaft im Gesamtaufbau der Volkswirtschaft", in: *WA* 22 (1925); „Die volkswirtschaftliche Bedeutung der landwirtschaftlichen Genossenschaften", in: *WA* 24 (1926).

Rezensionen zu: „M. Chejsin, Geschichte der Genossenschaften in Rußland," in: *WA* 27 (1928); "M. Bennett, Farm Cost Studies in the United States", in: *WA* 31 (1930).

Tschuproff, Alexander A. (1874-1926), geb. in Moskau, gest. in Genf. Sohn des Ökonomen Alexander I. Tschuproff (1842-1908). Statistiker, Ökonom. Promotion bei G.F. Knapp in Straßburg. 1902-1917 Prof. in St. Petersburg. Emigration: vorwiegend in Dresden, Privatgelehrter.

Artikel: „Der behördlich genehmigte Abort in Leningrad", in: *JbNuSt* 123 (1925).

Rezensionen zu: „E. Czuber, Die statistischen Forschungsmethoden", in: *JbNuSt* 118 (1922); „A. Niceforo, Les indices numériques de la Civilisation et du Progrès"; „F. Simians, Statistique et Expérience", beide in: *ASS* 50 (1923); „C. Porzig, Die Statistik im Industriebetrieb", in: *ASS* 51 (1924); „E. Czuber, Mathematische Bevölkerungstheorie", in: *JbNuSt* 123 (1925).

Tugan-Baranowsky, Michail I. (1865-1919), geb. in Soljonnoe bei Charkow/ Ukraine, gest. (Herzinfarkt) in der Eisenbahn zwischen Kiew und Odessa. Ökonom, Politiker. Ursprünglich Marxist, später Revisionist. Ab 1884 Studium in Charkow. 1893-1897 im Finanzministerium. 1894 Magister in Moskau, 1895-99 erst Privatdozent, dann Prof. in St. Petersburg. 1899 der Lehrtätigkeit enthoben, 1901 aus St. Petersburg ausgewiesen. 1905-07 wiederum Prof. in St. Petersburg. Mitglied der *Kadetten*, August bis Dezember 1917 Finanzminister der Ukraine, 1918 Prof. in Kiew.

Artikel: „Kant und Marx", in: *ASS* 33 (1911).

Rezension zu: „Boris Ischanian: Die ausländischen Elemente in der russischen Volkswirtschaft", in: *ASS* 38 (1914).

Twerdochleboff, Wladimir N. (*1876). Finanzwissenschaftler. Prof. in Leningrad.

Artikel: „Einige Worte über die Theorie der Steuerüberwälzung", in: *JbNuSt* 123 (1925); „Die Theorie der Steuerüberwälzung in der neuesten Literatur", in: *ZfgSt* 86 (1929); „Die ‚beste' Steuer", in: *FA* 48 (1931).

Rezensionen zu: „P. Heidrich, Die Lehre von den obersten Steuerprinzipien", in: *ZfgSt* 89 (1930); „A. de Viti de Marco, Grundlehren der Finanzwissenschaft", in: *ZfgSt* 93 (1932).

Wainstein, Albert L. (1892-1970), geb. in Brichany/Bessarabien, gest. in Moskau. Ökonom. Prof. in Moskau, Mitarbeiter Tschajanows am Agrar-Institut, stellvertretender Direktor am Konjunkturinstitut und enger Mitarbeiter Kondratieffs. 1928 abgesetzt, 1930 verhaftet und ab da verstärkten Repressalien ausgesetzt. Bis 1957 keine Veröffentlichungen mehr.

Artikel: „Die Wirtschaftsplanung der Union der Sowjetrepubliken für 1926/7", in: *WA* 25 (1927). [„Die sog. Bauern-Spezialindizes der UdSSR als Anzeiger der landwirtschaftlichen Konjunktur", in: *AdBw* 1 (1927), S. 378-397; „Meteorologische und wirtschaftliche Zyklen. Probleme der Wirtschaftsprognose", in: *Russische Arbeiten zur Wirtschaftsforschung* (= VzK, Sonderheft 12) (1929)].

Rezensionen zu: "G.F. Warren/F.A. Pearson, Interrelationships of supply and price", in: *WA* 31 (1930); „F. Pollock, Die planwirtschaftlichen Versuche in der Sowjetunion 1917-1927", in: *WA* 34 (1931).

Woytinsky, Wladimir S. (1885-1960), geb. in St. Petersburg, gest. in Washington. Sohn des gleichnamigen Ökonomie-Professors. Ökonom, Statistiker, Publizist. Studium in St. Petersburg. Erst Bolschewik, dann Menschewik. Ab 1905 mehrfach verhaftet, Verbannung nach Sibirien. 1917 Mit-Herausgeber der *Iswestja*. 1918 Tiflis, Gesandter der Republik Georgien in Rom und Paris. 1922-33 Berlin, 1929 Leiter der Statistischen Abteilung des *ADGB*. 1933 in Paris und Genf, 1935 in die USA.

Artikel: „Der Beschäftigungsgrad und die Lebensmittelpreise", in: *WA* 28 (1928); „Lebensmittelpreise, Beschäftigungsgrad und Kriminalität", in: *ASS* 61 (1929); „Das Rätsel der langen Wellen", in: *SJB* 55; „Die Preisbewegungen der Jahre 1901-1912, 1925-1930", in: *WA* 34 (1931); „Arbeitslosigkeit und Kurzarbeit", in: *JbNuSt* 134 (1931); „Der deutsche Arbeitsmarkt in der Krise", in: *SJB* 57 (1933).
Rezensionen zu: „Ad. Reichwein, Die Rohstoffwirtschaft der Erde", in: *WA* 28 (1928); „R. Michels, Sittlichkeit in Ziffern? Kritik der Moralstatistik", in: *ASS* 62 (1929); „O. Lange: Die Preisdispersion als Mittel zur statistischen Messung von Gleichgewichtsstörungen", in: *WA* 37 (1933); "E.R.A. Seligman/R.A. Love, Price cuttery und price maintenance", in: *WA* 38 (1933); „P. Mombert, Bevölkerungsentwicklung und Wirtschaftsgestaltung", in: ASS 68 (1933); "F. Meyendorf, Social Cost of the War"; "S. Kohn, The Cost of the War to Russia", beide in: *ASS* 69 (1933).

Zaitzeff, Leo (1882-1946), geb. in Kiew, gest. in den USA. Rechtswissenschaftler. 1910 Habilitation in Kiew, Prof. in Kiew. Emigration: ab 1920 Dozent an der Technischen Hochschule (Berlin-)Charlottenburg, zwischendurch 1924/25 Lehrauftrag an der Univ. Hamburg, nach 1933 Emigration in die USA.
Rezensionen zu: „B. Eljaschoff, Die Grundzüge der Sowjetverfassung", in: *ZfgSt* 79 (1925); „N. Timascheff, Grundzüge des sowjetrussischen Staatsrechts", in: *ZfgSt* 80 (1926); „J. Neuberger, Die Verfassung der Russischen Sozialistischen Förderativen Räterepublik", in: *ZfgSt* 81 (1926); „G. Gerschuni, Die Konzessionspolitik Sowjetrußlands", in: *ZfgSt* 85 (1928); „Les Codes de la Russie soviètique, Vol. III", in: *ZfgSt* 87 (1929); „M. Feitelberg, Staatliche und gemischte Aktiengesellschaften im Sowjetrecht in rechtsvergleichender Darstellung", in: *ZfgSt* 89 (1930); „E. Korowin, Das Völkerrecht der Übergangszeit", in: *ZfgSt* 90 (1931); „Makarov, Précis de Droit International Privé d'après la Législation et la Doctrines Russes", in: *ZfgSt* 94 (1933).

3 Literatur

Abalkin, L.I.: *The Scientific Heritage of N. Kondratiev and Contemporaneity: Report to the International Scientific Conference to the 100th Birth Anniversary of N. Kondratiev*, Moskau 1992.

Abel, Wilhelm: „Rezension zu: A.W. Tschajanow, Die optimalen Betriebsgrößen in der Landwirtschaft (1930)", in: *SJB* 55 (1931), S. 734-736.

Aghte, Adolf: *Ursprung und Lage der Landarbeiter in Livland* (= *ZfgSt*, Ergänzungsheft 29), Tübingen 1909.

Åkerman, Johan: „Rezension zu: Mentor Bouniation, Les crises économiques" in: *ZfN* 2 (1931), S. 466-469.

Altschul, Eugen: „Konjunkturtheorie und Konjunkturstatistik", in: *ASS* 55 (1926), S. 60-90.

Altschul, Eugen: „Mathematik in der Wirtschaftsdynamik", in: *ASS* 63 (1930), S. 523-538.

Altschul, Eugen: „Ladislaus v. Bortkiewicz", in: *MdW* 7, Nr. 30, vom 24. 7. 1931.

Amonn, Alfred: „Rezension zu: Wladimir Gelesnoff, Grundzüge der Volkswirtschaftslehre", in: *ASS* 47 (1920/21), S. 542-546.

Anderson, Oskar: *Zur Problematik der empirisch-statistischen Konjunkturforschung* (= Veröffentlichungen der Frankfurter Gesellschaft für Konjunkturforschung, Heft 1), Bonn 1929.

Anderson, Oskar: *Die Korrelationsrechnung in der Konjunkturforschung* (= Veröffentlichungen der Frankfurter Gesellschaft für Konjunkturforschung, Heft 4), Bonn 1929.

Anderson, Oskar: „Rezension zu: Walter Hahn, Die statistische Analyse der Konjunkturschwingungen (1929)", in: *ZfN* 1 (1930), S. 632f.

Anderson, Oskar: „Ist die Quantitätstheorie statistisch nachweisbar?", in: *ZfN* 2 (1931), S. 523-578.

Anderson, Oskar: „Ladislaus v. Bortkiewicz", in: *ZfN* 3 (1932), S. 242-250.

Anderson, Oskar: „Die Messung des realen Austauschverhältnisses im Außenhandel", in: *WA* 55 (1942), S. 215-231.

Arrow, Kenneth J.: "Jacob Marschak's Contribution to the Economics of Decision and Information", in: *AER, PaP,* 68 (1978), S. XII-XIV.

Auhagen, Otto: „Die Agrarfrage in der Ukraine", in: *SJB* 43 (1919), S. 719-742.

Backhaus, Jürgen G.: „Die west-östliche Migration deutscher Ökonomen: Ein neu zu schreibendes Kapitel in der Geschichte der Wirtschaftswissenschaft", in: *Studien zur Entwicklung der ökonomischen Theorie XII: Osteuropäische Dogmengeschichte* (= SchrdVfS 115), hg. von Heinz Rieter, Berlin 1992, S. 9-32.

Ballod, Karl: „Wieviel Menschen kann die Erde ernähren?", in: *SJB* 36 (1912), S. 81-102.

Ballod, Karl: *Der Zukunftsstaat. Produktion und Konsum im Sozialstaat*, 4. Auflage, Stuttgart 1927.

Barnett, Vincent: "The Economic Thought of L.N. Yurovskij", in: *Coexistence* 31 (1994), S. 63-77.

Barnett, Vincent: *Kondratiev and the Dynamics of Economic Development. Long Cycles and Industrial Growth in Historical Context*, London 1998.

Barnett, Vincent: "Tugan-Baranovsky, the Methodology of Political Economy, and the 'Russian Historical School'", in: *HoPE* 36 (2004), S. 79-101.

Beckmann, Ulf: *Von Löwe bis Leontief. Pioniere der Konjunkturforschung am Kieler Institut für Weltwirtschaft*, Marburg 2000.

Beckmann, Ulf: „Der Einfluß von Michail I. Tugan-Baranovskij auf die deutschsprachige Konjunkturforschung im ersten Drittel des 20. Jahrhunderts", in: *Deutsche und russische Ökonomen im Dialog – Wissenstransfer in historischer Perspektive, hg. von Heinz Rieter, Leonid D. Širokorad und Joachim Zweynert*, Marburg 2005.

Berkenkopf, Galina: *Die Finanzierung der russischen Planwirtschaft* (Diss. Hamburg), Rostock 1932.

Berkenkopf, Galina: „Industrialisierung und Außenhandel der Sowjetunion in ihrer wechselseitigen Abhängigkeit", in: *WA* 43 (1936), S. 421-437.

Berkenkopf, Galina: *Die Rast in Viterbo*, Freiburg 1942.

Berkenkopf, Galina: *Vom Humor*, Freiburg 1944.

Berkenkopf, Galina: *Von der Macht*, Freiburg 1949.

Berkenkopf, Galina: *Welterlösung. Ein geschichtlicher Traum Rußlands*, München 1962.

Berkenkopf, Paul: „Die industrielle Entwicklung Sowjetrußlands", in: *SJB* 54 (1930), S. 597-652.

Berkenkopf, Paul: „Zur Lage der Sowjetwirtschaft", 2 Teile, in: *SJB* 56 (1932), S. 211-236 und S. 343-360.

Bernatzky, M. v.: *Der Zusammenbruch der russischen Währung und die Aussichten auf ihre Wiederherstellung*, München-Leipzig 1924.

Bilimovič, Alexander: „Irving Fisher's statistische Methode für die Bemessung des Grenznutzens", in: *ZfN* 1 (1930), S. 114-128.

Bilimovič, Alexander: „Grenzkosten und Preis", in *ZfN* 1 (1930), S. 368-386.

Bilimovič, Alexander: „Rezension zu: Rolf Wagenführ, Konjunkturtheorie in Rußland", in: *ZfN* 1 (1930), S. 620-624.

Bilimovič, Alexander: „Kritische und positive Bemerkungen zur Geldwerttheorie" (2 Teile), in: *ZfN* 2 (1931), S. 353-375 und S. 695-732.

Bilimovič, Alexander: „Versuch der Bemessung des Grenznutzens", in: *ZfN* 4 (1933), S. 161-187.

Bilimovič, Aleksander: „Die vergleichende Untersuchung von Agrarstrukturen", in: *WA* 50 (1939), S. 493-522.

Bilimovič, Aleksander: „Der Preis bei beiderseitigem Monopol", in: *WA* 57 (1943), S. 312-363.

Biographisch-Bibliographisches Kirchenlexikon, 22 Bände, Hamm (Bde. I und II), Herzberg (Bd. XVII), Nordhausen (Bde. XIX-XXII) 1990-2003.

Biographisches Handbuch der deutschsprachigen Emigration nach 1933, 3 Bände, hg. v. Werner Röder und Herbert A. Strauss, München et al. 1980-1983.

Biographisches Handbuch der deutschsprachigen wirtschaftswissenschaftlichen Emigration nach 1933, hg. von Harald Hagemann und Claus-Dieter Krohn unter Mitarbeit von Hans Ulrich Eßlinger, 2 Bände, München 1999.

Biographisches Lexikon zur Geschichte der Böhmischen Länder, hg. v. Heribert Sturm, 3 Bände, München-Wien 1979-2000; Band 4, 1. Teil, 2003.

Birkenmaier, Willy (Hg.): *Stimmen aus Heidelberg* (= Russica Palatina. Skripten der russischen Abteilung des Instituts für Übersetzen und Dolmetschen der Universität Heidelberg, Nr. 19), Heidelberg 1991.

Birkenmaier, Willy (Hg.): *Mandel'stam und sein Heidelberger Umfeld* (= Russica Palatina. Skripten der russischen Abteilung des Instituts für Übersetzen und Dolmetschen der Universität Heidelberg, Nr. 21), Heidelberg 1992.

Birkenmaier, Willy: *Das russische Heidelberg*, Heidelberg 1995.

Blaug, Mark/Sturges, Paul (Eds): *Who's who in Economics. A Biographical Dictionary of Major Economists 1700-1981*, Brighton 1983.

Blesgen, Detlef J.: *Erich Preiser. Wirken und wirtschaftspolitische Wirkungen eines deutschen Nationalökonomen (1900-1967)*, Berlin et al. 2000.

Blomert, Reinhard: *Intellektuelle im Aufbruch. Karl Mannheim, Alfred Weber, Norbert Elias und die Heidelberger Sozialwissenschaften der Zwischenkriegszeit*, München-Wien 1999.

Bober, M.M.: "Academic Economics in Present Russia. Gelesnoff, Grundzüge", in: *QJE* 43 (1929), S. 352-363.

Böhm-Bawerk, Eugen v.: „Macht oder ökonomisches Gesetz?", in: *Zeitschrift für Volkswirtschaft, Sozialpolitik und Verwaltung* 23 (1914), S. 205-271.

Bogolepow, Aleksandr A.: „Die Konzessionen Sowjetrußlands", in: *ZfgSt* 91 (1931), S. 86-114.

Borchardt, Knut: „Konjunkturtheorie in der Konjunkturgeschichte: Entscheidung über Theorien unter Unsicherheit ihrer Gültigkeit", in: *Vierteljahrschrift für Sozial- und Wirtschaftsgeschichte* 72 (1985), S. 537-555.

Bortkiewicz, Ladislaus v.: „Die geldtheoretischen und währungspolitischen Konsequenzen des Nominalismus", in: *SJB* 30 (1906), S. 1311-1344.

Bortkiewicz, Ladislaus v.: „Wertrechnung und Preisrechnung im Marxschen System", in: *ASS* 23 (1906), S. 1-50, und *ASS* 25 (1907), S. 10-51 und S. 445-488.

Bortkiewicz, Ladislaus v.: „Zur Berichtigung der grundlegenden theoretischen Konstruktion von Marx im 3. Bande des Kapitals", in: *JbNuSt* 89 (1907), S. 319-335.

Bortkiewicz, Ladislaus v.: „Das währungspolitische Konzept Otto Heyns", in: *SJB* 42 (1918), S. 735-752.

Bortkiewicz, Ladislaus v.: „Der subjektive Geldwert", in: *SJB* 44 (1920), S. 153-190.

Bortkiewicz, Ladislaus v.: „Neue Schriften über die Natur und die Zukunft des Geldes", I und II, in: *SJB* 45 (1921), S. 621-647 und S. 957-1000.

Bortkiewicz, Ladislaus v.: „Das Wesen, die Grenzen und die Wirkungen des Bankkredits", in: *WA* 17 (1922), S. 70-89.

Bortkiewicz, Ladislaus v.: „Die Ursachen einer potenzierten Wirkung des vermehrten Geldumlaufs auf das Preisniveau", in: *Verhandlungen des Vereins für Sozialpolitik in Stuttgart, 24.-26. September 1924* (= SchrdVfS 170), München und Leipzig 1925, S. 256-274.

Bouniatian, Mentor: *Studien zu Theorie und Geschichte der Wirtschaftskrisen*, Band I: *Wirtschaftskrisen und Ueberkapitalisation. Eine Untersuchung über die Erscheinungsformen und Ursachen der periodischen Wirtschaftskrisen*, München 1908; Band II: *Geschichte der Handelskrisen in England im Zusammenhang mit der Entwicklung des englischen Wirtschaftslebens 1640-1840*, München 1908.

Bouniatian, Mentor: *Ekonomitscheskie krisisy* [Ökonomische Krisen], Moskau 1915.

Bouniatian, Mentor: *Les crises économiques. Essai de morphologie et théorie des crises économiques et de théorie de la conjuncture économiques*, Paris 1922.

Bouniatian, Mentor: „Industrielle Schwankungen. Bankkredite und Warenpreise", in: *ASS* 58 (1927), S. 449-477.

Bouniatian, Mentor: *La loi de variation de la valeur et les mouvements généraux des prix*, Paris 1927.

Bouniatian, Mentor: „Rezension zu: Kurt Zimmermann, Das Krisenproblem in der neueren nationalökonomischen Theorie", in: *ASS* 59 (1928), S. 209-210.

Bouniatian, Mentor: „Das Webersche Gesetz und die Wertlehre", in: *ZfgSt* 86 (1929), S. 155-157.

Bouniatian, Mentor: „Rezension zu E. Wagemann, Konjunkturlehre", in: *ASS* 61 (1929), S. 658-662.

Bouniatian, Mentor: „Rezension zu: E. Wagemann, Einführung in die Konjunkturlehre", in: *ASS* 63 (1930), S. 428-430.

Bouniatian, Mentor: „Die vermeintlichen Kreditkreierungen und die Konjunkturschwankungen", in: *JbNuSt* 136 (1932), S. 337-364.

Bourgholtzer, Frank: "Aleksandr Chayanov and Russian Berlin", in: *The Journal of Peasant Studies* 26 (1999), S. 13-165.

Bräu, Richard: *Zum Erscheinen und zur Rezeption von Alfred Webers Werk „Über den Standort der Industrien" (1909) 1926 in der Sowjetunion – eine wissenschaftshistorische Recherche.* Rev. Fassung, Januar 1998. Vortrag, gehalten am Alfred-Weber-Institut für Sozial- und Staatswissenschaften in Heidelberg am 19. Januar 1995, Heidelberg.

Brinkmann, Carl: „Rezensionen zu: Paul Haensel, Das Steuersystem Sowjetrußlands", (1926), in: *ASS* 56 (1926), S. 845-846.

Brinkmann, Theodor: *Ökonomische Grundlagen der Organisation landwirtschaftlicher Betriebe.* Mit einem Vorwort von Alexander W. Tschajanow, Moskau 1926 (r).

Brückner, Alexander: *Die Europäisierung Rußlands*, Gotha 1888.

Brückner, Alexander: „Die neueste Literatur über Rußland", in: *WA* 9 (1917), S. 527-544.

Brutzkus, Boris: „Die russische Agrarrevolution", in: *ZfgSt* 78 (1924), S. 301-345.

Brutzkus, Boris: *Agrarentwicklung und Agrarrevolution in Rußland.* Mit einem Vorwort von Max Sering, Berlin 1925.

Brutzkus, Boris: *Die Lehren des Marxismus im Lichte der russischen Revolution*, Berlin 1928.

Brutzkus, Boris: „Die wirtschaftliche und soziale Lage der Juden in Rußland vor und nach der Revolution", in: *ASS* 61 (1929), S. 266-321.

Brutzkus, Boris: „Neue Bücher über die Sowjetwirtschaft", in: *ASS* 65 (1931), S. 162-177.

Brutzkus, Boris: „Rußlands Getreideausfuhr. Ihre wirtschaftlichen und sozialen Grundlagen und ihre Aussichten", in: *WA* 38 (1933), S. 471-507.

Brutzkus, Boris: *Economic Planning in Soviet Russia.* Mit einem Vorwort von F.A. Hayek. London 1935.

Bubnoff, Nicolai v./Ehrenberg, Hans (Hgg.): *Östliches Christentum*, Bd. 1 (*Politik*), Bd. 2 (*Philosophie*), München 1923 bzw. 1925.

Bubnoff, Nicolai v.: „Der Geist des volkstümlichen russischen Sozialismus", in: *ASS* 55 (1926), S. 362-406.

Bubnoff, Nicolai v.: „Rezension zu: N.A. Berdjajew, Der Sinn der Geschichte", in: *ASS* 55 (1926), S. 236-238.

Bubnoff, Nicolai v.: „Rezension zu: Hans Ehrenberg, Disputation. Drei Bücher vom deutschen Idealismus (1923-25)", in: *ASS* 55 (1926), S. 539-542.

Bubnoff, Nicolai v.: „Rußland-Literatur", in: *ZfgSt* 90 (1931), S. 594-604.

Bubnoff, Nicolai v.: „Neue Rußland-Literatur", in: *ZfgSt* 92 (1932), S. 104-109.

Bücher, Karl: „Ein letztes Wort zur Livländischen Agrarfrage", in: *ZfgSt* 66 (1910), S. 762-765.

Bulgakow, Sergej N., *Kapitalism i semledelije* [Kapitalismus und Landwirtschaft], 2 Bände, St. Petersburg 1900.

Bulgakow, Sergej N.: „Die naturphilosophischen Grundlagen der Wirtschaftstheorie", in: *ASS* 36 (1913), S. 359-393.

Burchardt, Fritz: „Entwicklungsgeschichte der monetären Konjunkturtheorie", in: *WA* 28 (1928), S. 77-153.

Burchardt, Fritz: „Die Schemata des stationären Kreislaufs bei Böhm-Bawerk und Marx", in: *WA* 34 (1931), S. 525-564, und *WA* 35 (1932), S. 116-176.

Cassel, Gustav: *Theoretische Sozialökonomie*, 5. Auflage, Leipzig 1932, 1. Auflage 1918.

Cassel, Gustav: *Das Geldproblem der Welt*, 2 Denkschriften, München 1921 und 1922.

Chronik russischen Lebens in Deutschland 1918-1941, hg. v. Karl Schlögel, Katharina Kucher, Bernhard Suchy und Gregor Thun, Berlin 1999.

Cleinow, Georg: *Roter Imperialismus. Eine Studie über die Verkehrsprobleme der Sowjetunion*, Berlin 1931.

Colm, Gerhard: „Das ‚Mehrwert'-Verfahren in den Produktionsstatistiken", in: *WA* 20 (1924), S. 204-217.

Colm, Gerhard: „Bemerkungen zu dem vorstehenden Aufsatz von Ghertschuk", in: *WA* 28 (1928), S. 236-242.

Damaschke, Adolf: *Geschichte der Nationalökonomie. Eine erste Einführung*, 2 Bände, 13., durchgesehene Auflage, Jena 1922.

Der Große Exodus. Russische Emigration und ihre Zentren 1917-1941, hg. von Karl Schlögel, München 1941.

Der Keynesianismus II. Die beschäftigungspolitische Diskussion vor Keynes in Deutschland, hg. von Gottfried Bombach et al., Berlin-Heidelberg-New York 1976.

Der Keynesianismus III. Die geld- und beschäftigungstheoretische Diskussion in Deutschland zur Zeit von Keynes, hg. von Gottfried Bombach et al., Berlin-Heidelberg-New York 1981.

Der rote Großvater erzählt. Berichte und Erzählungen von Veteranen der Arbeiterbewegung aus der Zeit von 1914-1945, hg. von der Werkstatt Düsseldorf des Werkkreises der Literatur der Arbeitswelt, Frankfurt a.M. 1974.

Deutschbaltisches Biographisches Lexikon 1760-1960, im Auftrag der Baltischen Historischen Kommission hg. von Wilhelm Lenz, Köln-Wien 1970.

Deutsche Biographische Enzyklopädie, hg. von Walter Killy und Rudolf Vierhaus, München-Frankfurt 2001 (= Taschenbuchausgabe der 1995-1999 in München erschienenen Originalausgabe).

Deutsche und russische Ökonomen im Dialog – Wissenstransfer in historischer Perspektive, hg. von Heinz Rieter, Leonid D. Širokorad und Joachim Zweynert, Marburg 2005.

Diehl, Karl: „Rezension zu: W. Gelesnoff, Grundzüge der Volkswirtschaftslehre (1918)", in: *JbNuSt* 112 (1919), S. 354-355.

Diehl, Karl: „Rezension zu: Michael v. Tugan-Baranowsky, Die kommunistischen Gemeinwesen der Neuzeit (1921)", in: *JbNuSt* 119 (1922), S. 164-166.

Diehl, Karl: „Rezension zu: W. Gelesnoff, Grundzüge der Volkswirtschaftslehre, 2. Auflage (1928)", in: *JbNuSt* 129 (1928), S. 293.

Dobbert, Gerhard: „Die Budgetrechte der Union und der Unionsrepubliken in Sowjetrußland", in: *FA* 44 (1927), S. 649-658.

Dobbert, Gerhard: *Das einheitliche Staatsbudget der U.d.S.S.R,* Jena 1930.

Dobbert, Gerhard: „Die Grundzüge der neuen Steuerverfassung der U.d.S.S.R", in: *FA,* N.F. 1 (1931), S. 134-152.

Dobbert, Gerhard (Hg.): *Die Rote Wirtschaft. Probleme und Tatsachen,* Königsberg 1932 (= *Red Economics,* Boston 1932).

Dobbert, Gerhard: *Die faschistische Wirtschaft,* Berlin 1934.

Döhring, Herbert: *Die Geldtheorien seit Knapp. Ein dogmenhistorischer Versuch,* 2. Auflage, Greifswald 1922 (1. Auflage 1921).

Dorfman, Joseph: "The Role of the German Historical School in American Economic Thought", in: *AER* 45, S. 17-28.

Drahn, Ernst: „Russische Emigration. Eine kulturstatistische Studie", in: *ZfgSt* 89 (1930), S. 124-130.

Dupriez, Léon H.: „Einwirkungen der langen Wellen auf die Entwicklung der Wirtschaft", in: *WA* 42, S. 1-12.

Eckardt, Hans v.: „Der Kreislauf der Wirtschaftspolitik des russischen Kommunismus", in: *WA* 17 (1922), S. 1-19 und S. 117-132.

Eckardt, Hans v.: „Zur Ideologie des russischen Kommunismus", in: *WA* 18 (1922), S. 55-74.

Eckardt, Hans v.: „Rußlands auswärtige Politik 1917-1923", in: *WA* 19 (1923), S. 215*-242*.

Eckardt, Hans v.: „Schicksal und Bedeutung der Industrie in der russischen Revolution 1917-1922", in: *ASS* 51 (1924), S. 169-221.

Eckardt, Hans v.: „Zur neueren Literatur über Rußland", in: *ASS* 54 (1925), S. 793-801.

Eckardt, Hans v.: „Die Kontinuität der russischen Wirtschaftspolitik von Alt-Moskau bis zur Union der S.S.R.", in: *ASS* 55 (1926), S. 754-768.

Eckardt, Hans v.: „Neue Rußland-Literatur", in: *JbNuSt* 128 (1928), S. 916-920.

Egner, Erich: „Rezension zu: Karl Ballod, Der Zukunftsstaat. Produktion und Konsum im Sozialstaat, 4. Auflage (1927)", in: *ZfgSt* 84 (1928), S. 433-435.

Ehrenberg, Hans: *Fichte. Der Disputatuion erstes Buch*, München 1923.

Ehrenberg, Hans: *Schelling. Der Disputation zweites Buch*, München 1924.

Ehrenberg,, Hans: *Hegel. Der Disputation drittes Buch*, München 1925.

Ehrenberg, Hans: „Östliches Christentum und Protestantismus. Ein Briefwechsel mit Sergej Bulgakow", in: *Religiöse Besinnung. Vierteljahresschrift im Dienste christlicher Vertiefung und ökumenischer Verständigung 1 (1928),* S. 5-22 u. S. 67-73.

Ehrenberg, Hans: *Drei Bücher vom deutschen Idealismus* (Fichte, Schelling, Hegel), 3 Bde., München 1923-1925.

Ellis, Howard S.: *German Monetary Theory 1905-1933*, Cambridge/Mass. 1934.

Elster, Karl: „Rezension zu: M. Feitelberg, Das Papiergeldwesen in Räterußland (1920)", in: *JbNuSt* 117 (1921), S. 182-183.

Elster, Karl: „Die Volksgesundheitspflege im Gouvernement Moskau", in: *JbNuSt* 127 (1927), S. 87-91.

Elster, Karl: „Das Obuch-Institut zur Bekämpfung der Berufskrankheiten", in: *JbNuSt* 127 (1927), S. 518-523.

Elster, Karl: *Von der Mark zur Reichsmark*, Jena 1928.

Elster, Karl: „Zehn Jahre Sowjet-Industrie", in: *SJB* 53 (1929), S. 773-808.

Elster, Karl: „Die Entwicklung der chemischen Industrie in der Union der Sozialistischen Sowjet-Republiken", in: *JbNuSt* 130 (1929), S. 582-596.

Elster, Karl: „Rezension zu: Friedrich Pollock, Die planwirtschaftlichen Versuche in der Sowjetunion (1929)", in: *JbNuSt* 133 (1930), S. 611-613.

Elster, Karl: *Vom Rubel zum Tscherwonez. Zur Geschichte der Sowjet-Währung*, Jena 1930.

Elster, Karl: „Rezension zu: Arthur Feiler, Das Experiment des Bolschewismus (1929)", in: *JbNuSt* 134 (1931), S. 1038-1039.

Elster, Karl: „Die Stellung des Arbeitnehmers in der Union der Sozialistischen Sowjet-Republiken", in: *JbNuSt* 135 (1931), S. 39-65.

Elster, Karl: *Der Rubel beim Aufbau des Sozialismus. Zum heutigen Stande der Sowjet-Währung*, Jena 1933.

Engels, Friedrich: „Ergänzung und Nachtrag zum III. Buche des ‚Kapital'", in: Karl Marx, *Das Kapital. Kritik der politischen Ökonomie*, Dritter Band, nach der ersten von Friedrich Engels herausgegebenen Auflage, Hamburg 1894 (= MEW 25), Berlin 1973, S. 895-919.

Eßlinger, Hans Ulrich: *Entwicklungsökonomisches Denken in Großbritannien. Zum Beitrag der deutschsprachigen wirtschaftswissenschaftlichen Emigration nach 1933*, Marburg 1999.

Eucken, Walter: *Kritische Betrachtungen zum deutschen Geldproblem*, Jena 1923.

Eucken, Walter: „Die Ursachen der potenzierten Wirkung des vermehrten Geldumlaufs auf das Preisniveau", in: *JbNuSt* 125 (1926), S. 289-309.

Eucken, Walter: *Die Grundlagen der Nationalökonomie*, 6. durchgesehene Auflage, Berlin-Göttingen-Heidelberg 1950.

Farbmann, Michael: *„Piatiletka", Der „Fünfjahresplan"*, Berlin 1931.

Feiler, Arthur: *Die Wirtschaft des Kommunismus*, Frankfurt a.M. 1920.

Feiler, Arthur: *Das Experiment des Bolschewismus*, Frankfurt a.M. 1929.

Feitelberg, Magnus: *Das Papiergeldwesen in Rätorußland. Statistische Beiträge zur Währungsfrage Rußlands*, Berlin 1920.

Frank, Simon: „Zur Phänomenologie der sozialen Erscheinung", in: *ASS* 59 (1928), S. 75-95.

Garvy, George: "Kondratieff's Theory of Long Cycles", in: *REStat* 25 (1943), S. 203-220.

Garvy, George: "Kondratieff, N.D.", in: *IESS*, Vol. VIII (1968), S. 443-444.

Garvy, George: "Keynes and the Economic Activities of Pre-Hitler Germany", in: *JPE* 83 (1975), S. 391-405; deutsch: „Keynesianer vor Keynes", in: *Der Keynesianismus II. Die beschäftigungspolitische Diskussion vor Keynes in Deutschland. Dokumente und Kommentare*, hg. von G. Bombach et al., Berlin-Heidelberg-New York 1976, S. 21-34.

Gelesnoff, Wladimir: *Grundzüge der Volkswirtschaftslehre*. Nach einer für die deutsche Ausgabe vorgenommenen Neubearbeitung des russischen Originals übersetzt von Dr. E. Altschul, Leipzig-Berlin 1918, 2., neubearbeitete Auflage 1928.

Gelesnoff, Wladimir: „Die ökonomische Gedankenwelt des Aristoteles", in: *ASS* 50 (1923), S. 1-33.

Gelesnoff, Wladimir: „Über das Naturale und das Wertmäßige in den wirtschaftlichen Erscheinungen", in: *ASS* 54 (1925), S. 590-601.

Gelesnoff, Wladimir: „Rezension zu: H.-J. Seraphim, Die russische Währungsreform des Jahres 1924 (1925)", in: *WA* 23 (1926), S. 127**-130**.

Gelesnoff, Wladimir: „Rußland", in: *Die Wirtschaftstheorie der Gegenwart*, hg. von Hans Mayer, Frank A. Fetter und Richard Reisch. Erster Band: *Gesamtbild der Forschung in den einzelnen Ländern*, Wien 1927, S. 151-181.

Gerschenkron, Alexander: „Alexander Tschajanoffs Theorie des landwirtschaftlichen Genossenschaftswesens", in: *Vierteljahresschrift für Genossenschaftswesen* 8 (1930/31), S. 151-166 und S. 238-245.

Gesamtverzeichnis des Lehrkörpers der Universität Berlin, Bd. 1: *1810-1945*, bearbeitet von Johann Asen, Leipzig 1955.

Ghertschuk, J.P.: „Die Ermittlung der Werterhöhung in den Produktionsstatistiken. Ihr theoretischer und praktischer Sinn", in: *WA* 28 (1928), S. 225-236.

Gilibert, Giorgio: "Leontief, Wassily", in: *The Elgar Companion to Classical Economics*, Vol. 2: L-Z, ed. by Heinz D. Kurz/Neri Salvadori, Cheltenham-Northhampton 1998, S. 40-45.

Golczewski, Frank: „Die ukrainische und die russische Emigration in Deutschland", in: *Russische Emigration in Deutschland 1918. Leben im europäischen Bürgerkrieg*, hg. von Karl Schlögel, Berlin 1995, S. 77-84.

Gorges, Irmela: *Sozialforschung in Deutschland 1872-1914. Gesellschaftliche Einflüsse auf Themen- und Methodenwahl des Vereins für Socialpolitik*, 2. Auflage, Frankfurt 1986.

Groman, Wladimir: *Die Volkswirtschaft der UdSSR. Niedergang und Wiederaufstieg*. Zusammengestellt von Professor W. Groman, Berlin 1927.

Grotkopp, Wilhelm: *Die große Krise. Lehren aus der Überwindung der Weltwirtschaftskrise 1929-1932*, Düsseldorf 1950.

Grinko, Grigory: *Der Fünfjahresplan der UdSSR*, Wien-Berlin 1930, 3. Auflage 1931.

Große Jüdische National-Biographie. Ein Nachschlagewerk für das jüdische Volk und dessen Freunde, hg. von S. Wininger, 7 Bände, Tschernowitz 1925-1935, Neudruck Nendeln/Liechtenstein 1979.

Haberler, Gottfried: *Prosperität und Depression. Eine theoretische Untersuchung der Konjunkturbewegungen*, 2., erweiterte Auflage, Tübingen-Zürich 1955.

Haensel, Paul: *Das Steuersystem Sowjetrußlands*, Berlin 1926 (russisch 1924).

Haensel, Paul: *Die Finanz- und Steuerverfassung der Union der sozialistischen Sowjetrepubliken*, Jena 1928.

Haensel, Paul: *Die Wirtschaftspolitik Sowjetrußlands*, Tübingen 1930.

Hagemann, Harald: „Colm, Gerhard", in: *Biographisches Handbuch der deutschsprachigen wirtschaftswissenschaftlichen Emigration nach 1933*, hg. von Harald Hagemann und Claus-Dieter Krohn unter Mitarbeit von Hans Ulrich Eßlinger, Band 1, München 1999, S. 104-113.

Hagemann, Harald: „Garvy, George", in: *Biographisches Handbuch der deutschsprachigen wirtschaftswissenschaftlichen Emigration nach 1933*, hg. von

Harald Hagemann und Claus-Dieter Krohn unter Mitarbeit von Hans Ulrich Eßlinger, Band 1, München 1999, S. 179-184.

Hagemann, Harald: „Marschak, Jacob", in: *Biographisches Handbuch der deutschsprachigen wirtschaftswissenschaftlichen Emigration nach 1933*, hg. von Harald Hagemann und Claus-Dieter Krohn unter Mitarbeit von Hans Ulrich Eßlinger, Band 2, München 1999, S. 418-424.

Hagemann, Harald: "The Development of Business-Cycle Theory in the German Language Area 1900-1930", in: *Storia del pensiero economico* 37 (1999), S. 87-122.

Hahn, Walter: „Die Verstaatlichung des Kredits in Rußland" (Diss. 1925), in: *WA* 26 (1927), S. 126*-155* und S. 341*-374*.

Hahn, Walter: „Rezension zu: Rolf Wagenführ, Die Konjunkturtheorie in Rußland, Jena 1929", in: *ZfgSt 88* (1930), S. 419-421.

Hahn, Walter: *Die statistische Analyse der Konjunkturschwingungen*, Jena 1929.

Hahn, Walter: „Ausgewählte Literatur über Rußland", in: *WA* 33 (1931), S. 177*-185*.

Hatlie, Mark R.: „Die Zeitung als Zentrum der Emigrations-Öffentlichkeit: Das Beispiel der Zeitung Rul'", in: *Russische Emigration in Deutschland 1918-1941. Leben im europäischen Bürgerkrieg*, hg. von Karl Schlögel, Berlin 1995, S. 153-162.

Häuser, Karl: „Adolph Wagner und die Universität Dorpat", in: *Studien zur Entwicklung der ökonomischen Theorie XII: Osteuropäische Dogmengeschichte*, hg. von Heinz Rieter, Berlin 1992, S. 65-90.

Hayek, Friedrich A.: „Rezension zu: R. Wagenführ, Die Konjunkturtheorie in Rußland (1929)", in: *JbNuSt* 133 (1930), S. 128-129.

Hayek, Friedrich A.: *Der Weg zur Knechtschaft*. Herausgegeben und eingeleitet von Wilhelm Röpke, 3. Auflage, Erlenbach-Zürich 1952 (Original: *The Road to Serfdom*, London 1944).

Heimann, Eduard: „Die Sozialisierung, in: *ASS* 45 (1918/19), S. 527-590.

Heimann, Eduard: *Mehrwert und Gemeinwirtschaft. Kritische und positive Beiträge zur Theorie des Sozialismus*, Berlin 1922.

Heimann, Eduard: *Soziale Theorie des Kapitalismus. Theorie der Sozialpolitik*, Tübingen 1929.

Heinrich, Walter: *Grundlagen einer universalistischen Krisenlehre*, Jena 1928.

Heller, Wolfgang: „Rezension zu: W. Gelesnoff, Grundzüge der Volkswirtschaftslehre, 2. Auflage (1928)", in: *ASS* 65 (1931), S. 196-199.

Henzler, Reinhold: „In Memoriam Vahan Totomianz (1875-1964)", in: *ZfgG* (1965), S. 30-31.

Hesse, Albert: „Rezensionen zu: Wladimir Woytinsky, *Die Welt in Zahlen, Bd. V und Bd. VII*", in: *SJB* 52 (1928), S. 165-167, und *SJB* 53 (1929), S. 868.

Hicks, John R.: „Rezension zu: Heinrich v. Stackelberg, Marktform und Gleichgewicht" (1934), in: *EJ* 45 (1935), S. 334-336.

Hildermeier, Manfred: *Geschichte der Sowjetunion 1917-1991. Entstehung und Niedergang des ersten sozialistischen Staates*, München 1998.

Hirschberg, Max: *Bolschewismus. Eine kritische Untersuchung über die amtlichen Veröffentlichungen der russischen Sowjet-Republik*, München-Leipzig 1919.

Hirschberg, Max: „Bolschewismus", in: *ASS* 48 (1921), S. 1-43.

Honigsheim, Paul: „Der Max-Weber-Kreis in Heidelberg", in: *Kölner Vierteljahreshefte für Soziologie* V (1925/26), S. 270-287.

Honigsheim, Paul: „Russische Gesellschafts-, Staats- und Wirtschaftsauffassungen", in: *HdSW* 9 (1959), S. 66-75.

Howard, Michael C./King, John E: "Bortkiewicz, Ladislaus von", in: *The Elgar Companion to Classical Economics*, Vol. 1: A-K, ed. by Heinz D. Kurz/Neri Salvadori, Cheltenham-Northhampton 1998, S. 46-50.

Ignatieff, M.W.: „Die Wechselbeziehungen zwischen Geldumlauf, Warenumsatz und Preisbewegung. (Die Verkehrsgleichung in den Wirtschaftsverhältnissen Sowjetrußlands)", in: *Russische Arbeiten zur Wirtschaftsforschung* (= *VzK*, hg. vom Institut für Konjunkturforschung, Sonderheft 12), Berlin 1929, S. 79-98.

Ischboldin, Boris: „Das neue Sibirien als panasiatisches Problem", in: *WA* 40 (1934), S. 353-382.

Ischboldin, Boris: „Die neue Außenhandelspolitik des französischen Imperiums", in: *WA* 41 (1935), S. 174-189.

Ischboldin, Boris: „Die wirtschaftlichen und politischen Probleme der Sowjetukraine", in: *WA* 48 (1938), S. 379-398.

Ischboldin, Boris: „Rezension zu: Fuad Kazak, Ostturkestan zwischen den Großmächten", in: *WA* 49 (1939), S. 135*-139*.

Ischboldin, Boris: *History of the Russian Non-Marxian Social-economic Thought*, New Delhi 1971.

Janssen, Hauke: *Nationalökonomie und Nationalsozialismus. Die deutsche Volkswirtschaftslehre in den dreißiger Jahren*. 2., überarbeitete Auflage Marburg 2000 (1. Auflage 1998).

Jasny, Naum: *Soviet Economists of the Twenties. Names to be Remembered*, Cambridge/Mass. 1972.

Jenny, Ernst Gabriel: „Rezension zu: Karl Nötzel, Die Grundlagen des geistigen Rußlands. Versuch einer Psychologie des russischen Geisteslebens, 2. Auflage, Leipzig 1917", in: *SJB* 42 (1918), S. 372-377.

Jenny, Ernst Gabriel: „Rezension zu: Alexander W. Tschajanow, Die Lehre von der bäuerlichen Wirtschaft", in: *SJB* 47 (1924), S. 330-334.

Jugow, Aaron: *Fünfjahresplan* (übersetzt von A. Gurland). Mit einem Vorwort von Theodor Dan, Berlin 1931.

Jugow, Aaron: *Die Volkswirtschaft der Sowjetunion und ihre Probleme* (übersetzt von A. Gurland), Dresden 1929.

Jugow, Aaron: „Rezension zu: M. Farbmann, Piatiletka. Der Fünfjahresplan (1931)", in: *ASS* 66 (1931), S. 428-430.

Jugow, Aaron: „Rezension zu: G. Grinko, Der 5-Jahrplan der Sowjetunion", in: *ASS* 65 (1931), S. 207-212.

Jugow, Aaron: „Rezension zu: P. Haensel, Die Wirtschaftspolitik Sowjetrußlands" (1930), in: *ASS* 64 (1930), S. 414-417.

Jugow, Aaron: „Rezension zu: L. Kritsman, Die heroische Periode der Großen Russischen Revolution", in *ASS* 65 (1931), S. 644-646.

Yugoff [= Jugow], Aaron: *Economic Trends in Soviet Russia*, New York 1930.

Jung, Franz: *Der Weg nach unten. Aufzeichnungen aus einer großen Zeit*, 2. Auflage, Hamburg 1988.

Jurowsky, Leonid N.: *Der russische Getreideexport*, Stuttgart-Berlin 1911.

Jurowsky, Leonid N.: *Die Währungsprobleme Sowjetrußlands*, Berlin 1925.

Kähler, Alfred: *Die Theorie der Arbeiterfreisetzung durch die Maschine. Eine gesamtwirtschaftliche Abhandlung des modernen Technisierungsprozesses*, Leipzig 1933 (zugleich Diss. Kiel 1932).

Kasprzok, Carsten: *Der Sozialökonom Heinrich Dietzel. Ein deutscher Klassiker*, Marburg 2004.

Kitchin, Joseph: "Cycles and Trends in Economic Factors", in: *REStat* 5 (1923), S. 10-16.

Klein, Judy L.: "The Rise of 'Non-October' Econometrics: Kondratiev and Slutsky at the Moscow Conjuncture Institute", in: *HoPE* 31 (1999), S. 137-168.

Knapp, Georg F.: *Staatliche Theorie des Geldes*, 3. Auflage, München-Leipzig 1921 (1. Auflage 1905).

Kojima, Sadamu: "Reception of Max Weber's works in the early 20th century Russia – In relation to the 'Max Weber-Renaissance in Russia' at the close of the 20th century'", in: *Deutsche und russische Ökonomen im Dialog – Wissenstransfer in historischer Perspektive*, hg. von Heinz Rieter, Leonid D. Širokorad und Joachim Zweynert, Marburg 2005.

Kondratieff, Nikolaj D.: *Die Weltwirtschaft und ihre Konjunkturen während und nach dem Kriege*, Moskau 1922 (r).

Kondratieff, Nikolaj D.: "The Conjuncture Institute at Moscow", in: *QJE* 39 (1925), S. 320-324.

Kondratieff, Nikolaj D.: "The Static and Dynamic View of Economics", in: *QJE* 39 (1925), S. 575-583.

Kondratieff, Nikolaj D.: „Die langen Wellen der Konjunktur", in: *ASS* 56 (1926), S. 573-609 (Original in: *Woprosy konjunktury* I (1925), S. 28-79).

Kondratieff, Nikolaj D.: „Problema Germanskogo agrarnogo protektionisma" [Das Problem des deutschen Agrarprotektionismus], in: *Ekonomitscheskoje obosrenie*, Juli 1925.

Kondratieff, Nikolaj D.: „Rezension zu: S.A. Perwuschin, Die wirtschaftliche Konjunktur", in: *WA* 24 (1926), S. 13**-17** (Original in: *Woprosy konjunktury* II (1926)).

Kondratieff, Nikolaj D.: „Das Problem der Prognose, in Sonderheit der sozialwirtschaftlichen" (2 Teile), in: *AdBw* 1 (1927), S. 41-64 und S. 221-252 (Original: „Problema prevideniya", in: *Woprosy konjunktury* II (1926), S. 1-42).

Kondratieff, Nikolaj D.: „Die Preisdynamik der industriellen und landwirtschaftlichen Waren (Zum Problem der relativen Dynamik und Konjunktur)", übersetzt von A. v. Schelting, in: *ASS* 60 (1928), S. 1-85 (Original in: *Woprosy konjunktury* IV (1928), S. 1-85).

Kondratieff, N.D./Oparin, D.I. (Hg.): *Die langen Konjunkturzyklen. Berichte und Kritik des Wirtschaftsinstituts Moskau*, Moskau 1928 (r).

Kondratieff, Nikolaj D.: "The Long Waves in Economic Life" (aus dem Deutschen übersetzt von Wolfgang F. Stolper), in: *RESta* 17 (1935), S. 105-115.

Kondratiev, Nikolai D.: *The Works of Nikolai D. Kondratiev*. Edited by Natalia Makasheva, Warren Samuels, and Vincent Barnett, London 1998.

Krasin, Leonid B.: *Die Aussichten für die russische Ausfuhr*, Berlin 1923.

Krause, Werner: *Sombarts Weg vom Kathedersozialismus zum Faschismus*, Berlin (Ost) 1962.

Krawtschenko, Nikolaus: „J.A. Blanqui – der erste Verkünder der Idee des internationalen Arbeiterschutzes", in: *JbNuSt* 95 (1910), S. 349-352.

Kritsman, Lew K.: *Die heroische Periode der Großen russischen Revolution. Ein Versuch der Analyse des sogenannten ‚Kriegskommunismus'*, Wien-Berlin 1929 (russ. Original: 1924, 2. Auflage 1926).

Kritsman, Lew K.: „Zehn Jahre an der Agrarfront der proletarischen Revolution (1927)", abgedruckt in: ders., *Die heroische Periode der großen russischen Revolution* (1929), S. 425-436.

Krohn, Claus-Dieter: *Wirtschaftstheorien als politische Interessen. Die akademische Nationalökonomie in Deutschland 1918-1933*, Frankfurt a.M. 1981.

Krohn, Claus-Dieter: „Jasny, Naum", in: *Biographisches Handbuch der deutschsprachigen wirtschaftswissenschaftlichen Emigration nach 1933*, hg. von Harald Hagemann und Claus-Dieter Krohn unter Mitarbeit von Hans Ulrich Eßlinger, Band 1, München 1999, S. 288-290.

Kuczynski, Jürgen: *Studien zu einer Geschichte der Gesellschaftswissenschaften*, Band 7: *Gesellschaftswissenschaftliche Schulen*, Berlin (Ost) 1977.

Kulischer, Josef: „Die Leibeigenschaft in Rußland und die Agrarverfassung Preußens im 18. Jahrhundert. Eine vergleichende Studie", in: *JbNuSt* 137 (1932), S. 1-62.

Kulischer, Josef: „Das Aufkommen der landwirtschaftlichen Maschinen um die Wende des 18. und in der ersten Hälfte des 19. Jahrhunderts", in: *JbNuSt* 139 (1933), S. 321-368.

Kulla, Bernd: „Eugen Altschul", in: *Biographisches Handbuch der deutschsprachigen wirtschaftswissenschaftlichen Emigration nach 1933*, hg. von Harald Hagemann und Claus-Dieter Krohn unter Mitarbeit von Hans Ulrich Eßlinger, Band 1, München 1999, S. 4-6.

Kuznets, Simon: *Wesen und Bedeutung des Trends* (= Veröffentlichungen der Frankfurter Gesellschaft für Konjunkturforschung, Heft 6), Bonn 1930.

Lahiri, Sajal: "Professor Wassily W. Leontief, 1905-1999", in: *EJ* 110 (2000), S. 695-707.

Lange, Oskar: *Die Preisdispersion als Mittel zur statistischen Messung wirtschaftlicher Gleichgewichtsstörungen* (= Veröffentlichungen der Frankfurter Gesellschaft für Konjunkturforschung N.F., Heft 4), Leipzig 1932.

Lange, Oskar: „Rezension zu: Stackelberg, Heinrich von, Marktform und Gleichgewicht (1934)", in: *WA* 42 (1935), S. 104*-106*.

Lederer, Emil: „Rezension zu: M. Bouniatian, Wirtschaftskrisen und Ueberkapitalisation (1908)", in: *ASS* 32 (1911), S. 148-154.

Lederer, Emil: „Rezensionen zu: Paul Olberg, Briefe aus Sowjetrußland (1919)"; „Max Hirschberg, Bolschewismus (1919)"; „Alexander Täubler, Eine Verteidigung der Bolschewiki (1919)", alle in: *ASS* 46 (1919), S. 815, S. 810-812, S. 837-838.

Lederer, Emil: „Rezension zu: M. Feitelberg, Das Papiergeldwesen in Räterußland (1920)", in: *ASS* 49 (1922), S. 252-253.

Lederer, Emil: „Rezension zu : M. Bouniatian, Les crises économiques (1922)", in: *ASS* 50 (1923), S. 255-257.

Lederer, Emil: „Konjunktur und Krisen", in: *GdS*, 4. Abteilung, 1. Teil: *Spezielle Elemente der modernen kapitalistischen Wirtschaft*, Tübingen 1925, S. 354-413.

Lederer, Emil: „Ort und Grenze des zusätzlichen Kredits", in: *ASS* 63 (1930), S. 513-522.

Lederer, Emil: „Das Problem der russischen Wirtschafts- und Sozialverfassung", in: *ASS* 68 (1932/3), S. 257-285.

Lederer, Emil: *Planwirtschaft*, Tübingen 1932.

Lehnich, Oswald: *Währung und Wirtschaft in Polen, Litauen, Lettland und Estland*, Berlin 1923.

Leichter, Otto: *Die Wirtschaftsrechnung in der sozialistischen Gesellschaft*, Wien 1923.

Leites, Konstantin: „Russische Literatur über die Erneuerung des deutsch-russischen Handelsvertrages", in: *WA* 2 (1913), S. 160-164.

Leites, Konstantin: „Russische handelspolitische Strömungen und Vorbereitungsarbeiten zur Erneuerung des deutsch-russischen Handelsvertrages", in: *WA* 3 (1914), S. 109-184.

Lenger, Friedrich: *Werner Sombart 1863-1941. Eine Biographie*, 2. Auflage, München 1995 (1. Auflage 1994).

Lenin, Wladimir I.: *Materialismus und Empiriokritizismus. Kritische Bemerkungen über eine reaktionäre Philosophie*, Verlag für fremdsprachige Literatur, Moskau 1947 (Original 1909, 2. Auflage 1920).

Leontief, Wassily (jun.): „Die Bilanz der russischen Volkswirtschaft. Eine methodologische Untersuchung", in: *WA* 22 (1925), S. 338-344.

Leontief, Wassily (jun.): „Die Bilanz der russischen Volkswirtschaft. Das russische Volkseinkommen im Jahre 1923/1924", in: *WA* 22 (1925), S. 265*-269*.

Leontief, Wassily W. (jun.): „Die Wirtschaft als Kreislauf", in: *ASS* 60 (1928), S. 577-623.

Leontief, Wassily W. (jun.): „Ein Versuch zur statistischen Analyse von Angebot und Nachfrage", in: *WA* 30 (1929), S. 1*-53*.

Leontief, Wassily W. (jun.): „Studien zur Elastizität des Angebotes", in: *WA* 35 (1932), S. 66-115.

Leontief, Wassily W. (jun.): „Rezension zu: J. Marschak, Elastizität der Nachfrage (1931)", in: *ASS* 66 (1931), S. 420-423.

Leontief, Wassily W. (jun.): „Die Bedeutung der Marxschen Wirtschaftslehre für die gegenwärtige Theorie", in: *Gegenstand und Methoden der Nationalökonomie*, hg. von Reimut Jochimsen/Helmut Knobel, Köln 1971, S. 109-117 (englisches Original in: *AER, PaP*, 28 (1938), S. 1-9).

Leontief, Wassily (jun.):, *The Structure of American Economy*, 2nd ed., New York 1951 (1st ed. 1941).

Leontief, Wassily W. (sen.): „Vom Staatsbudget zum einheitlichen Finanzplan. Sowjetrussische Finanzprobleme", in: *WA* 33 (1931), S. 231-260.

Leontief, Wassily W. (sen.): „Rezensionen zu: G.A. Studensky, Grundriß der Agrarökonomik, Moskau 1925" und „Die Rente in der Bauernwirtschaft und die Prinzipien ihrer Besteuerung, Moskau 1925", in: *WA* 24 (1926), S. 157*-159*.

Leontief, Wassily W. (sen.), „Rezension zu: Das einheitliche Staatsbudget der U.d.S.S.R", in: *WA* 32 (1930), S. 293*-295*.

Leontief, Wassily W. (sen.): „Rezension zu: Die Rote Wirtschaft", in: *WA* 38 (1933), S. 36*-38*.

Leontief, Wassily W. (sen.): „Die Erfüllung des russischen Fünfjahresplanes", in: *WA* 39 (1934), S. 506-546.

Leontief, Wassily W. (sen.): „Amerikaner und Franzosen über Sowjetrußland", in: *WA* 43 (1936), S. 82*-89*.

Leontief, Wassily W. (sen.): „Rezension zu: Henry W. Chamberlain, The Russian Revolution 1917-21, London 1935", in: *WA* 45 (1937), S. 138*-140*.

Leontief, Wassily W. (sen.): „Rezension zu: G.K. Gins, Abriß der Sozialpsychologie, Charkin 1936", in: *WA* 48 (1938), S. 48*-50*.

Leontief, Wassily W. (sen.): „Rezension zu: N. Badsily, La Russie sous les soviets, Paris 1938", in: *WA* 54 (1941), S. 125*-126*.

Liebich, André: „Eine Emigration in der Emigration: Die Menschewiki in Deutschland 1921-1933", in: *Russische Emigration in Deutschland 1918-1941. Leben im europäischen Bürgerkrieg*, hg. von Karl Schlögel, Berlin 1995, S. 229-241.

List, Friedrich: *Das nationale System der Politischen Oekonomie* (= Neudruck nach der Ausgabe letzter Hand (1841), eingeleitet von Heinrich Waentig), 4. Auflage, Jena 1922.

Lotz, Walter: „Rezension zu: Paul Haensel, Das Steuersystem Sowjet-Rußlands (1926)", in: *FA* 44 (1927), S. 434-438.

Louçã, Francisco: "Nikolai Kondratiev and the Early Consensus and Dissensions about History and Economics", in: *HoPE* 31 (1999), S. 169-205.

Löwe, Adolf: „Wie ist Konjunkturtheorie überhaupt möglich?", in: *WA* 24 (1926), S. 165-197.

Löwe, Adolf: „Lohnabbau als Mittel der Krisenbekämpfung?", in: *Neue Blätter für den Sozialismus* I (1930), S. 289-295.

Lowe, Adolph (= Adolf Löwe): „Konjunkturtheorie in Deutschland in den Zwanziger Jahren. Interview mit Adolph Lowe in Wolfenbüttel. Aufgenommen von Bertram Schefold am 20. 2. 1988", in: *Studien zur Entwicklung der ökonomischen Theorie VIII*, hg. von Bertram Schefold, Berlin 1989, S. 75-86.

Lukácz, Georg v.: „Rezension zu: W. Solovjeff, Ausgewählte Werke, Bd. 1" (1914), in: *ASS* 39 (1915), S. 573.

Lukácz, Georg v.: „Rezension zu: W. Solovjeff, Die Rechtfertigung des Guten. Ausgewählte Werke, Bd. 2 (1916)", in: *ASS* 42 (1917), S. 978-980.

Lunz, Lew: „Reise auf mein Krankenbett" (1923), in: *Russen in Berlin. Literatur, Malerei, Theater, Film, 1918-1933*, hg. von Fritz Mierau, Leipzig 1987, S. 154-174.

Luther, Arthur: „Aus der Frühzeit des Bolschewismus", in: *SJB* 43 (1919), S. 525-544.

Luther, Arthur: „Der Bolschewismus als internationale Erscheinung", in: *WA* 15 (1920), S. 345-355.

Luther, Arthur: „Rezension zu: Wilhelm Mautner, Der Bolschewismus (1920)", in: *WA* 18 (1922), S. 246-247.

Lutz, Friedrich: *Das Konjunkturproblem in der Nationalökonomie*, Jena 1932.

Mänicke-Gyöngyösi, Krisztina: „Nachwort", in: Alexander W. Tschajanow, *Reise meines Bruders Alexej ins Land der bäuerlichen Utopie*, Frankfurt a.M. 1981, S. 111-129.

Maier, Harry: „Nikolai D. Kondratjew: Wellen des Fortschritts", in: *Die großen Ökonomen. Leben und Werk der wirtschaftswissenschaftlichen Vordenker*, hg. von Nikolaus Piper, 2. überarbeitete Auflage, Stuttgart 1996, S. 237-243 (Erstveröffentlichung in: *DIE ZEIT* vom 19. März 1993 (= *Zeit der Ökonomen* 19).

Marschak, Jakob: „Wirtschaftsrechnung und Gemeinwirtschaft. Zur Mises'schen These von der Unmöglichkeit der sozialistischen Wirtschaftsrechnung", in: *ASS* 51 (1924), S. 501-520.

Marschak, Jakob: „Die Verkehrsgleichung", in: *ASS* 52 (1924), S. 344-384.

Marschak, Jakob: „Zur Politik und Theorie der Verteilung", in: *ASS* 64 (1930), S. 1-15.

Marschak, Jakob: *Die Lohndiskussion*, Tübingen 1930.

Marschak, Jakob: „Das Kaufkraft-Argument in der Lohnpolitik", in: *MdW* (1930), S. 1443-1447.

Marschak, Jakob: „Einige Thesen zur Krisenpolitik", in: *Wirtschaftsdienst* 16 (1931), S. 2041-2042.

Marschak, Jakob: *Elastizität der Nachfrage*, Tübingen 1931.

Marschak, Jakob (mit Walther Lederer): „Größenordnungen des deutschen Geldsystems", in: *ASS* 67 (1932), S. 385-402.

Marschak, Jakob: „Volksvermögen und Kassenbedarf", in: *ASS* 68 (1933), S. 385-419.

Marschak, Jakob: „Vom Größensystem der Geldwirtschaft", in: *ASS* 69 (1933), S. 492-512.

Marschak, Jakob: „Literatur über den Wirtschaftskreislauf", in: *ASS* 68 (1933), S. 230-238.

Marshall, James N.: „Wassily W. Leontief", in: Bernard S. Katz (Hg.), *Nobel Laureates in Economic Sciences. A Biographical Dictionary*, New York 1989, S. 160-173.

Marx, Karl: *Das Kapital. Kritik der politischen Ökonomie*, Dritter Band, nach der ersten, von Friedrich Engels herausgegebenen Auflage, Hamburg 1894 (= MEW 25), Berlin 1973.

Mautner, Wilhelm: *Der Bolschewismus. Voraussetzungen – Geschichte – Theorie – Verhältnis zum Marxismus*, Berlin-Stuttgart-Leipzig 1920.

Mautner, Wilhelm: „Bolschewismus und Marxismus", in: *SJB* 44 (1920), S. 29-80.

Miljutin, Wladimir P.: *Die Organisation der Volkswirtschaft in Sowjet-Rußland*, Berlin 1921.

Mises, Ludwig: *Theorie des Geldes und der Umlaufsmittel*, 2. neubearbeitete Auflage, München-Leipzig 1924 (1. Auflage 1912).

Mises, Ludwig: „Die Wirtschaftlichkeitsrechnung im sozialistischen Gemeinwesen", in: *ASS* 47 (1920/21), S. 86-121.

Mises, Ludwig:*Die Gemeinwirtschaft. Untersuchungen über den Sozialismus*, Jena 1922 (2. Auflage 1932).

Mises, Ludwig: „Neuere Beiträge zum Problem der sozialistischen Wirtschaftsrechnung", in: *ASS* 51 (1924), S. 488-500.

Mises, Ludwig: „Antimarxismus", in: *WA* 21 (1925), S. 266-293.

Mises, Ludwig: „Schriften zum Problem der sozialistischen Wirtschaftsrechnung", in: *ASS* 60 (1928), S. 187-190.

Mitnitzky, Mark: „Lohn und Konjunktur vor dem Krieg", in: *ASS* 68 (1933), S. 318-350.

Mitchell, Wesley C.: *Der Konjunkturzyklus. Problem und Problemstellung*. Nach der vom Verfasser durchgesehenen und ergänzten Originalausgabe, herausgegeben von Dr. Eugen Altschul, Leipzig 1931 (Original: *Business Cycles: The Problem and its Setting*, New York 1927).

Möller, Hans: „Heinrich von Stackelberg: Persönlichkeit und wissenschaftliche Leistung", in: Heinrich von Stackelberg, *Marktform und Gleichgewicht*, mit einem Kommentarband zur Faksimile-Ausgabe der 1934 erschienenen Erstausgabe: *Vademecum zu einem Klassiker der Theorie der unvollkommenen Konkurrenz* (= Die Handelsblatt Bibliothek „Klassiker der Nationalökonomie"), Düsseldorf 1993, S. 41-74.

Moeller van den Bruck, Arthur: *Das dritte Reich*, Hamburg 1923.

Mohrmann, Heinz: *Studien über russisch-deutsche Begegnungen in der Wirtschaftswissenschaft (1750-1825)*, Berlin (Ost) 1959.

Mombert, Paul: „Rezension zu: Mentor Bouniation, *Les crises économiques* (1922)" in: *SJB* 47 (1923), S. 322-323.

Morgenstern, Oskar: „Aufgaben und Grenzen der Institute für Konjunkturforschung", in: *Beiträge zur Wirtschaftstheorie*, hg. von Karl Diehl. Zweiter Teil: *Konjunkturforschung und Konjunkturtheorie* (= SchrdVfS 173 II), München-Leipzig 1928, S. 337-353.

Müller, Klaus O.W.: *Heinrich von Stackelberg – Ein moderner bürgerlicher Ökonom. Ein kritischer Beitrag zur Geschichte des bürgerlichen ökonomischen Denkens in Deutschland*, Berlin (Ost) 1965.

Nansen, Fridtjof: „Dreißig Millionen Menschen verhungern. Rede vor dem Völkerbund in Genf" (Oktober 1921), in: *Russen in Berlin. Literatur, Malerei, Theater, Film, 1918-1933*, hg. von Fritz Mierau, Leipzig 1987, S. 188-192.

Nathan, Otto: „Rezensionen zu: Wladimir Woytinsky, *Die Welt in Zahlen I-VII (1925-28)*", in *WA* 25 (1927), S. 180-182; *WA* 27 (1928), S. 192*-193* und *WA* 29 (1929), S. 183*-184*.

Nefiodow, Leo A.: *Der sechste Kondratieff. Wege zur Produktivität und Vollbeschäftigung im Zeitalter der Information*, 5. Auflage, St. Augustin 2001 (1. Auflage 1996).

Neisser, Hans: *Der Tauschwert des Geldes*, Jena 1928.

Neurath, Otto: *Durch die Kriegswirtschaft zur Naturalwirtschaft*, München 1919.

Normano, Jack F.: *The Spirit of Russian Economics*, New York 1945.

Nötzel, Karl: „Die russischen Arbeiter und die heutige Arbeiterbewegung. Eindrücke und Erfahrungen", in: *ASS* 44 (1917/18), S. 444-455.

Nötzel, Karl: *Die Grundlagen des geistigen Rußlands. Versuch einer Psychologie des russischen Geisteslebens*, 3. Auflage, Leipzig 1923 (1. Auflage 1916, 2. Auflage 1917). Nachdruck Hildesheim-New York 1970.

Nötzel, Karl: *Die soziale Bewegung in Rußland. Ein Einführungsversuch auf Grund der russischen Gesellschaftslehre*, Stuttgart-Berlin-Leipzig 1923.

Oganowsky, Nikolaj P.: „Die Agrarfrage in Rußland seit 1905", in: *ASS* 37 (1913), S. 701-757.

Ökonomenlexikon, hg. von Werner Krause/Karl-Heinz Graupner/Rolf Sieber, Berlin (Ost) 1989.

Olberg, Paul: *Briefe aus Sowjet-Rußland*, Stuttgart 1919.

Olberg, Paul: „Bauernrevolution und Bolschewismus (Die Agrarfrage in Rußland)", in: *ASS* 48 (1920/21), S. 361-418.

Olberg, Paul: „Sowjetrußlands Politik im Orient", in: *ASS* 50 (1923), S. 127-203.

Oncken, August: *Geschichte der Nationalökonomie. Erster Teil: Die Zeit vor Adam Smith*, 3. unveränderte Auflage, Leipzig 1922 (1. Auflage 1902).

Oparin, D.I.: „Ökonomische Analyse des Harvardbarometers", in: *Planwirtschaft* I (1925) (r).

Oparin, D.I.: „Das theoretische Schema der gleichmäßig fortschreitenden Wirtschaft als Grundlage einer Analyse wirtschaftlicher Entscheidungsprozesse", 2 Teile, übersetzt von Walter Hahn, in: *WA* 32 (1930), S. 105-134 und S. 406-445.

o. V.: „Wassily Leontief", in: *FAZ* vom 9. Februar 1999.

Pachmuss, Temira: „Baltische Flüchtlinge und russische Schriftsteller in Deutschland 1918-1941", in: *Russische Emigration in Deutschland 1918-1941. Leben im europäischen Bürgerkrieg*, hg. von Karl Schlögel, Berlin 1995, S. 85-91.

Pallas, Carsten: *Ludwig von Mises als Pionier der modernen Geld- und Konjunkturtheorie. Eine Studie zu den monetären Grundlagen der Austrian Economics*, Marburg 2004.

Persons, Warren M.: „Construction of a Business-Barometer. Based upon Annual Data", in: *AER* 6 (1916), S. 739-769.

Perwuschin, S.A.: „Rezension zu: Kondratieff, N.D./Oparin, D.I. (Hgg.): Die langen Konjunkturzyklen. Berichte und Kritik des Wirtschaftsinstituts Moskau, Moskau 1928", in: *WA* 32 (1930), S. 40-44.

Perwuschin, S.A.: „Versuch einer Theorie der wirtschaftlichen Konjunkturen, auf die Konjunkturentwicklung der Vorkriegszeit in Rußland angewandt", in: *Russische Arbeiten zur Wirtschaftsforschung* (= *VzK*, hg. vom Institut für Konjunkturforschung, Sonderheft 12), Berlin 1929, S. 44-78.

Petroff, Peter: „Die Perspektiven der Kollektivierung der russischen Landwirtschaft", in: *ASS* 64 (1930), S. 45-62.

Plenge, Johann: „Marx oder Kant?", in: *ZfgSt* 66 (1910), S. 213-239.

Pokidtschenko, Michail: „Ivan K. Babst als Pionier der historistischen Ökonomik in Rußland", in: *Deutsche und russische Ökonomen im Dialog – Wissenstransfer in historischer Perspektive, hg. von Heinz Rieter, Leonid D. Širokorad und Joachim Zweynert*, Marburg 2005.

Polányi, Karl: „Sozialistische Rechnungslegung", in: *ASS* 49, S. 377-420.

Polányi, Karl: „Die funktionelle Theorie der Gesellschaft und das Problem der sozialistischen Rechnungslegung", in: *ASS* 52, S. 218-228.

Pollock, Friedrich: *Die planwirtschaftlichen Versuche in der Sowjetunion 1917-1927*, Leipzig 1929; Neudruck Frankfurt a.M. 1971.

Poole, Brian: „Nicolai von Bubnoff. Sein kulturphilosophischer Blick auf die russische Emigration", in: *Russische Emigration in Deutschland 1918-1941. Leben im europäischen Bürgerkrieg*, hg. von Karl Schlögel, Berlin 1995, S. 279-294.

Predöhl, Andreas: „Rezension zu: Georg Cleinow: Roter Imperialismus (1931)", in: *ZfN* 4 (1933), S. 434-435.

Preiser, Erich: „Das Wesen der Marxschen Krisentheorie", in: *Wirtschaft und Gesellschaft. Beiträge zur Oekonomik und Soziologie der Gegenwart. Festschrift für Franz Oppenheimer zu seinem 60. Geburtstag*. Frankfurt a.M. 1924, S. 249-275.

Preiser, Erich: „Aufbau und Inhalt der ökonomischen Theorie. Bemerkungen zu dem Lehrbuch von Gelesnoff", in: *MdW* 5 (1929), S. 1922-1925, wiederabgedruckt in: Erich Preiser, *Wirtschaftswissenschaft im Wandel. Gesammelte Schriften zur Wirtschaftstheorie und Wirtschaftspolitik*, hg. von Gert Preiser, Hildesheim 1975, S. 3-12.

Preiser, Erich: *Wirtschaftswissenschaft im Wandel. Gesammelte Schriften zur Wirtschaftstheorie und Wirtschaftspolitik*, hg. von Gert Preiser, Hildesheim 1975.

Pribram, Karl: *A History of Economic Reasoning*, Baltimore and London 1983, 2nd printing 1986.

Prokopowitsch, Sergej N.: „Haushaltungs-Budgets Petersburger Arbeiter", in: *ASS* 30 (1910), S. 66-99.

Prokopowitsch, Sergej N.: *Über die Bedingungen der industriellen Entwicklung Rußlands*, Tübingen 1913.

Prokopowitsch, Sergej N.: *Die Bauernwirtschaft nach Daten der Haushaltsforschung und der dynamischen Fortschreibung*, Berlin 1924.

Prokopowitsch, Sergej N.: „Rezension zu: L. Jurovsky, Die Währungsprobleme Rußlands, Berlin 1925", in: *ZfgSt* 82 (1927), S. 204-211.

Pumpiansky, L.: „Das Problem der Arbeitslosigkeit in England", in: *ASS* 33 (1911), S. 126-160.

Pumpiansky, L.: „Die Mindestlohngesetzgebung im englischen Kohlenbergbau", in: *ASS* 35 (1912), S. 175-194.

Pumpiansky, L.: „Die Genossenschaftsbewegung in Rußland", in: *ASS* 42 (1916/17), S. 169-201.

Raeff, Marc: „Emigration – welche, wann, wo? Kontexte der russischen Emigration in Deutschland 1920-1941", in: *Russische Emigration in Deutschland. Leben im europäischen Bürgerkrieg*, hg. von Karl Schlögel, Berlin 1995, S. 17-31.

Raich, Maria: „Sammel-Rezension zu: N.A. Berdjajew, Die russische Intelligenz"; „S.N. Bulgakow, Eine heroische und eine religiöse Tat"; „S. Frank, Die Ethik des Nihilismus"; „P. Struve, Die Intelligenz und die Revolution" et al., in: *ASS* 30 (1910), S. 573-579.

Raich, Maria: „Einiges über den Stand der russischen Industrie und die Lage der Fabrikarbeiterschaft", in: *ASS* 33 (1911), S. 892-901.

Rau, Karl-Heinrich: *Lehrbuch der politischen Oekonomie*, 3 Bde., Heidelberg 1826-1832.

Reichenau, Charlotte v.: „Die Bäuerin. Ein methodischer Versuch", in: *JbNuSt* 153 (1941), S. 678-700.

Rieter, Heinz: „Zur Rezeption der physiokratischen Kreislaufanalogie in der Wirtschaftswissenschaft", in: *Studien zur Entwicklung der ökonomischen Theorie* III, hg. von Harald Scherf, Berlin 1983, S. 55-99.

Rieter, Heinz: „Heimann, Eduard", in: *Biographisches Handbuch der deutschsprachigen wirtschaftswissenschaftlichen Emigration nach 1933*, hg. von Harald Hagemann und Claus-Dieter Krohn unter Mitarbeit von Hans Ulrich Eßlinger, Band 1, München 1999, S. 242-251.

Rieter, Heinz: „Historische Schulen", in: *Geschichte der Nationalökonomie*, hg. von Otmar Issing, 4., überarbeitete und ergänzte Auflage, München 2002, S. 131-168.

Ritter, Kurt: „Rezension zu: Alexander W. Tschajanow, Die Lehre von der bäuerlichen Wirtschaft", in: *JbNuSt* 122 (1924), S. 680-683.

Rimscha, Hans v.: *Rußland jenseits der Grenzen 1921-1926. Ein Beitrag zur russischen Nachkriegsgeschichte*, Jena 1927.

Robinson, Joan: *Doktrinen der Wirtschaftswissenschaft. Eine Auseinandersetzung mit ihren Grundgedanken und Ideologien*, 2., durchgesehene Auflage, München 1968, 1. Auflage 1965 (Original: *Economic Philosophy*, London 1962).

Roscher, Wilhelm: *Geschichte der National-Oekonomik in Deutschland*, München 1874, Nachdruck München 1924.

Rosenberg, Alfred: *Pest in Rußland! Der Bolschewismus, seine Häupter, Handlanger und Opfer*, München 1921.

Rosenberg, Alfred: *Der Mythus des 20. Jahrhunderts. Eine Wertung der seelischgeistigen Gestaltenkämpfe unserer Zeit*, München 1930.

Russische Arbeiten zur Wirtschaftsforschung (= *VzK*, hg. vom Institut für Konjunkturforschung, Sonderheft 12), Berlin 1929.

Russische Emigration in Deutschland 1918-1941. Leben im europäischen Bürgerkrieg, hg. von Karl Schlögel, Berlin 1995.

Russen in Berlin. Literatur, Malerei, Theater, Film, 1918-1933, hg. von Fritz Mierau, Leipzig 1987; erweiterte Lizenzausgabe Weilheim-Berlin 1988.

Sack, Alexander N.: „Probleme der Geldreform in den baltischen Staaten", in: *WA* 20 (1924), S. 218-230.

Salin, Edgar: „Rezension zu: Michael v. Tugan-Baranowsky, Die kommunistischen Gemeinwesen der Neuzeit (1921)", in: *ASS* 49 (1922), S. 831-835.

Salin, Edgar: „Hochkapitalismus. Eine Studie über Werner Sombart und das Wirtschaftssystem der Gegenwart", in: *WA* 25 (1927), S. 314-344.

Salin, Edgar: *Geschichte der Volkswirtschaftslehre*, 4., erweiterte Auflage, Bern-Tübingen 1951 (1. Auflage, Berlin 1923, 2. Auflage, Berlin 1929, 3. Auflage, Bern 1944).

Samuels, Warren J.: "Kondratiev: Introduction", in: *HoPE* 31 (1999), S. 133-136.

Sandelin, Bo: "The De-Germanization of Swedish Economics", in: *HoPE* 33 (2001), S. 517-539.

Schäffle, Albert E.: *Kapitalismus und Sozialismus mit besonderer Rücksicht auf Geschäfts- und Vermögensformen*, Tübingen 1870.

Schäffle, Albert E.: *Die Quintessenz des Sozialismus*, 14. Auflage, Gotha 1906.

Schanz, Georg v.: „Rezension zu: O. Lehnich, Währung in Polen, Litauen, Lettland und Estland (1923)", in: *FA* 41 (1924), S. 251-252.

Scheffer, Paul: *Sieben Jahre Sowjetunion*, Leipzig 1930.

Schefold, Bertram: „V. K. Dmitriev: Ein russischer Neo-Ricardianer", in: *Studien zur Entwicklung der ökonomischen Theorie XII: Osteuropäische Dogmengeschichte*, hg. von Heinz Rieter, Berlin 1992, S. 91-110.

Schefold, Bertram (Hg.): *Ökonomische Klassik im Umbruch. Theoretische Aufsätze von David Ricardo, Alfred Marshall, Vladimir K. Dmitriev und Piero Sraffa*, Frankfurt a.M. 1986.

Schefold, Bertram: *Wirtschaftsstile*, 2 Bände, Frankfurt a. M. 1994 und 1995.

Schefold, Bertram: „Zum Geleit", in: *Vademecum zu einem russischen Klassiker der Agrarökonomie*. Alexander W. Tschajanow, *Die Lehre von der bäuerlichen Wirtschaft*, mit Kommentarband (= Die Handelsblatt Bibliothek „Klassiker der Nationalökonomie"), Düsseldorf 1999, S. 5-23.

Schelting, Alexander v.: „Die logische Theorie der historischen Kulturwissenschaft von Max Weber und im besonderen sein Begriff des Idealtypus", in: *ASS* 49 (1922), S. 623-752.

Schelting, Alexander v.: „Eine Einführung in die Methodenlehre der Nationalökonomie", in: *ASS* 54 (1925), S. 212-228.

Schelting, Alexander v.: „Zum Streit um die Wissenssoziologie", in: *ASS* 62 (1929), S. 1-66.

Schiffrin, Alexander: „Zur Genesis der sozial-ökonomischen Ideologien in der russischen Wirtschaftswissenschaft" (aus dem Russischen übersetzt von Alexander v. Schelting), in: *ASS* 55 (1926), S. 720-753.

Schirkowitsch, Iwan N.: „Ideengeschichte der Agrarwissenschaft in Rußland", in: *WA* 27 (1928), S. 179-197.

Schlögel, Karl: „Russische Emigration in Deutschland 1918-1941. Fragen und Thesen", in: *Russische Emigration in Deutschland 1918-1941. Leben im europäischen Bürgerkrieg*, hg. von Karl Schlögel, Berlin 1995, S. 11-16.

Schlüter-Ahrens, Regina: *Der Volkswirt Jens Jessen. Leben und Werk*, Marburg 2001.

Schmitt, Günther: „Naum Jasny, Alexander Tschajanow, Sergej Prokopowitsch und andere aus der Sowjetunion emigrierte Nationalökonomen: Ein vergessenes Kapitel der Geschichte der deutschen Nationalökonomie" (unveröff. Manuskript = schriftliche Fassung eines Vortrages während der 42. Jahrestagung der Gesellschaft für Wirtschafts- und Sozialwissenschaften des Landbaues e.V. in Halle (Saale) am 1. Oktober 2002).

Schmölders, Günter: „In memoriam Jens Jessen (1895-1944)", in: *SJB* 69 (1949), S. 3-14.

Schmoller, Gustav: *Wechselnde Theorien und feststehende Wahrheiten im Gebiete der Staats-und Sozialwissenschaften und die heutige Volkswirthschaftslehre*. Rede bei Antritt des Rectorats gehalten in der Aula der Königlichen Friedrich-Wilhelms-Universität am 15. October 1897, Berlin 1897.

Schmoller, Gustav: „Rezension zu: Michael Tugan-Baranowsky: Soziale Theorie der Verteilung (1913)", in: *SJB* 38 (1914), S. 965-966.

Schmoller, Gustav: *Grundriß der Allgemeinen Volkswirtschaftslehre*, 2 Bände, 2. Auflage, München-Leipzig 1923 (1. Aufl. 1900/1904).

Schneider, Dieter: „Die ‚Wirtschaftsrechnung im Sozialismus'-Debatte und die Lenkung über Preise in Hierarchien", in: *Studien zur Entwicklung der ökonomischen Theorie XII: Osteuropäische Dogmengeschichte*, hg. von Heinz Rieter, Berlin 1992, S. 111-146.

Schneider, Michael: *Das Arbeitsbeschaffungsprogramm des ADGB. Zur gewerkschaftlichen Politik in der Endphase der Weimarer Republik*, Bonn 1975.

Schultz, Henry A.: „Rezension zu: J. Marschak, Elastizität der Nachfrage (1931)", in: *WA* 37 (1931), S. 28*-30*.

Schulze, Eberhard (Hg.): *Alexander Wasiljewitsch Tschajanow – die Tragödie eines großen Nationalökonomen*, Kiel 2001.

Schumann, Jochen: „Heinrich von Storch: Originäre nationalökonomische Beiträge eines russischen Klassikers deutscher Herkunft", in: *Studien zur Entwicklung der ökonomischen Theorie XII: Osteuropäische Dogmengeschichte*, hg. von Heinz Rieter, Berlin 1992, S. 33-63.

Schumpeter, Joseph A.: *Theorie der wirtschaftlichen Entwicklung. Eine Untersuchung über Unternehmergewinn, Kapital, Kredit, Zins und den Konjunkturzyklus*, Wien 1911.

Schumpeter, Joseph A.: „Das Sozialprodukt und die Rechenpfennige. Glossen und Beiträge zur Geldtheorie von heute", in: *ASS* 44 (1917/18), S. 627-715.

Schumpeter, Joseph A.: „Sombarts Dritter Band", in: *SJB* 51 (1927), S. 349-369.

Schumpeter, Joseph A.: *Business Cycles*, 2 Vols., New York 1939.

Schumpeter, Joseph A.: *History of Economic Analysis*, New York 1954 (paperback-edition 1994).

Seraphim, Ernst: *Russische Porträts. Die Zarenmonarchie bis zum Zusammenbruch 1917*, 2 Bände, Leipzig 1943.

Seraphim, Hans-Jürgen: „Die deutsch-russische Schule. Eine kritische Studie", in: *JbNuSt* 122 (1924), S. 319-333.

Seraphim, Hans-Jürgen: „Zur Organisation der russischen Industrie", in: *ASS* 53 (1925), S. 763-802.

Seraphim, Hans-Jürgen: *Neuere russische Wert- und Kapitalzinstheorien*, Berlin-Leipzig 1925.

Seraphim, Hans-Jürgen: *Die russische Währungsreform des Jahres 1924*, Leipzig 1925.

Seraphim, Hans-Jürgen: „Versuch einer Systematisierung der russischen Nationalökonomie", in: *ASS* 57 (1927), S. 201-217.

Seraphim, Hans-Jürgen: „Geistige und ökonomische Grundlagen des Bolschewismus", in: *SJB* 52 (1928), S. 417-452.

Seraphim, Hans-Jürgen: „Das Scherenproblem in Sowjetrußland", in: *WA* 22 (1925), S. 61-8l.

Seraphim, Hans-Jürgen: „Rezension zu: Der wirtschaftliche Aufbau der Union der Sozialistischen Sowjetrepubliken, hg. von der Handelsvertretung der U.d.S.S.R., Berlin 1924", in: *ASS* 53 (1925), S. 552-553.

Seraphim, Hans-Jürgen: „Rezension zu: Friedrich Pollock, Die planwirtschaftlichen Versuche in der Sowjetunion (1929)", in: *ZfgSt* 90 (1931), S. 633-635.

Seraphim, Hans-Jürgen: „Die volkswirtschaftliche Bedeutung der Neuschaffung deutschen Bauerntums", in: *WA* 40 (1934), S. 60-85.

Seraphim, Hans-Jürgen: *Deutsche Bauernpolitik*, Berlin 1936.

Seraphim, Hans-Jürgen: „Zur Theorie der volksgebundenen Wirtschaftsgestalt der Gegenwart", in: *SJB* 61 (1937), S. 51-58.

Seraphim, Hans-Jürgen: „Volkliche Wirtschaftsgestaltung und nationalstaatliche Wirtschaftspolitik im deutschen Osten", in: *JbNuSt* 152 (1940), S. 561-591 und S. 650-676.

Seraphim, Peter-Heinz: *Das Eisenbahnwesen unter den Bolschewiken (1917-1923)*, Diss., Breslau 1924.

Seraphim, Peter-Heinz: „Die Wirtschaftsbedeutung der Weichsel für Polen", in: *JbNuSt* 136 (1932), S. 729-748.

Seraphim, Peter-Heinz: „Bevölkerungs- und wirtschaftspolitische Probleme einer europäischen Gesamtlösung der Judenfrage", in: *Weltkampf. Die Judenfrage in Geschichte und Gegenwart* 17 (1941), S. 43-51.

Seraphim, Peter-Heinz: *Glieder einer Kette. Erinnerungen an Peter-Heinz Seraphim*. Unveröffentlichtes Typoskript, o. O., datiert: Weihnachten 1980.

Sering, Max (Hg.): *Rußlands Kultur und Volkswirtschaft. Aufsätze und Vorträge im Auftrage der Vereinigung für Staatswissenschaftliche Fortbildung zu Berlin*, Berlin 1913.

Slutsky, Eugen: „Zur Kritik des Böhm-Bawerkschen Wertbegriffs und seiner Lehre von der Meßbarkeit des Wertes", in: *SJB* 51 (1927), S. 545-560.

Slutzky, Eugen: "The Summation of Random Causes as the Source of Cyclic Processes", in: *Econometrica* 5 (1937), S. 105-146 (Original in: *Woprosy konjunktury* III (1927)).

Skalweit, August: „Die Familienwirtschaft als Grundlage für ein System der Sozialökonomie", in: *WA* 20 (1924), S. 231-246.

Skalweit, August: „Rezension zu: Alexander W. Tschajanow, Die Landwirtschaft des Sowjetbundes, ihre geographische, wirtschaftliche und soziale Bedeutung" (1926), in: *ASS* 59 (1928), S. 440-441.

Sobolew, M.N.: „Rezension zu: S.N. Prokopowitsch, Über die Bedingungen der industriellen Entwicklung Rußlands (1913)", in: *WA* 3 (1914), S. 281-282.

Sokoloff, A.A.: „Zwei Beiträge zur Theorie der Umlaufsgeschwindigkeit des Geldes", in: *ASS* 57 (1927), S. 143-166 und S. 627-656.

Sokoloff, A.A.: „Die Geldvermehrung und die ‚Preisscheren' (übersetzt von A. Gerschenkron)", in: *ASS* 64 (1930), S. 433-452.

Solschenizyn, Alexander et al.: *Stimmen aus dem Untergrund. Zur geistigen Situation in der UdSSR*, übertragen von Galina Berkenkopf, Neuwied 1975.

Sombart, Werner: *Der Moderne Kapitalismus. Das Wirtschaftsleben im Zeitalter des Hochkapitalismus*, Band III, 2 Halbbände, 2. Auflage, München 1987, Nachdruck der 1. Auflage München-Leipzig 1927.

Sombart, Werner: *Die drei Nationalökonomien. Geschichte und System der Lehre von der Wirtschaft*, München-Leipzig 1930.

Sombart, Werner: *Die Zukunft des Kapitalismus*, Berlin 1932.

Sombart, Werner: *Deutscher Sozialismus*, Berlin 1934.

Spann, Othmar: „Rezension zu: Gelesnoff, Wladimir, Grundzüge der Volkswirtschaftslehre (1918)", in: *WA* 16 (1920), S. 113-115.

Spann, Othmar: *Die Haupttheorien der Volkswirtschaftslehre auf lehrgeschichtlicher Grundlage. Mit einem Anhang: Wie studiert man Volkswirtschaftslehre*, 25. Auflage, Heidelberg 1949 (1. Auflage Leipzig 1911, 18. Auflage 1928).

Spengler, Oswald: *Preußentum und Sozialismus*, München 1919.

Spiethoff, Arthur: „Vorbemerkungen zu einer Theorie der Überproduktion", in: *SJB* 26 (1902), S. 721-759.

Spiethoff, Arthur: „Die Krisentheorien von M. von Tugan-Baranowsky und Ludwig Pohle", in: *SJB* 27 (1903), S. 679-708.

Spiethoff, Arthur: „Krisen", in: *HdStW*, 4. Auflage, Band 6 (1925), S. 8-91.

Spiethoff, Arthur: „Die allgemeine Volkswirtschaftslehre als geschichtliche Theorie. Die Wirtschaftsstile", in: *SJB* 56 (1932), S. 891-924.

Spiethoff, Arthur: „Gustav von Schmoller und die anschauliche Theorie der Volkswirtschaft", in: *SJB* 62 (1938), S. 400-419.

Spitteler, Gerd: „Tschajanow und die Theorie der Familienwirtschaft", in: Alexander W. Tschajanow: *Die Lehre von der bäuerlichen Wirtschaft. Versuch einer Theorie der Familienwirtschaft im Landbau*, Berlin 1923 (Nachdruck mit einer Einleitung von Gerd Spitteler, Frankfurt-New York 1987), S. VII-XXVIII.

Stackelberg, Heinrich v.: „Grundlagen einer reinen Kostentheorie", 2 Teile, in: *ZfN* 3 (1932), S. 333-367 und S. 552-590.

Stackelberg, Heinrich v.: *Grundlagen einer reinen Kostentheorie*, Wien 1932.

Stackelberg, Heinrich v.: „Zwei kritische Bemerkungen zur Preistheorie Gustav Cassels", in: *ZfN* 4 (1933), S. 456-472.

Stackelberg, Heinrich v.: *Marktform und Gleichgewicht*, Berlin-Wien 1934.

Stavenhagen, Gerhard: *Geschichte der Wirtschaftstheorie*, 3. Auflage, Göttingen 1964 (1. Auflage 1951).

Stieda, Wilhelm: „Kann die russische Konkurrenz der deutschen Landwirtschaft gefährlich werden?", in: *SJB* 48 (1924), S. 135-158.

Stieda, Wilhelm: „Rezension zu: Paul Haensel, Das Steuersystem Sowjetrußlands", in: *SJB* 51 (1927).

Storch, Heinrich v.: *Cours d'économie politique*, St. Petersburg 1815 (deutsch: Hamburg 1819/20, übersetzt von K.H. Rau).

Stolzmann, Rudolf: „Die soziale Theorie der Verteilung und des Wertes", in: *JbNuSt* 110 (1918), S. 1-27, S. 145-166 und S. 273-304.

Strasser Gregor: Das Arbeitsbeschaffungsprogramm von Gregor Strasser. Auszug aus der Reichstagsrede vom 10. Mai 1932, in: *Der Keynesianismus II. Die beschäftigungspolitische Diskussion vor Keynes in Deutschland*, hg. von G. Bombach et al., Berlin et al. 1976, S. 247-260.

Streissler, Monika: *Theorie des Haushalts*, Stuttgart 1974.

Struve, Peter: „Das Wirtschaften", in: *ZfN* 3 (1932), S. 499-507.

Studensky, Gennady A.: „Zur Frage der Bestimmung und Messung der Intensität der Landwirtschaft", in: *ASS* 58 (1927a), S. 533-568.

Studensky, Gennady A.: „Die Grundideen und Methoden der landwirtschaftlichen Geographie", in: *WA* 25 (1927b), S. 179-197.

Studensky, Gennady A.: „Die ökonomische Natur der bäuerlichen Wirtschaft", in: *WA* 28 (1928), S. 318-339.

Studensky, Gennady A.: „Entwicklungslinien der landwirtschaftlichen Weltproduktion", in: *WA* 31 (1930), S. 471-490.

Studien zur Entwicklung der ökonomischen Theorie XII: Osteuropäische Dogmengeschichte, hg. von Heinz Rieter, Berlin 1992.

Suchanow, Nikolaj: *Die russische Linke und der Krieg*, Jena 1917.

Süß, Walter: „Gerechtigkeit in der UdSSR. Oberstes Gericht rehabilitiert Kritiker der Zwangskollektivierung auf dem Lande. Partei der Werktätigen Bauernschaft war eine Erfindung der Geheimpolizei", in: *taz* vom 29. 8. 1987.

Swjatlowsky, Wladimir W.: *Geschichte der ökonomischen Ideen in Rußland vor dem Marxismus*, Bd. 1, Petrograd 1923 (Bd. 2 ist nicht erschienen) (r).

The Elgar Companion to Classical Economics, 2 Vols., ed. by Heinz D. Kurz/Neri Salvadori, Cheltenham-Northhampton 1998.

Tinbergen, Jan: „Rezension zu: Jakob Marschak, Die Lohndiskussion (1930)", in: *ZfN* 2 (1931), S. 820-821.

Tinbergen, Jan: „Das Kaufkraft-Argument in der Lohnpolitik", in: *MdW* (1930), S. 1443-1447.

Tobien, Alexander v.: „Ursprung und Lage der Landarbeiter in Livland, 2 Teile", in: *ZfgSt* 66 (1910), S. 157-177 und S. 374-396.

Tönnies, Ferdinand: „Rezension zu: Karl Nötzel, Die soziale Bewegung in Rußland. Ein Einführungsversuch auf Grund der russischen Gesellschaftslehre, Stuttgart-Berlin-Leipzig (1923)", in: *WA* 20 (1924), S. 246.

Tooze, J. Adam: *Statistics and the German State, 1900-1945. The Making of Modern Economic Knowledge*, Cambridge 2001.

Totomianz, Vahan: „Genossenschaftswesen in Sowjetrußland", in: *ASS* 56 (1926), S. 470-497.

Totomianz, Vahan: „Die Stellungnahme der Arbeiter gegenüber der Gewinnbeteiligung und des Co-Partnership-Systems", in: *SJB* 51 (1927), S. 561-574.

Tschajanow, Alexander W.: „Gegenwärtiger Stand der landwirtschaftlichen Ökonomik in Rußland", in: *SJB* 46 (1922), S. 731-741.

Tschajanow, Alexander W.: *Die Lehre von der bäuerlichen Wirtschaft. Versuch einer Theorie der Familienwirtschaft im Landbau*, Berlin 1923 (Nachdruck mit einer Einleitung von Gerd Spitteler, Frankfurt-New York 1987).

Tschayanoff, Alexander W.: „Die neueste Entwicklung der Agrarökonomik in Rußland", in: *ASS* 50 (1923), S. 238-245.

Tschayanoff, Alexander W.: „Zur Frage einer Theorie der nichtkapitalistischen Wirtschaftssysteme" (übersetzt von A. v. Schelting), in: *ASS* 51 (1924), S. 577-613.

Tschayanoff, Alexander W.: „Zur Frage der Bedeutung der Familienwirtschaft im Gesamtaufbau der Volkswirtschaft", in: *WA* 22 (1925), S. 1**-5**.

Tschajanow, Alexander W.: „Die volkswirtschaftliche Bedeutung der landwirtschaftlichen Genossenschaften", in: *WA* 24 (1926), S. 275-298.

Tschajanow, Alexander W.: *Die Landwirtschaft des Sowjetbundes, ihre geographische, wirtschaftliche und soziale Bedeutung*, Berlin 1926.

Tschajanow Alexander W.: *Grundlegende Ideen und Formen der Organisation der landwirtschaftlichen Kooperation* Moskau 1927 (r).

Tschajanow, Alexander W.: *Die optimalen Betriebsgrößen in der Landwirtschaft. Mit einer Studie über die Messung des Nutzeffektes von Rationalisierungen der Betriebsfläche*. Autorisierte Übertragung aus dem Russischen von Friedrich Schlömer, Berlin 1930 (russisch: 1. Auflage 1922, 3. Auflage 1928).

Tschajanow, Alexander W.: *Reise meines Bruders Alexej ins Land der bäuerlichen Utopie*, Frankfurt a.M. 1981 (russisches Original 1920).

Tschajanow, Alexander W.: *Die Lehre von der bäuerlichen Wirtschaft*, mit Kommentarband: *Vademecum zu einem russischen Klassiker der Agrarökonomie*

(= Die Handelsblatt Bibliothek „Klassiker der Nationalökonomie"), Düsseldorf 1999.

Tschuproff, Alexander A.: „Der behördlich genehmigte Abort in Leningrad", in: *JbNuSt* 123 (1925), S. 698-701.

Tugan-Baranowsky, M.I. v.: „Die sozialen Wirkungen der Handelskrisen in England", in: *ASS* 13 (1899), S. 1-40.

Tugan-Baranowsky, Michail I. v.: *Geschichte der russischen Fabrik*, Weimar 1900 (russisches Original 1898).

Tugan-Baranowsky, Michail I. v.: *Studien zur Theorie und Geschichte der Handelskrisen in England*, Jena 1901 (russisches Original 1894).

Tugan-Baranowsky, Michail I. v.: *Theoretische Grundlagen des Marxismus*, Leipzig 1905 (russisches Original 1905).

Tugan-Baranowsky, Michail I. v.: „Kant und Marx", in: *ASS* 33 (1911), S. 180-188.

Tugan-Baranowsky, Michail I. v.: *Soziale Theorie der Verteilung*, Berlin 1913.

Tugan-Baranowsky, Michail I. v.: *Die kommunistischen Gemeinwesen der Neuzeit* (übersetzt von E. Hurwicz), Gotha 1921.

Twerdochleboff, Wladimir: „Strukturwandlungen am Weltmarkt für Papier, Pappe, Holzschliff und Zellstoff", in: *WA* 39 (1934), S. 577-602.

Varga, Eugen: „Die Kostenberechnung in einem geldlosen Staat", in: *Kommunismus* II, Heft 9-10 (1921), S. 290-298.

Vetter, Matthias: „Die Russische Emigration und ihre ‚Judenfrage'", in: *Russische Emigration in Deutschland 1918-1941. Leben im europäischen Bürgerkrieg*, hg. von Karl Schlögel, Berlin 1995, S. 109-124.

Vinogradow Sergej M.: „Iosip Michajlovič Kulišer und die deutschen Historischen Schulen", in: *Deutsche und russische Ökonomen im Dialog – Wissenstransfer in historischer Perspektive, hg. von Heinz Rieter, Leonid D. Širokorad und Joachim Zweynert*, Marburg 2005.

Voigt, Gerd: „Otto Hoetzsch, Karl Stählin und die Gründung des Russischen Wissenschaftlichen Instituts", in: *Russische Emigration in Deutschland 1918-1941. Leben im europäischen Bürgerkrieg*, hg. von Karl Schlögel, Berlin 1995, S. 267-278.

Volkmann, Hans-Erich: *Die russische Emigration in Deutschland (1919-1929)*, Würzburg 1966.

Voltaire, François-Marie: *Geschichte Karl XII*. Mit einem Nachwort von Carl J. Burckhardt. Frankfurt a. M. 1978 (franz. Original 1731).

Vorländer, Karl: „Das philosophisch-ökonomische System des Marxismus", in *ASS* 32 (1911), S. 540-549.

Vronskaya, Jeanne (with Vladimir Chuguev): *Biographical Dictionary of the Soviet Union 1917-1988*, London-Edinburgh-Munich et al. 1989.

Wagemann, Ernst: „Die langen Wellen der Konjunktur", in: *VzK* 3 (1928), Heft 1, Teil A, S. 27-30.

Wagemann, Ernst: *Konjunkturlehre. Eine Grundlegung zur Lehre vom Rhythmus der Wirtschaft*, Berlin 1928.

Wagemann, Ernst: *Einführung in die Konjunkturlehre*, Leipzig 1929.

Wagemann, Ernst: *Struktur und Rhythmus der Weltwirtschaft*, Berlin 1931.

Wagemann, Ernst: *Wirtschaftspolitische Strategie. Von den obersten Grundsätzen wirtschaftlicher Staatskunst*, Berlin 1937.

Wagenführ, Rolf: *Die Konjunkturtheorie in Rußland*, Jena 1929.

Wainstein, Albert L.: „Die Wirtschaftsplanung der Union der Sowjetrepubliken für 1926/7", in: *WA* 25 (1927), S. 27*-43*.

Wainstein,Albert L.: „Die sog. Bauern-Spezialindizes der UdSSR als Anzeiger der landwirtschaftlichen Konjunktur", in: *AdBw* 1 (1927), S. 378-397.

Wainstein, Albert L.: „Meteorologische und wirtschaftliche Zyklen. Probleme der Wirtschaftsprognose", in: *Russische Arbeiten zur Wirtschaftsforschung* (= *VzK*, hg. vom Institut für Konjunkturforschung, Sonderheft 12), Berlin 1929, S. 5-43.

Wainstein, Albert L.: „Rezension zu: Friedrich Pollock, Die planwirtschaftlichen Versuche in der Sowjetunion 1917-1927" (1929), in: *WA* 34 (1931), S. 195*-198*.

Weber, Alfred: *Über den Standort der Industrien. Teil 1: Reine Theorie des Standorts*, Tübingen 1909.

Weber, Marianne: *Max Weber. Ein Lebensbild*, München 1989 (Originalausgabe Tübingen 1926).

Weber, Max: „Zur Lage der bürgerlichen Demokratie in Rußland", in: *ASS* 22 (1906), S. 234-353.

Weber, Max: *Der Sozialismus*. Wiener Vortrag vom 13. Juni 1918, neu hrsg. und mit einer Einführung von Herfried Münkler, Weinheim 1995.

Weber, Max: *Wirtschaft und Gesellschaft*, 5. rev. Auflage, besorgt von J. Winckelmann, Tübingen 1980 (1. Auflage 1921).

Welt vor dem Abgrund. Politik, Wirtschaft und Kultur im russischen Staate. Nach authentischen Quellen. Ein Sammelwerk, bearb. und hrsg. von Univ.-Prof. Dr. Iwan Iljin, früher Moskau, Berlin 1931.

Who was Who in the USSR, compiled by the Institute for the Study of the USSR, Munich, ed. by Heinrich E. Schulz, Paul K. Urban, Andrew I. Lebed, Metuchen-New Jersey 1972.

Wiedenfeld, Kurt: „Rußland im Rätesystem", in: *SJB* 47 (1924), S. 143-161.

Winkel, Harald: *Die deutsche Nationalökonomie im 19. Jahrhundert*, Darmstadt 1977.

Winkler, Wilhelm: „Rezension zu: M. Bouniatian, La loi de variation de la valeur et les mouvements généraux des prix" (1927), in: *ZfgSt* 85 (1928), S. 408-411.

Winkler, Wilhelm: „Erwiderung zu Bouniatian (1929)", in: *ZfgSt* 86 (1929), S. 157-159.

Wischnitzer, M.: *Die Universität Göttingen und die Entwicklung der liberalen Ideen in Rußland im ersten Viertel des 19. Jahrhunderts*, Berlin 1907.

Woytinsky, Wladimir S.: *Der Markt und die Preise*. Mit einem Vorwort von M. v. Tugan-Baranowsky, Petersburg 1906 (r).

Woytinsky, Wladimir S.: *Kommunistische Blutjustiz. Der Moskauer Prozeß der Sozialrevolutionäre und seine Opfer*. Mit einem Vorwort von Karl Kautsky, hrsg. von der Auslands-Delegation der Sozialrevolutionären Partei Rußlands, Berlin 1922.

Woytinsky, Wladimir S.: *Die Welt in Zahlen,* 7 Bände, Berlin 1925-1928.

Woytinsky, Wladimir S.: „Das Rätsel der langen Wellen", in: *SJB* 55 (1931), S. 577-618.

Woytinsky, Wladimir S.: *Internationale Hebung der Preise als Ausweg aus der Krise* (= Veröffentlichungen der Frankfurter Gesellschaft für Konjunkturforschung, N.F., Heft 1), Leipzig 1931.

Woytinsky, Wladimir/Tarnow, Fritz/Baade, Fritz: „Der WTB-Plan der Arbeitsbeschaffung. Veröffentlicht am 26. Januar 1932", in: *Der Keynesianismus II. Die beschäftigungspolitische Diskussion vor Keynes in Deutschland,* hg. von G. Bombach et al., Berlin et al. 1976, S. 171-176.

Woytinsky, Wladimir S.: „Der deutsche Arbeitsmarkt in der Krise", in: *SJB* 57 (1933), S. 415-440.

Woytinsky, Wladimir S.: *Stormy Passage. A Personal History through two Russian Revolutions to Democracy and Freedom: 1905-1960*, New York 1961.

Zauberman, Alfred: "Economic Thought in the Soviet Union", in: *REStu*, Vol. XV (1948/49), S. 1-12, und Vol. XVI (1949/50), S. 102-116 und S. 189-200.

Zweynert, Joachim: *Eine Geschichte des ökonomischen Denkens in Rußland 1805 – 1905*, Marburg 2002.

Zweynert, Joachim: „Zur russischen Thünen-Rezeption", in: *Johann Heinrich von Thünen (1783-1850). Thünensches Gedankengut in Theorie und Praxis*. Beiträge zur internationalen Konferenz aus Anlaß des 150. Todestags von Johann Heinrich von Thünen (= *Berichte über Landwirtschaft. Zeitschrift für Agrarpolitik und Landwirtschaft*, hg. vom Bundesministerium für Verbraucherschutz, Ernährung und Landwirtschaft), Münster-Hiltrup 2002, S. 272-287.

Zweynert, Joachim/Riniker, Daniel: *Werner Sombart in Rußland. Ein vergessenes Kapitel seiner Lebens- und Wirkungsgeschichte*, Marburg 2004.

4 Personenverzeichnis

Abalkin, L.I. 146
Abel, Wilhelm 61, 62, 101
Achenwall, Gottfried 22
Aereboe, Friedrich 98-100
Aftalion, Albert 128
Aghte, Adolf 23, 49, 56, **159**
Åkerman, Johan 131
Alexander I. 22
Alexander III. 27
Altschul, Eugen 17, 35, 42, 47, 48, 51, 63, 104, 110, 120, 133, 134, 137, 148, 153, 154, **159**
Amonn, Alfred 111
Anderson, Oskar 17, 22, 35, 48, 65, 105, 106, 127, 133, 134, **160**
Arrow, Kenneth J. 82
Asen, Johann 105
Auhagen, Otto 37, 89, 99, 100

Baade, Fritz 120
Babst, Iwan K. 7, 25
Backhaus, Jürgen 14, 24
Bakunin, Michail 40, 109
Ballod, Karl 23, 47, 49, 54, **160**
Baran, Paul A. 104, 153, **160**
Barnett, Vincent 14, 29, 35, 57, 59, 65, 92, 94, 97, 99, 108, 114, 126-129, 136, 137, 139-144, 146
Basaroff, Wladimir A. 58, 59
Bebel, August 164
Beckmann, Ulf 27, 117, 119, 120, 123, 124, 131, 134

Berkenkopf, Galina 74, 106, 107
Berkenkopf, Paul 74, 76
Bernatzky, M. v. 124
Bernhardi, Theodor 24
Bilimovič, Alexander D. 17, 47, 48, 62, 65, 76, 103, 106, 112, 123, 147, **160**, 180
Birkenmaier, Willy 22, 40, 52, 53
Blanqui, Jérôme Adolphe 53, 170
Blaug, Mark 46
Blesgen, Detlef J. 63
Blomert, Reinhard 40, 41
Bober, M.M. 63
Bobroff, S.P. 36, 145
Böhm-Bawerk, Eugen v. 36, 86, 115, 116, 119, 123, 179
Bogdanow, Alexander A. 49, 112, **161**
Bogolepow, Alexander A. 29, 39, 49, 107, **161**, 178, 179
Bombach, Gottfried 17, 119, 148
Borchardt, Knut 138
Borowoj, Alexej 112
Bortkiewicz, Ladislaus v. 22, 31-36, 42, 47, 48, 53, 87, 99, 109, 116, 125, 134, 160, **161**, 162, 171, 172
Bouniatian, Mentor A. 17, 42, 47, 48, 103, 122, 128, 131, 132, **162**
Bourgholtzer, Frank 16, 28, 29, 31, 43, 54, 57, 58, 85-87, 92, 93, 99-101
Bräu, Richard 42

Braun, Heinrich 41
Brentano, Lujo 56, 80, 162, 167, 169
Brinkmann, Carl 76, 170
Brinkmann, Theodor 100
Brückner, Alexander 14, 47, 48, 53, 70, **163**, 167
Brutzkus, Boris 17, 28, 29, 38, 39, 42, 47, 48, 64, 75, 76, 79, 80, 89, 90, 93-95, 99, 104, 106, 153, 154, **163**, 167, 178
Bubnoff, Nicolai v. 40, 42, 47, 48, 50, 52, 64, 71, 73, 75, 76, 105, 113, **163**
Bucharin, Nikolaj 66, 67, 84, 110
Bücher, Karl 23, 56, 159
Bulgakow, Sergej N. 26, 38, 42, 49, 89, 103, 107, 112, 113, **164**, 176
Bunge, Nikolaj C. 25, 109
Burchardt, Fritz 36, 116, 119, 130, 134, 148

Cassel, Gustav 94, 111, 122, 123, 127, 128, 137, 180,
Cleinow, Georg 73
Colm, Gerhard 119-121, 132, 134, 148, 152, 173
Cortez, Hernan 21
Damaschke, Adolf 109
Dan, Theodor 76
Danielson, Nikolaj F. 26
Diehl, Karl 18, 108, 111
Dietzel, Heinrich 23, 122
Dmitriev, Wladimir K. 26, 111, 117, 121
Dobbert, Gerhard 74, 76, 167, 172
Döhring, Herbert 125
Dojarenko, Alexej 58-60
Dostojewsky, Fjodor 53, 75, 110, 164
Drahn, Ernst 29, 30

Dupriez, Léon H. 137

Eckardt, Hans v. 42, 47, 48, 50, 53, 64, 71, 90, 101, **164**
Egner, Erich 54
Ehrenberg, Hans 113, 164
Eisner, Kurt 71
Elias, Norbert 40
Ellis, Howard S. 125
Elster, Karl 50, 72, 75, 76, 124, 125
Engels, Friedrich 26, 32, 33, 61
Eßlinger, Hans Ulrich 18, 154
Eucken, Walter 36, 63, 87, 97, 127, 152

Farbmann, Michael 72, 73, 76, 169
Fechenbach, Felix 71
Feiler, Arthur 68, 75, 76, 95
Feitelberg, Magnus 124, 186
Fetter, Frank A. 22
Finn-Enotajewsky, Alexander 42, 49, 59, **165**
Fisher, Irving 123, 125, 138, 160, 162
Fortunatow, Alexander F. 58
Frank, Semjon 38, 39, 42, 49, 103, 104, 113, 121, 153, **165**
Freiwald, Cordelia 10
Frisch, Ragnar 136, 138

Garvy, George 17, 37, 104, 119, 120, 127, 138, 142, 143, 145, 148, 153, 154
Gelesnoff, Wladimir J. 22-24, 26, 42, 48, 51, 63, 89, 90, 93, 94, 101-103, 108-113, 115, 121, 122, 124, 127, 133, 136, 140, **165**
Gerschenkron, Alexander 17, 42, 98, 101, 104, 127, 133, 153, 154, **166**

Ghertschuk, Jakow P. 49, 59, 132, 135, **166**
Gilibert, Giorgio 34, 117, 118
Gitermann, Valentin 48, 50, **166**
Goebbels, Joseph 39
Golczewski, Frank 46
Goldstein, Joseph M. 49, **167**
Gorges, Irmela 55
Gorki, Maxim 28, 110
Grinko, Grigory 76, 169
Groman. Alexander 59
Groman, Wladimir 58, 94
Grotkopp, Wilhelm 148
Grzhebin, Z.I. 30
Gurland, Arkady 76, 169
Gurwitsch, Aron 49, 104, 153, **167**

Haberler, Gottfried 27, 128, 138, 139, 161
Haensel (Genzel), Paul 46, 47, 50, 76, 161, **167**, 169, 172, 179, 180
Hagemann, Harald 10, 18, 27, 35, 37, 82, 118, 120, 128, 132, 154
Hahn, Ludwig A. 133
Hahn, Walter 50, 62-65, 74-76, 119, 134, 137, 152, 160, 178, 187
Harms, Bernhard 104, 106
Hatlie, Mark R. 30
Hatzfeld(-Trachtenberg), Hermann Fürst v. 33
Häuser, Karl 23
Hawtrey, Ralph G. 128
Hayek, Friedrich A. 38, 63, 96, 103, 128, 132, 133
Hegel, Georg F. 13, 113
Heimann, Eduard 77, 81, 82, 103, 119, 134, 148, 152
Heinrich, Walter 137, 143

Heller, Wolfgang 111
Henzler, Reinhold 33, 39
Hesse, Albert 31
Heyn, Otto 125, 161
Hicks, John R. 83
Hildermeier, Manfred 16, 28, 29, 91
Hilferding, Rudolf 120-122
Hirschberg, Max 71, 72
Hitler, Adolf 19, 97, 103, 106, 149
Hoetzsch, Otto 37, 38, 160
Hoffmann, E.T.A. 91
Hoffmann, M. 167
Honigsheim, Paul 13, 14, 23, 40, 41, 55
Howard, Michael C. 35
Hurwicz, Elias 46, **168**

Ignatieff, M.W 59, 135, 141, 144-146, **168**
Iljin, Iwan 38, 65, 107, 163
Ischboldin(-al Bakri), Boris S. 33, 34, 48, 65, 106, **168**
Issing, Otmar 23

Jacob, Ludwig Heinrich 24
Jaffè, Edgar 41
Janchul, Iwan I. 22
Janssen, Hauke 18, 51, 62, 63, 67, 85, 94, 97, 103, 105, 112, 119, 124, 125, 130, 132, 137, 144, 148, 149
Jaschtschenko, Alexander S. 30
Jasny, Naum 17, 37, 49, 54, 57-61, 94, 101, 103, 104, 139-142, 145, 153, 154, **168**, 181
Jaspers, Karl 41
Jastremsky 36, 93, 134, 145
Jenny, Ernst Gabriel 37, 70, 101
Jessen, Jens 63, 104

Jochimsen, Reimut 116
Juglar, Clément 138, 143
Jugow, Aaron A. 46, 66, 67, 73, 76, 95, 104, **169**
Jung, Franz 69
Jurowsky, Leonid N. 46, 59, 60, 65-67, 76, 79, 80, 88, 103, 124, 140, 141, **169**, 175

Kafengaus, Leo 59, 60
Kähler, Alfred 117, 134
Kankrin, Georg 24
Kant, Immanuel 108, 164, 185
Kasprzok, Carsten 122
Katharina II. 109
Kaufmann, Alexander A. 134
Kautsky, Karl 29, 163, 164
Kehrl, Hans 67
Kelpikow, Sokrat 31
Kerensky, Alexander F. 139
Keynes, John M. 17, 119, 120, 138, 148, 161
King, John E. 35
Kitchin, Joseph 137, 138
Klein, Bernhard 10
Klein, F. 183
Klein, Judy L. 139, 140, 142, 144
Kliwansky, S. 49, **169**
Knapp, Georg F. 22, 35, 47, 72, 125, 161, 184
Knobel, Helmut 116
Ko(h)n, Stanislaus 46, 160, **169**, 186
Kojima, Sadamu 40
Kondratieff, Nikolaj D. 14, 17, 28, 29, 35-37, 42, 48, 55, 57, 59-62, 66, 91, 92, 94-97, 99, 100, 101, 103, 108, 110, 126-129, 132, 134-147, 168, **169**, 174, 177, 185

Krasin, Leonid B. 57
Kraus, Elisabeth 10
Krause, Werner 32, 54
Krawtschenko, Nikolaus 49, 53, **170**
Kritsman, Lew K. 66, 67, 76-81, 91, 94, 101, 169
Krohn, Claus-Dieter 18, 37, 119, 154
Kropotkin, Pjotr A. 109
Kucher, Katharina 16
Kuczynski, Jürgen 59, 173
Kulischer, Josef 7, 34, 47, 48, 55, 88, 103, 166, **170**, 178, 179
Kulla, Bernd 133
Kurz, Heinz D. 34, 35
Kuskowa, Jekatarina 28, 29, 43, 57
Kuznets, Simon 133, 134

Lahiri, Sajal 34, 116
Lando, Wladimir 49, **170**
Lange, Oskar 83, 106, 133, 186
Lederer, Emil 32, 37, 41, 71, 72, 77, 103, 119, 124-126, 131, 132, 134, 148, 152, 160, 171-173
Lederer, Walther 126
Lehnich, Oswald 125
Leichter, Otto 84, 162
Leites, Edmund 10
Leites, Konstantin S. 48, 88, **171**
Leites, Leonid 10
Leites, Nathan C. 37, 42, 49, 104, 145, 148, 153, 154, **171**
Lenger, Friedrich 32-34
Lenin, Wladimir I. 16, 26-29, 57, 61, 68, 99, 108, 161, 178
Lenz, Wilhelm 56
Leontief, Wassily W. (jun.) 14, 17, 34-36, 42, 47, 48, 59, 104, 116-118,

120, 123, 132, 134, 145, 148, 153, **171**
Leontief, Wassily W. (sen.) 32, 36, 47, 49, 74, 76, 96, 105-107, **172**
Leviné, Eugene 41
Lexis, Wilhelm 23, 34, 47, 116, 161
Liebich, André 66
Liefmann, Robert 87
List, Friedrich 24
Litoschenko, Lew N. 58-60, 93, 94, 102
Ljaschtschenko, Pjotr 62
Lositsky, Alexander E. 58
Lotz, Walter 76
Louçã, Francisco 128, 136, 138-143, 146, 147
Löwe, Adolf (= Lowe, Adolph) 36, 103, 118-120, 124, 131-134, 148, 152, 171
Lukácz, Georg v. 41, 113, 162
Lunz, Lew 13
Lurje, A.L. 93
Luther, Arthur 47, 48, 53, 69, 70, **172**
Lutz, Friedrich A. 139
Luxemburg, Rosa 119, 134

Mach, Ernst 108
Mänicke-Gyöngyösi, Krisztina 84
Maier, Harry 28, 141, 142, 146, 147
Makarow, Nikolaj P. 57, 59, 93, 94, 100, 102, 140, 186
Mannheim, Karl 40, 41
Manuilow, Alexander A. 57
Markow, A.P. 39
Marschak, Jakob (Jacob) 17, 35, 42, 47, 48, 79, 82-84, 87, 99, 100, 104, 115, 116, 118-120, 124-126, 134, 148, 153, 154, 171, **172**

Marshall, Alfred 114
Marshall, James N. 34
Marx, Karl 26, 32, 33, 36, 58, 61, 62, 89, 92, 108, 110, 115, 116, 119, 121, 128, 130, 131, 134, 162, 185
Maslow, S.L. 58
Mautner, Fritz 71
Mautner, Wilhelm 69, 71, 172
Mayer, Hans 22
Menger, Carl 25, 86
Mierau, Fritz 13, 16, 31
Miljukow, Pawel N. 49, 52, **173**
Miljutin, Wladimir P. 60, 61, 94, 141
Minin, Alexander 59, 93
Mises, Ludwig 32, 75, 78-82, 84, 126, 128, 130, 161
Mitchell, Wesley C. 133, 137, 138
Mitnitzky, Mark (= Millard, M.J.) 42, 48, 104, 120, 148, 153, 154, **173**
Möller, Hans 105
Moeller van den Bruck, Arthur 75
Mohrmann, Heinz 22
Mombert, Paul 110, 131, 133, 186
Mordechai, Ezekiel 133
Morgenstern, Oskar 18, 45, 133
Mosse, Rudolf 30, 35
Müller, H. 183
Müller, J. 162
Müller, Klaus O.W. 105

Nansen, Fridtjof 28
Nathan, Otto 31
Nefiodow, Leo A. 139
Neisser, Hans 118-120, 126, 134, 148, 152
Neumark, Fritz 133
Neurath, Otto 78, 79, 81
Nikolaj II. 27

Normano, Jack F. 13
Nötzel, Karl 47, 49, 52, 53, 56, 64, 70, **173**
Nowogilow, Wiktor W. 46, 103, **173**

Oesterreich, Traugott K. 113, 175
Oganowsky, Nikolaj P. 42, 49, 55, 59, 95, 100, 112, 140, **174**
Olberg, Paul 48, 72, 89, **174**
Oncken, August 21
Oparin, D.I. 36, 37, 49, 59, 132, 134-137, 143, 145, 146, **174**
Oppenheimer, Franz 87, 119, 134, 161, 177

Pachmuss, Temira 73
Pallas, Carsten 130
Pareto, Vilfredo 123
Persons, Warren M. 145
Perwuschin, S. A. 37, 46, 59, 93, 103, 132, 134-136, 143, 144, 170, **174**
Peter der Große 13, 21, 109, 151
Peter, Hans 133
Petroff, Peter 49, 101, 165, 172, **174**
Petruschewsky, Dmitry M. 48, **175**
Piper, Nikolaus 28
Plechanow, Georgy 26
Plenge, Johann 108, 161
Pohle, Ludwig 27, 131
Pokidtschenko, Michail G. 25
Polányi, Karl 81, 82
Pollock, Friedrich 28, 60, 64, 65, 67, 69, 75-77, 79-81, 88, 101, 126, 178, 185
Poole, Brian 40-42
Predöhl, Andreas 74, 104
Preiser, Erich 10, 63, 110, 111, 119, 134, 148

Preiser, Gert 10, 63, 111, 134
Pribram, Karl 87, 111, 147
Prokopowitsch, Sergej N. 28, 38, 39, 42, 43, 47, 49, 53, 54, 65, 66, 79, 80, 86, 87, 93-96, 99, 124, 139, **175**, 179, 180
Pumpiansky, L.M. 29, 39, 48, 51, 53, 54, **175**
Puschkin, Alexander 107, 110

Quesnay, François 116-118

Raeff, Marc 30, 31, 47
Raich, Maria 49, 53, 113, **175**
Ranke, Leopold v. 25
Rau, Karl Heinrich 22, 24, 40
Reichenau, Charlotte v. 101
Reisch, Richard 22
Rickert, Heinrich 108
Rieter, Heinz 9, 10, 14, 23, 33, 78, 82, 116, 121
Rimscha, Hans v. 15, 164
Riniker, Daniel 7, 32-34, 62, 65, 96
Ritter, Kurt 101
Robbins, Lionel 128
Robinson, Joan 121
Robinson, Nehemia 49, **176**
Röpke, Wilhelm 37, 63, 103, 128, 152
Romanowsky 36, 145
Roscher, Wilhelm 7, 13, 14, 22, 23, 25, 109, 111, 112
Rosenberg, Alfred 73, 178
Rosenstein-Rodan, Paul 45, 154
Rosenzweig, Franz 113
Rostovtzeff, Michael 49, 74, 176
Rubin, Isaak K. 58
Rubinstein, Konstantin 49, **176**
Rüstow, Alexander 152

Rybnikow, Alexander 28, 29, 59, 60, 93, 94, 98, 102

Sack, Alexander N. 49, 124, **176**, 179, 180
Salin, Edgar 85-87, 96, 108, 110
Salvadori, Neri 34, 35
Salz, Arthur 41
Samuels, Warren J. 139
Sandelin, Bo 47, 152
Sartorius, Georg 22
Savigny, Friedrich 25
Say, Jean-Baptiste 22, 24
Schäffle, Albert E. 77
Schaljapin, Fjodor I. 107
Schanz, Georg v. 125
Schaposchnikow, Nikolaj N. 59, 93, 140, 141
Scheer, Christian 10
Scheffer, Paul 74
Schefold, Bertram 26, 86, 89, 119, 121
Schelling, Friedrich W. v. 13, 113, 164
Schelting, Alexander v. 42, 43, 47, 48, 104, 112, 114, 127, 153, **176**
Scherf, Harald 116
Schiffrin, Alexander (= Werner, Max) 42, 49, 55, 56, 104, 112, 153, **177**
Schirkowitsch, Iwan N. 49, 59, 61, 94-96, 135, **177**
Schlögel, Karl 15-17
Schlömer, Friedrich 100
Schlözer, Christian v. 23, 24
Schlözer, August Ludwig v. 22
Schlüter-Ahrens, Regina 104
Schmitt, Carl 171

Schmitt, Günther 10, 37, 54, 62, 98, 99, 102
Schmölders, Günter 63
Schmoller, Gustav v. 18, 22, 25, 32-34, 86, 87, 108, 109, 114, 115, 170, 183
Schmucker, Renate 88
Schneider, Dieter 78, 80, 82, 83
Schneider, Michael 120
Schultz, Henry A. 124, 133
Schulze, Eberhard 16, 57-62, 66, 92, 94, 96, 98-101, 103, 141,
Schumann, Jochen 24
Schumpeter, Joseph A. 41, 87, 119, 126, 128, 130, 136, 138, 140, 143
Schwenzler, Arno 10
Schwirz, Ortrud 10
Seraphim, Ernst 21, 23, 65
Seraphim, Hans-Jürgen 14, 21, 23, 26, 46-48, 64, 65, 74, 75, 104, 105, 111, 112, 121-124, 126, 166, **177**, 178
Seraphim, Peter-Heinz 10, 21, 23, 47, 49, 65, 70, 73, 74, 104, 105, **178**
Sering, Max 37, 38, 87, 99, 100
Stern, Alexander B. 58
Siber, Nikolaj 22
Simmel, Georg 108, 183
Sinowjew, Grigory 141
Širokorad, Leonid D. 7, 9, 10
Skalweit, August 88, 100
Sluts[z]ky, Eugen 14, 17, 36, 49, 123, 134, 135, 139, 140, 143, 145, 160, 172, **178**
Smith, Adam 23,
Sobolew, M.N. 46, 54, **179**
Sodoffsky, Gustav 47, 48, 50, **179**
Sokoloff, A.A. 37, 48, 103, 127, 132, 135, 166, **179**

Sokolowsky, Aron L. 58
Solowjew, Wladimir 113
Solschenizyn, Alexander 107
Sombart, Werner 7, 32-35, 41, 54, 58, 65, 75, 77, 85-87, 96, 97, 128, 130, 131, 168, 171
Soudek, Josef 134
Spann, Othmar 87, 109, 111, 137, 160
Spengler, Oswald 75
Spiethoff, Arthur 27, 34, 85-87, 96, 108, 110, 128, 130, 131, 142, 161
Spitteler, Gerd 100, 101
Stackelberg, Heinrich v. 46-48, 83, 104, 105, 123, **180**
Stählin, Karl 37, 167
Stalin, Josef 16, 57, 58, 60-62, 65-68, 88, 91, 94, 97, 103, 105, 122, 129, 141, 142, 166, 183
Stavenhagen, Gerhard 131
Stepun, Fedor 40, 107
Stieda, Wilhelm 23, 46-48, 76, 89, **180**
Stolper, Gustav 45
Stolper, Wolfgang 17, 138
Stolypin, Pjotr A. 55, 56, 89, 109, 184
Storch, Heinrich 7, 22, 24
Strasser, Georg 148
Streissler, Monika 123
Streltzow, Roman 46, 50, **180**
Struve, Peter B. v. 17, 26, 27, 33, 38, 39, 47, 49, 79, 80, 103, 107, 111, 114, 115, 121, 123, 165, 169, 176, **181**
Stryk, Gustav v. 23, 49, 56, **181**
Studensky, Gennady A. 42, 43, 47, 48, 58, 59, 61, 94-96, 99, 100, 171, **181**
Sturges, Paul 46
Suchanow, Nikolaj 58, 59, 94, 101

Suchy, Bernhard 16
Süß, Walter 60
Swjatlowsky, Wladimir W. 23
Tarle, Eugen W. 48, **182**
Tarnow, Fritz 120
Tatarin-Tarnheyden, Edgar v. 23, 47, 48, 105, **182**
Teichert, Eckart 10
Teitel, Alexander W. 58-60
Thal, Louis S. 49, **182**
Thalheimer, K. 164
Thünen, Johann Heinrich von 24, 43, 98
Thun, Gregor 16
Tillich, Paul 81, 164
Timaschew, Nikolaj S. 49, **182**, 186
Tinbergen, Jan 118, 138
Tobien, Alexander v. 23, 49, 56, 159, **182**
Tönnies, Ferdinand 70
Tolstoi, Leo N. 53, 58, 109, 110
Tooze, J. Adam 36, 67, 117, 118, 144
Totomianz, Vahan F. 33, 39, 42, 47, 48, 153, 174, 175, **183**
Trotzky, Leo D. 46, 76, 110, 126-128, 141, 142, **183**
Tschajanow (= Tschayanoff), Alexander W. 10, 16, 17, 28, 29, 31, 42, 43, 47, 48, 51, 54, 57-62, 66, 79, 83-103, 110, 117, 140, 141, 166, 174, 177, 181, **184**, 185
Tschelintzew, Alexander N. 57, 59, 93, 94, 100, 102
Tscherewarin, Fedor A. 58
Tschetwerikoff, N.S. 36, 145
Tschuproff, Alexander A. 22, 26, 35, 36, 38, 47, 49, 54, 121, 134, 145, 160, 169, **184**

Tschuproff, Alexander I. 22, 25, 26, 57, 112, 164, 184
Tugan-Baranowsky, Michail I. 7, 8, 14, 17, 26, 27, 42, 49, 60, 107-111, 114, 115, 119, 121, 122, 128, 130, 131, 139, 169, 181, **184**
Turgenjew, Nikolaj I. 107
Twerdochleboff, Wladimir N. 48, 106, 179, **185**
Ushansky, Sawely G. 141
Valentinow, Nikolaj V. 58
Varga, Eugen 42, 84
Vetter, Matthias 73, 113
Vinogradow Sergej M. 34
Voigt, A. 170
Voigt, Gerd 37-39
Volkmann, Hans-Erich 29-31, 38
Voltaire, François-Marie 21
Vorländer, Karl 108

Waentig, Heinrich 24
Wagemann, Ernst 32, 36, 37, 64, 67, 73, 76, 117, 118, 126, 131, 136, 142-146, 148, 149, 160, 162
Wagenführ, Rolf 36, 37, 60, 62, 63, 67, 136, 145, 146, 161
Wagner, Adolph 22, 23, 25, 32, 34, 56, 80, 183
Wainstein, Albert L. 37, 49, 59, 64, 67, 75, 76, 93, 95, 132, 134, 135, 140, 141, 144-146, **185**
Weber, Alfred 40-43, 87, 98, 103, 108, 114, 125, 164
Weber, Marianne 40, 68, 69
Weber, Max 7, 34, 40, 41, 68, 78, 79, 81, 113, 114, 122, 177
Weber, R. 183
Wicksell, Knut 116, 128, 162
Wiedenfeld, Kurt 74, 75

Wilbrandt, Robert 23, 170, 183
Winkel, Harald 24
Winkler, Wilhelm 122, 162
Wischnath, Michael 10
Wischnitzer, M. 22
Woronzow, Wassily P. 112
Woytinsky, Wladimir S. 17, 29-31, 35, 37, 42, 47, 48, 103, 104, 120-122, 133, 134, 136, 137, 139, 148, 153, 154, **185**
Wundt, Wilhelm 108

Zaitzeff, Leo 46, 50, **186**
Zauberman, Alfred 147
Zweynert, Joachim 7, 9, 10, 15, 22-27, 32,-34, 38, 56, 62, 65, 90, 91, 96, 98, 99, 107, 108, 111, 114, 115, 121